ポスト・グローバル化と国家の変容

IWASAKI Masahiro
岩崎正洋 編

ナカニシヤ出版

ポスト・グローバル化と国家の変容＊目次

ポスト・グローバル化と国家の変容

序章　ポスト・グローバル化と国家

岩崎正洋

一　今もなお国家の時代なのか

二〇世紀の終わり頃には、グローバル化（Globalization）が喧伝されていた。当時は、「国家の退場」[1]という表現に示されるように、グローバル化により国家の役割が低下し、国家は、それまで占めてきた地位を手放し、後景に退くことになるだろうという指摘がみられた。もちろん、それに対する懐疑的な見方が一方では存在していたとはいえ、他方においては、まことしやかに国家の衰退ないし国家の終焉について語られていた。[2]

それから数十年が過ぎ、二一世に入ってから既に二〇年が経過した。一九八九年の冷戦終結後に、グローバル化について論じられるようになったという意味で、そこから数えても三〇年が経過し、時間的にも一世代を超え、この間、グローバル化は大きく進展してきた。グローバル化は、目新しい現象ではなく、所与の事実となった。

グローバル化の結果として、国家が消滅することはなかったし、退場することもなかった。今のところ、国家は消えてなくなりそうもないし、しばらくの間は存続していきそうである。政治における主要なアクターとして、今も国家は存在しており、容易に国家を無視することはできない。

グローバル化により国家が「地位低下」、「機能不全」、「役割縮小」などを経験し、たとえば、「衰退」、「終焉」、「退場」などの言葉で示されるような事態が生じたわけではないというのが、本章の基本的な立場である。グローバル化によって国家の存在は、風前の灯火になるのではないかと思われたが、現実は違っていた。グローバル化を経験したことによってみえてきたのは、国家が存在しない世界ではなく、国家が弱体化した世界でもなく、むしろ国家の存在を抜きにしては語ることのできない世界であった。

新型コロナウイルス感染症（ＣＯＶＩＤ-19）の感染拡大は、発生した地域や国に留まることなく、世界の至るところに及んだ。ＣＯＶＩＤ-19によるパンデミックは、感染拡大防止のために、都市を封鎖するだけでなく、国境をも閉鎖し、世界の人びとに対して、不要不急の外出を控えて自宅に籠る生活を強いることになった。人びとの国境を越えた移動は、日常的に行われていたにもかかわらず、パンデミックにより一瞬にして歯止めがかけられることになったのである。

ここで忘れてはならないのは、都市を封鎖し、国境を閉鎖し、人びとに巣ごもり生活を課した主体は誰なのかという点である。直接的には、ＣＯＶＩＤ‐19の感染拡大に起因するとはいえ、あくまで感染症なりパンデミックは原因である。国ごとに違いがあるとはいえ、多くの場合において、自国内の感染拡大を防ぐために都市封鎖を行ったり、国内外の人の移動を規制し、感染拡大を防止するという判断を行い、入国や出国の制限を行ったりするのは、政府の役割である。[3] ここでいう政府とは、国家のことであり、国家が主体としてＣＯＶＩＤ‐19感染拡大の防止策を立案し、決定し、実施したことになる。[4]

普段の生活においては、国境を意識することはなく、国家による行動の規制を感じる場面もないに等しい。人びとが海外に渡航する場合には、旅券をもって空港に行き、出国手続きを行った後は、飛行機に搭乗して容易に国外へ出発することができる。その間、形式的な手続きは別として、実質的に国境を意識することはなく、国家が個人の渡航を許可したからこそ出国できるのだという点を意識することなど、ほとんどない。

さらに、現代の民主主義において、国家が個人の行動を規制したり、自由を統制したりすることが日常生活において生じる可能性などは皆無に等しいであろうという、楽観的な認識が暗黙のうちに存在しているように思われる。普通の人びとの「ありふれた」生活が国家の規制対象となったり、日常の外出制限さえ受けたりするようになるとは、ＣＯＶＩＤ‐19の感染が拡大する前には予想することができなかった。

しかし、ＣＯＶＩＤ‐19が世界中に広がったことにより、二〇二〇年を境にして、国家の果たす役割が一気に大きくなったため、国家は再び中心的な存在として、政治の舞台に躍り出ることになった。グローバル化を経験した後の、いわばポスト・グローバル化の時代においては、COVID-19によるパンデミックにより、国家の存在が前景に押し出され、国家のリバイバルが観察されるようになった。

二 COVID-19パンデミックと国家のリバイバル

政治学において、国家は常に、政治の中心的な存在として位置づけられてきた。[5] ウェーバー（Max Weber）による定義がしばしば引用されるが、彼によれば、「国家とは、ある一定の領域の内部で——この「領域」という点が特徴なのだが——正当な物理的暴力行使の独占を（実効的に）要求する人間共同体である」。[6] ウェーバーの定義をふまえると、国家には領域性がともなっており、そこには人びとの存在がある。国家が正当なものとして行使し得る力は、ある一定の領域内部に留まり、正当な力を向けることができる対象も領域内の人びとに限定される。ここで前提として考えられるのは、国家が極めて限定的な範囲内でのみ機能するという点である。国家は、無限に支配の領域を広げていくのではなく、不特定多数の人びとを対象として力の行使をなし得るというわけでもない。国家ができることといえば、ある領域内に滞在している人びとのみを対象とした支配に過ぎず、それもまた、「正当な」ものとされるがゆえに、物理的暴力の行使が可能となる。

その意味で、国家は、制限された範囲内における支配装置として機能するのであり、グローバル化のような変化を考慮に入れると、想定通りに機能しなくなる可能性がある。そうだとすれば、グローバル化が国家の機能不全をもたらすであろうという指摘は、あながち的外れな指摘とはいえないのかもしれない。グローバル化が「ヒト、モノ、カネ、情報の国境を越えた移動」をもたらすものであるとすれば、国家の領域性は守られず、国家を構成する成員は流動化し、「正当な」力を行使できる範囲が不鮮明化する可能性がある。国家は、グローバル化の波に飲み込まれ、さらわれてしまい、グローバル化の藻屑となってしまうのではないかという悲観的な見方を裏切り、今もなお波を受けながらも押し流されずに存在している。

グローバル化は、国家の領域性を容易に超える現象をもたらした。中国のある地域で発生した新型ウイルスがわずかな期間で世界中に感染したのは、グローバル化にともなうものであった。中国湖北省の武漢市において、原因不明のウイルス性肺炎の発生が世界保健機関（ＷＨＯ）に報告されたのは、二〇一九年一二月三一日のことであった。翌一月七日には、新型コロナウイルスが病原体であることが判明し、一月九日には、武漢市において、ウイルスの感染による最初の死亡者が確認された。

日本では、ほぼ同時期にあたる一月一五日に最初の感染者が確認された。厚生労働省の発表によれば[7]、その患者は、武漢市の滞在歴があり、現地滞在中の一月三日から発熱があり、一月六日に帰国した後、医療機関を受診し、一月一〇日から入院していた。一月一四日に神奈川県の医療機関から管轄の保健所に対して、武漢市滞在歴のある肺炎患者についての報告がなされた。患者の検体を国立感染症研究所で検査したところ、一月一五日に陽性との結果が得られたため、国内最初のケースとなった。

　政府は、一月三〇日に内閣総理大臣を本部長とする「新型コロナウイルス感染症対策本部」を内閣官房に設置した。[8] 日本政府の取り組みについては、[9] 新型コロナウイルス感染症対策本部によってなされ、四月七日の安倍晋三首相による緊急事態宣言の発出に至るまで、段階的に人びとの行動を制限するものとなっていった。たとえば、大型クルーズ船のダイヤモンド・プリンセス号が二月三日に横浜港大黒ふ頭に到着した際には、ウイルスの潜伏期間とされる一四日間を健康観察期間とし、乗船者に対して入国制限を行った。水際対策としては、ダイヤモンド・プリンセス号だけでなく、地方出入国在留管理局と検疫所との連携強化はもちろん、出入国管理及び難民認定法にもとづく上陸審査が実施された。

　出入国管理については、海外から日本へ、あるいは日本から海外への感染防止のための取り組みであるが、国内における感染防止については、各種イベントの開催自粛の要請や、全国の小学校、中学校、高等学校、特別支援学校に対して、三月二日から春休みまでの間を臨時休校とする旨の要請などが行われた。結果的に、多くの学校が臨時休校の要請を受け入れ、これらの学校におけるクラスター発生の可能性は抑えられたが、多くの子供たちが休校にともない自宅待機となったことによって生じる別の問題が引き起こされた。

　それは、広義にいえば、休業補償の問題とも関連する。たとえば、小学生のいる家庭において、親が仕事に行くことで、日中は子どもだけが家にいることになりかねない。その場合には、親が仕事を休んで子どもをみなければならない。学校休校が親の勤務に影響を及ぼし、欠勤が増えることにより給与にも影響が出てくることで、生活にも支障が生じる。感染防止のためであるとはいえ、小さな子どものいる家庭については、親の仕事や所得の状況などを考慮に入れなければ、効果的な取り組みは期待できない。

この点は、時間短縮営業や営業自粛を要請されるような業界などが抱える問題とも共通している。たとえば、飲食業界については、時間短縮営業が求められることにより、日々の営業売り上げが下がり、本来的に見込まれる収益の大幅な低下が生じ得る。そのための補償をどのようにするのかという問題は、政府の対策において大きな課題であり、補正予算を組むことにより、休業補償や特定給付金などの経済的支援策が実施された。

国家がパンデミックに直面した際に、感染防止のために各種の要請を行い、人びとの日常生活を大きく制約できるということは、国家が制限された範囲内における支配装置として機能していることを示している。感染防止は、単に感染者数の拡大を防ぐという消極的な理由からだけでなく、医療現場における医療提供体制の崩壊を招かないようにするためという積極的な理由もある。COVID-19感染拡大の状況においては、何よりもまず感染者に対する医療の提供が優先され、通常の医療提供は後回しになる危険がある。病院での定期検診や、日常生活で生じる通院の必要性などについて、普段であれば気軽に通院できることが、医療現場が逼迫していることにより、容易にはなし得なくなってしまう。感染防止は、通常医療を維持することにもつながる。

ある領域において、国家は、人びとに対して、「命を守る」ことと「経済を守る」こととの両方を正当な力にもとづいて行使することになる。一方で、「命を守る」ことを優先的にしなければならないとしても、他方においては、「経済を守る」ことを優先的に望む人びとがいるのも確かなことである。国家は、いずれか一方を優先させることもできるし、両方のバランスを考えて調整を図ることも可能である。パンデミックが引き起こされたために、国境を閉鎖したり、都市を封鎖したりせざるを得なくなったとはいえ、その結果として、国家の支配領域は、明確に限定されることになり、国家の機能も明確化されることになった。

角度を変えると、国家と個人との関係も考えることができるし、考える必要がある。[10] 国家がどこまで個人の行動を統制することができるのか、国家は個人の自由をどこまで規制することができるのか。いいかえるならば、個人は、国家にどこまで拘束されるのか。また、個人の自由は、国家によって規制されるようなものなのであろうか。国家について考えることは、同時に、個人とのかかわりについて考えることにもつながる。国家そのものが人間共同体であるのだから、構成員たる個人の存在を意識に入れておく必要があるように思われる。その意味では、国家が民主主義か否かという点も考慮に入れることにより、国家と個人との関係をさらに考えることができる。

このように考えてくると、COVID-19の感染拡大は、国家のリバイバルをもたらしたといえるのかもしれない。[11] とりもなおさず、グローバル化の先にみえたのは、国家の存在を抜きに語ることのできない情景であり、それこそがまさに、ポスト・グローバル化の特徴として捉えることができるのである。

三　本書の構成

ＣＯＶＩＤ-19の感染拡大と国家のリバイバルだけでなく、本書の各章は、さまざまな視点からポスト・グローバル化と国家とのかかわりについて取り扱っている。序章に続く各章においては、第一に、グローバル化からポスト・グローバル化への時代ないし段階の変化を今や各国が経験していること、第二に、二〇世紀の終わり頃から二一世紀にかけては、民主化の「第三の波」[12]を目撃したが、今では民主化の揺り戻しともいえる「民主主義の後退」ないし「権威主義化」を広く目撃できること、第三に、グローバル化の後には、民主主義国であろうと、権威主義国であろうと、いずれのタイプの国家であれ、支配装置として国家は有効に機能し続けており、一定の領域内部において、「正当な」力を行使し得ているということについては、多かれ少なかれ、立場を共有していることがわかる。

以下では、紙幅の関係もあるため概略的ではあるが、各章の内容と位置づけについて説明しておくことにしよう。

第1章の杉浦功一による「ポスト・グローバル化と国家建設」では、ポスト・グローバル化時代の開発途上諸国における国家建設（state-building）に注目している。冷戦終結直後は、民主化の「第三の波」とも相まって、自由選挙と複数政党制との二つを基軸とした民主主義的な政治体制と、市場経済との両方を兼ね備えた国家の建設が求められていた。しかし、二〇〇一年の米国同時多発テロ後には、「脆弱国家」や「崩壊国家」などと表現される国家の存在が顕在化したことにより、国家建設は、治安維持、政府の行政能力の向上、民主的正統性の確保を主たる目標として、国際的な協力のもとに進められるようになった。時期的には、グローバル化の進展と民主化とが重なり合い、その時期の国家建設は、国家が最低限度の民主主義の必要条件を備えていることでしかなかったが、二一世紀になり、途上国の国家建設では、必要条件だけでなく、十分条件を兼ね備えた民主主義的な国家が求められるようになった。この点は、ポスト・グローバル化の時代においては、単なる「器としての国家」の建設ではなく、いいかえると、ハード面だけでなくソフト面も民主主義であることを考慮した国家建設へと変わってきたことを意味する。[13]

第2章の柄谷利恵子「「軽いシティズンシップ」が創る国家と成員」においては、「軽いシティズンシップ」論を中心にポスト・グローバル化時代の国家と成員との関係について検討を行っている。一九九〇年代には、国境を越えるシティズンシップとして、「トランスナショナル・シティズンシップ」について論じられたが、現在では、国家に対する帰属感や義務意識が弱い「軽いシティズンシップ」論が注目を浴びている。政治的共同体の成員資格たるシティズンシップは、成員全員が平等であるという前提に立つ。しかし、「自国ファーストや反移民・難民を主張する政党への支持が高まり、国家の役割の強化を望む声が高まっている」一方で、他方においては、「受け入れ先も決まらぬまま、生まれ育った国を離れざるをえない人が急増している」し、「国家(政府)によって安全保障上のリスクと認定されれば、成員であっても国籍剥奪の対象とされかねない」のが現実である。人びとは、グローバル化を経験し、容易に国境を越えた移動が可能になったが、その先にみえてきたものは、「望まれる非成員の勧誘（成員資格の販売）」と「望まれない成員の追放（成員資格の剥奪）」との両面であった。ポスト・グローバル化は、シティズンシップをめぐる相対立する側面を顕在化したように思われる。

第3章の武藤祥による「ポスト・グローバル時代における「政治の権威主義化」」は、民主化の「第三の波」後にみられるようになった「権威主義の再興」ないし「民主主義の後退」と呼ばれる現象に注目している。これら二つの現象について、武藤は別々の現象として捉え、世界で同時並行的に発生していることに注目すべきであるとし、「これは偶然の一致なのか、そうでないならばどのような共通の背景があるのか」という問題を検討している。グローバル化時代には、「民主的な性質を取り入れた権威主義的統治が、いずれ自由民主主義体制へ移行するという予測が支配的であった」が、実際には、「権威主義的統治が長期間持続している」だけでなく、自由民主主義の国々の一部が非自由民主主義に向かう動きもみられる。かつては、「グローバル化によって自由民主主義が普遍化された」ようにみえたとしても、「ポスト・グローバル時代の現在、民主主義の普遍化・自由主義の弱体化（相対化）が同時に起こっている」という武藤による指摘は、ポスト・グローバル化という現象の一つの特徴を浮き彫りにしている。

第4章の成廣孝による「ポスト・グローバリゼーションと欧州統合、ブレグジット」では、グローバル化とヨーロッパの政党政治とのかかわりから議論をはじめ、ブレグジットをめぐるイギリスの政党政治とのかかわりについて論じている。とりわけ、グローバル化がヨーロッパ諸国の選挙政治にどのような影響を及ぼしたのかについて、さまざまな既存の研究蓄積をふまえて検討した後、「先行研究において国家への制約は専らグローバリゼーションに発すると観念されているが、EUがそもそもヒト・モノ・カネ・サーヴィスの自由移動を中核とする共同市場プロジェクトであり、グローバリゼーションの制度形成やガヴァナンスに影響力を行使するための団結でもあること、ユーロの制度的・構造的問題によって生じた金融危機が、通貨同盟に加入せずとも金融サーヴィスにおいて深く関わるイギリスを危機とそれに続く困難な事後処理に巻き込んだことを考えれば、欧州統合自身が持つ属性でもある。対応と調整を外部から強いられるという点において、グローバリゼーションによる制約と欧州統合の制約とを解きほぐすことは難しいように思われる」と指摘している。イギリスにおける国民投票の結果は、ブレグジットをめぐり政党政治の構造的な部分で変化が生じていることを明らかにしたものであり、その後にイギリスがEUを離脱するという展開はまさに、ポスト・グローバル化の象徴的なことの一つとして捉えることができるように思われる。

第5章の吉田徹による「ポスト・グローバル時代のフランス」では、従来「強い国家」とされてきたフランスを題材として、フランスが今もなお「強い国家」であるのかという問題について考えている。とりわけ、一九九〇年代から二〇〇〇年代にかけて普及した「ヨーロッパ化（Europeanization）」論に注目し、フランスがヨーロッパ化にどのように適応してきたのかという点を論じている。フランスでは、過去三〇年間において、「EUの諸政策による政策形成のパターンの変容を強いられてきたことが政治変動につながり、それが二〇一七年のマクロン大統領の誕生と現在の改革に結実した」という。二〇一七年の大統領選挙では、EUならびにグローバル化の是非が争点であり、具体的には、対テロ対策、失業対策、治安、税負担などが「グローバル化に対する賛否、自由貿易・保護主義に対する態度」と関連づけられ、マクロン支持者とルペン支持者との間に大きな対立をもたらした。マクロンは選挙戦において、EUの機能強化こそがフランスを強くするという主張を掲げていた。彼が大統領に当選したことにより、ヨーロッパ化は内政化した。フランスがヨーロッパ化を含むグローバル化に対して、適応可能な国家と政策とに変化していくことは、「ヨーロッパ・パワー」の実現でもあり、「国家の復権」でもあると、吉田は指摘する。この点はまさに、グローバル化の先にみえてきた「ポスト・グローバル化」における国家の機能強化の一つの事例を提供している。

第6章の藤嶋亮による「東欧における民主主義の現在地」では、ルーマニアとブルガリアに注目し、民主主義の後退について検討を行っている。東欧諸国では、一九八九年にみられた一連の体制転換から三〇年が経過したが、しばしば「ポピュリズム」や「イリベラル・デモクラシー」の台頭が指摘されてきた。既に東欧においては、民主化の「第三の波」の後に訪れる「揺り戻し」の波が到達しているかのような印象さえ受ける。ハンガリーやポーランドは、民主主義の後退とされる代表例であるとしても、ルーマニアとブルガリアでは、ポピュリズムの席巻がみられず、民主主義の後退だけが指摘されている。その意味では、これらの国々をすべて同様に取り扱うことはできず、藤嶋は、「多様な民主主義（Varieties of Democracy: V-Dem）」研究所のデータによる「自由民主主義指標（Liberal Democracy Index）」をもとに四か国の比較を行い、ハンガリーとポーランドという括りと、ルーマニアとブルガリアという括りでは異なる特徴がみられると指摘している。ハンガリーとポーランドでは、明確に民主主義の後退がみられるのに対し、ルーマニアは、明確かつ直線的な民主主義の後退という傾向はみられず、ブルガリアの指標からは傾向の把握は困難であることが導出されている。

第7章の松尾昌樹による「グローバル化する権威主義国家」では、湾岸アラブ諸国（アラブ首長国連邦、オマーン、カタル、クウェート、サウジアラビア、バハレーン）を対象として、グローバル化がひと段落した後のポスト・グローバル化の段階における権威主義体制の行方について検討を行っている。松尾は、グローバル化と民主化とが並行して進むのかという問いかけから議論を始め、「グローバリゼーションを推進しながら国家主権も同時に維持するために民主主義を放棄するか、あるいはグローバリゼーションと民主主義を共に選んで国家主権を放棄するか、それとも民主主義と国家主権をとってグローバリゼーションを放棄するか、この三つの選択のどれか一つしか選ぶことはできない」と述べ、政治的トリレンマという点から議論を展開している。もし、ある民主主義国家が既に一定程度はグローバル化を経験しており、さらに民主主義を維持しようとするためにグローバル化の速度を緩めるとしたら、権威主義国家の方がグローバル化による利益をはるかに獲得できるかもしれない。湾岸アラブ諸国は、権威主義的な君主国であり、経済的にも反映しており、グローバル化を推進するには好都合である。この点は、一方において、民主主義諸国が存在することを前提としたものであり、グローバル化する権威主義国が利益を手にできるのは、民主主義諸国によって支えられているという留保条件も必要となる。そう考えると、民主主義と権威主義との対立という一側面だけではなく、両者の共存という他の側面も存在し得るのは、ポスト・グローバル化の時代における一つの特徴として捉えることができるのかもしれない。

第8章の西岡晋による「規制国家化する国家」は、とりわけ日本に注目し、一九九〇年代以降の日本の競争政策を取り扱っている。日本を含め、世界各国において、「一九八〇年代以降、グローバル化の進展とともに新自由主義言説が各国に波及・浸透した結果」として、自由主義的改革が実行された。そこでは、大きな政府から小さな政府への転換によって市場メカニズムの機能をさらに強化しようという企図がみられ、日本の場合には、「国鉄・電電公社・専売公社の民営化、道路公団や郵政事業の民営化」などが具体的に行われた。西岡は、「一般的にいえば、グローバル化の進展とそれに伴う自由主義的転回は国家の機能の縮減や能力の低下に直結することが想定される」が、「一般的な想定とは異なり、実際には自由主義化は国家の縮小に帰結するのではなく、むしろ国家による規制の強化をもたらすというパラドックス」を明らかにしようと試みている。また、競争政策だけでなく、企業統治改革などのように、政府主導による「企業の国際的競争力の向上を狙いとして、市場経済の自由主義化を促進する政策」が採用されたり、GAFAのような巨大企業に対する各国政府の規制が強化されたりしている。したがって、現実は、グローバル化の結果として、国家が空洞化することはなかったのであり、必ずしも国家機能の全面的な縮小には至っていないことが明らかになった。

本書の各章を通して明らかになるように、今もなお国家の時代は終焉を迎えてはいない。国ごとに異なるとはいえ、ポスト・グローバル化は、国家のリバイバルによって特徴づけられるのであり、世界同時進行という意味では、COVID-19の感染拡大に対する各国政府の取り組みに注目することは、この問題を考えるために有意義な手掛かりを与える。もちろん、各章で取り扱っている論点も有意義な手掛かりを与えることになるが、with Coronaにより、各章において論じられていることが今後どのような展開となるのかについても目の離せないことであり、今しばらくは、国家に焦点を向ける必要があるように思われる。

注

1 Susan Strange, *The Retreat of the State: The Diffusion of Power in the World Economy*, Cambridge University Press, 1996. スーザン・ストレンジ／櫻井公人訳『国家の退場――グローバル経済の新しい主役たち』岩波書店、一九九八年。

2 もちろん、グローバル化が国家の地位低下、機能不全、役割縮小をもたらしたという見方が一方では存在する。この点に関連して、グローバル化に関する見解の多様性ついて、詳しくは以下を参照されたい。杉浦功一「グローバル化と国家」岩崎正洋・坪内淳編『国家の現在』芦書房、二〇〇七年、一九三―二一三頁。

3 フランシス・フクヤマ「パンデミックと政治――何が対応と結果を分けたのか」『フォーリン・アフェアーズ・レポート』二〇二〇年、第七号、六―一四頁。

4 この点に関連して、たとえば、以下を参照されたい。岩崎正洋「COVID-19と公共政策」日本公共政策学会編『公共政策研究』第二〇号、二〇二〇年、八七―九七頁。

5 たとえば、ダールによる「政治」についての説明をみると、この点が簡潔にまとめられている。Robert A.

Dahl, *Modern Political Analysis*, Fifth Edition, Prentice Hall, Inc., 1991. R・A・ダール／高畠通敏訳『現代政治分析』岩波現代文庫、二〇一二年。

6　Max Weber, *Politik Als Beruf*, 1919. マックス・ヴェーバー／脇圭平訳『職業としての政治』岩波文庫、一九八〇年。

7　厚生労働省「新型コロナウイルスに関連した肺炎の患者の発生について（一例目）」〈https://www.mhlw.go.jp/stf/newpage_08906.html〉（二〇二一年三月二一日、最終閲覧）

8　首相官邸「新型コロナウイルス感染症対策本部」の第一回開催資料より。〈https://www.kantei.go.jp/jp/singi/novel_coronavirus/th_siryou/sidai_r020130.pdf〉（二〇二一年三月二一日、最終閲覧）

9　日本政府の取り組みについては、たとえば、以下を参照されたい。一般財団法人アジア・パシフィック・イニシアティブ『新型コロナ対応民間臨時調査会――調査・検証報告書』ディスカヴァー・トゥエンティワン、二〇二〇年。竹中治堅『コロナ危機の政治』中公新書、二〇二〇年。

10　この点に関連して、政治学ではないが、以下を参照されたい。広瀬巌『パンデミックの倫理学――緊急時対応の倫理原則と新型コロナウイルス感染症』勁草書房、二〇二一年。

11　次々とCOVID‐19関連の書物が刊行されている折、本章にかかわるものとしては、必ずしも学術的なものばかりではないが、たとえば、以下の書物が挙げられる。イワン・クラステフ／山田文訳『コロナ・ショックは世界をどう変えるか――政治・経済・社会を襲う危機』中央公論新社、二〇二〇年。ユヴァル・ノア・ハラリ／柴田裕之訳『緊急提言パンデミック――寄稿とインタビュー』河出書房新社、二〇二〇年。加藤哲郎『パンデミックの政治学――「日本モデル」の失敗』花伝社、二〇二〇年。

12　Samuel P. Huntington, *The Third Wave: Democratization in the Late Twentieth Century*, University of Oklahoma Press, 1991. S・P・ハンチントン／坪郷實・中道寿一・藪野祐三訳『第三の波――二〇世紀後半の民主化』三嶺書房、一九九五年。

13　国家建設とは「政治発展」の一つの段階を指すものである。民主化と政治発展とは似て非なる用語である。この点については、たとえば、以下を参照されたい。岩崎正洋『政治発展と民主化の比較政治学』東海大学出版会、二〇〇六年。

第1章　ポスト・グローバル化と国家建設

杉浦功一

一　国家建設という課題

国民国家の建設は、近代以降の世界の課題であり続けている。しかし、どのような「国家」が建設されており、されるべきなのであろうか。冷戦が終結してまもない一九九〇年代には、開発途上国や紛争後国家でどのような国家が建設されるべきかは問われることがなかった。なぜなら、民主化の「第三の波」（ハンチントン）と冷戦終結を受けて、競合的選挙を柱とした民主的政治体制と市場経済から構成される「自由民主主義国家」の建設が、西側先進諸国の強い支援を受けて目指されたからである。[1] 自由民主主義国家の建設を通じて、途上国には平和と発展がもたらされるはずであった。そして、この国際的な動きは「政治のグローバル化」ともいわれ、加速するグローバル化の一側面を構成するものとされた。[2]

しかし、今世紀になり、二〇〇一年に九・一一同時多発テロが起き、その背景にアフガニスタンやソマリアなど「脆弱国家」や「破綻国家」が存在することに国際的な注目が向けられると、「国家建設（state-building）」がより明確に国際的な課題となり、国家建設の研究や支援が盛んになっていった。その動きには、それまでのグローバル化の負の側面への対応という意味合いもあった。その後、実際の国家建設の経験を踏まえて、「ハイブリッドな国家建設」[3]といった新しいアプローチが模索されるなど、途上国での国家建設のあり方は目標とアプローチの両面で変容しつつある。

本章は、そのような開発途上国の国家建設の変容に注目して、ポスト・グローバル化時代の国家のあり方を考えるものである。援助の実践的な視点というよりも、グローバル化が楽観視された時代から「ポスト・グローバル化」の時代に入り、求められる国家のあり方はどう変化しているのかという問題意識のもとに、俯瞰的に国家建設を考察する。特に「民主主義」対「権威主義」および米中間の「新冷戦」の様相を呈しつつある近年の国際政治の構造変化と結びつけながら、国家建設の目標としての国家像、国家建設への国際アクターによる関与のアプローチ、対する途上国の受け入れを検証する。本章は途上国を主な考察の対象とするものの、先進国を含めて「国家」のあり方が現在問われている状況にも触れる。また、必ずしも国家建設と明示された活動でなくとも、それに関連した活動も、ここでの考察対象となる。

第一節では国家建設の概念を整理する。第二節では、グローバル化が進展するなかで、平和構築や開発援助を通じてどのように国家建設への取り組みが展開していったかを見ていく。第三節ではここ十年ほどのデモクラシーの後退や国際政治の構造変化を受けて、国家建設のあり方がどのように変化しつつあるかを検討し、最後にその変化を受けて、ポスト・グローバル化時代の国家建設の行方について考えたい。

二　国家建設とは何か

日本語の「国家建設」に該当する英語には、nation-building と state-building がある。両方を互換的に用いる場合もあるが[4]、現在の主要な用法では、前者は国民としてのアイデンティティの形成に関連した活動を指す。対して後者は、実効的かつ正統な政府機関や政治制度を含めた国家の統治枠組みの構築を意味することが多い。経済開発協力機構開発援助委員会（ＯＥＣＤ／ＤＡＣ）は、主に紛争後の途上国を念頭に、国家建設を「国家と社会の間の相互の要求を交渉するための効果的な政治過程に関係する、国家の能力、制度、正統性（legitimacy）を発達させるための意図的な行動」と定義する[5]。

国家建設の程度や方向性を具体的に測るのは難しいが、佐藤成基は、マックス・ウェーバーなど国家に関する政治学や社会学の研究を踏まえて、国家の「能力（capacity）」として、①暴力を独占的に行使する能力、②資源を強制的に徴発し、再配分する能力、③能力を正当なものとして承認させる能力の三つを挙げている。[6] 国家建設が、そのような国家の（広い意味での）能力を構築するものである点は、先のＯＥＣＤ／ＤＡＣの定義とも共通している。この三つは、国家建設の主たる目標であり、国家建設の程度を測るうえで参考になる。より端的にいうと、①は安全保障と治安維持であり、②は政府の行政能力であり、③国家の正統性は、現代の文脈では民主的であることから導かれる。そこで本章では、以下、ＯＥＣＤ／ＤＡＣのいう意味での state-building を「国家建設」として用い、①治安維持、②政府の行政能力の向上、③民主的正統性の確保を国家建設の主たる目標として注目し、目指す国家像の変化や国家建設の程度を把握することを試みる。

他方で、アイデンティティに関わる意味での nation-building は「国民形成」としたい。ただし、国民形成も国家建設と無関係ではない。たとえば、ウィマーは、国民形成に成功した国と失敗した国の比較から、公共財を提供する国家の能力の追求は、ボランタリーな組織の豊富さや言語上の同質性とともに、民族政治上の包摂を加速させ、ナショナルなアイデンティティの形成を促すという。[7]

実際、近代以降、国家建設は国民形成と同時並行的に行われ、「国民国家」の構築が世界各国の目標とされてきた。実効的な政府機関の整備など「国家（state）」を構築するとともに、共通の文化やアイデンティティを有する「国民（nation）」の形成が追求された。まず、フランスやイギリスにおいて、一六世紀あたりの絶対王政の時代から、戦争の実施の影響など長い時間をかけて、共通のアイデンティティを有した国民と実効的な政府機構を有した近代国民国家の形成が進んだ。[8] その後、一九世紀には、ドイツやロシア、イタリアなどほかの欧州諸国が「後進国」として近代国民国家を目指して、国家建設と国民形成を進めた。「所与の領域において物理的な力の正統な利用の独占を成功裏に主張する人間の共同体」というマックス・ウエーバーの国家の定義も、当時の時代状況から生まれている。[9] 同時に、近代国民国家から構成される「主権国家システム」（＝「国際社会」）が、欧州から次第に明治期の日本など世界全体へと拡大していった。ここで目指すべき国家とは、イギリスやフランスのような西欧の近代的な国民国家であり、政治体制とは関係なく、「富国強兵」を進めることで領土を奪われたり植民地化されたりしない力を有する国家であった。

第二次世界大戦を経て、冷戦下の西側の欧米諸国では、国家とデモクラシーは不可分のものとなり、福祉国家を発達させていく。[10] アジアやアフリカの植民地だった地域では、大戦後に多数の国家が独立し、主権国家が広がり「普遍的国際社会」が発展していく。[11] ただし、多くの新興独立国家では、統治に必要な政府の能力を欠き、人工的に引かれた国境線のために、アイデンティティを共有した「国民」も不在であった。むしろ、内政不干渉の原則や自決の原則など国際社会で共有される国際法によって、途上国の国家主権が外的に守られる状態であった。それらの新興独立国家では、冷戦のイデオロギー対立の影響を受けつつも、欧米の先進諸国を範とした国民国家の構築が課題となり、侵略による併合などの恐れが減少するなかで、内的な主権、すなわち①治安の維持や、②政府の能力向上、③統治の正統性の確保が引き続き焦点となった。

一九五五年のバンドン会議をはじめ、アジアやアフリカの新興独立国は、内政不干渉の原則を重ねて強調したものの、現実的に財源や人材に欠けるなかで国家建設には国際アクターの支援が不可欠となっていった。先進国に倣った国民国家建設が目指されたものの、冷戦の対立構造のなかでは、東西両先進国の関与は安全保障やイデオロギーを動機としたものとなり、ベトナム戦争にみられるように国家建設がむしろ阻害される場合も多かった。

第二次世界大戦後、植民地がほぼ消滅し、普遍的な国際社会が出現するなかで、国家建設の目標からいうと、①安全保障や治安については、対外戦争で国家が消滅する可能性は低くなり、むしろ国内での治安維持が途上国にとって主たる課題となっていく。③の国家の正統性については、ウェーバーの支配の三類型の分類に沿うと、伝統的な専制君主による支配やカリスマ的支配が皆無でないにしても大幅に減少し、ルールや手続きによる合法的支配、さらには何らかの形で「民主的」な支配であることが要求されるようになった。ただし、冷戦下では、何が「民主的」であるかをめぐりイデオロギー対立が存在していた。

三　グローバル化時代の国家建設

(1) グローバル化の進展と国家の「変容」

冷戦が終結し一九九〇年代になると、経済や移動、情報の自由化によりグローバル化が加速した。西欧では国民国家を超えて、欧州大の政治的共同体の構築が構想され、欧州統合が進み九二年のマーストリヒト条約で誕生した欧州連合（ＥＵ）がその「実践」として注目された。この時期には、グローバル化によって政策の選択の幅が狭まり国家主権が制約を受けているという認識が広がり、国家の「退場」や「変容」、国家に代わる「コスモポリタン」な政治的共同体構築の議論が盛んとなった[12]。このように先進国においては、国家建設よりむしろ「超国家」的な政体の構築が模索されていた。

他方で、同時期の開発途上国は、冷戦の終結とグローバル化から先進国とは異なった影響を受けていた。冷戦の終結は、西側の自由民主主義国家の「勝利」とみなされ、フクヤマの「歴史の終わり」の主張にあるように、それが国家の「モデル」とみなされるようになった[13]。西側先進諸国の国際政治・経済上の優位のもとで、権威主義的な途上国に対して、西側先進国をモデルとする自由民主主義体制へと移行するよう有形無形の民主化圧力が加えられ、東欧諸国からアジア、アフリカ諸国へ、民主化の「第三の波」が広がっていった。このような世界各国での民主化の進展は、グローバル化の政治的側面、すなわち「政治のグローバル化」の特色とされた[14]。

同時期、経済のグローバル化が進行するなかで、シンガポール、マレーシア、中国といったアジア諸国は、比較的高い能力を有する政府主導の経済開発を通じて、安価な労働力を生かしつつ外国からの投資を呼び込むことで経済成長に成功していった。それらの諸国は、「開発体制」あるいは「開発独裁」といわれるようになり、市場経済を原則としつつも、経済開発は政府主導であり、かつ政治の自由化には制約をかけるという統治スタイルを採用した[15]。いわば国家主導でグローバル化に対応したのである。シンガポールのリー・クワンユーやマレーシアのマハティールらは、そのような政治経済体制を「アジア型民主主義」と主張して、西側の民主化圧力に抗していった[16]。しかし、開発体制の優位やアジア型民主主義の主張も、開発体制の模範とされたインドネシアのスハルト政権が一九九七年のアジア通貨危機を契機に崩壊し、その後民主化に向かうことでトーンダウンしていく。

アジア諸国と対照的に、アフリカの途上国では、冷戦終結の「平和の配当」を求める先進国からの国際援助が減少し、政府の能力が低いために経済援助を生かしきれず、世界銀行や国際通貨基金（IMF）による構造調整も失敗して国際債務が増加し、財政的に困窮していった。しかも、産業も一次産業に頼ったままで国際的な経済競争力に乏しく、グローバル化による国際競争の激化でかえって貿易赤字を広げ、国民の貧困がより深刻となった。そして、そのような経済格差の広がりと貧困の悪化が原因となって、アフリカでは貧困を背景に内戦や民族紛争が頻発するようになり、ソマリアのような「破綻国家」や「脆弱国家」も目立つようになった。[17]

このように、グローバル化が進むにつれて、当時の「新しい中世」の議論が指摘するように、国家が変容する「新中世圏」（＝先進国）、国家建設が目指される「近代圏」（＝途上国）、紛争が続く「混沌圏」に別れて、それぞれで国家の置かれた状況が異なっていく。[18]

（2）紛争後国家の平和構築

一九九〇年代、紛争が続く地域に対しては国連を中心に調停・仲介が行われ、和平合意後は国連安保理の決議に基づいて平和維持活動（PKO）が盛んに展開されるようになった。当初は小規模な停戦監視にすぎなかったPKOは、九〇年代に入ると大規模になっていく。カンボジア、アンゴラ、モザンビークなど九〇年代に展開されたＰＫＯでは、関与の程度に違いはあるものの、先進国、すなわち競合的選挙と市場経済を柱とする自由民主主義国家をモデルとした国家構築が追求された。

ＰＫＯのもとで民主的な選挙が行われたエルサルバドルやカンボジア、モザンビークでは、民主的な国づくりに「成功」したとされた。しかし、同時期のアンゴラやルワンダなどでは、ＰＫＯのもとでの選挙へ向けた性急な政治の自由化が、むしろ紛争再発の誘因となった。また、ＰＫＯのもとで民主的な政権が樹立されたとしても、一九九七年に政変が発生したカンボジアのように、撤退後に不安定な事態が生じる状況もみられた。

そこで一九九〇年代後半には、ＰＫＯ後も視野に入れた「平和構築」が国際的課題として注目されるようになった。平和構築の概念自体は、九二年の国連事務総長報告書『平和への課題』ですでに取り上げられていたが、二〇〇〇年の国連平和活動検討パネル報告（通称ブラヒミ報告）では、国連の平和活動が包括的に見直され、長期的な平和構築をＰＫＯの段階から並行して行うことが提案された。すなわち、ＰＫＯでの軍事部門と文民部門が連携して平和を脅かす要因に早い段階から対処し、ＰＫＯの展開と撤退から復興・平和構築支援、さらに通常の開発援助へスムーズに移行することが期待された。二〇〇五年の国連事務総長の報告書「より大きな自由を求めて」では平和構築委員会の設立が支持され、〇六年から国連平和構築委員会として活動を開始した。国連以外でも、世界銀行やＯＥＣＤ／ＤＡＣなど国際機構や、先進国の政府系開発援助機関では、平和構築へ向けた援助枠組みが発達していく。

それらの援助枠組みで共有される紛争後平和構築の目的は、大きく次の四つにまとめられる。①紛争が発生しやすい社会において暴力的紛争の再発ないし拡大を防ぎ、永続的で自立的な平和を打ち立てること、②紛争の根底にある原因を解消すること、③人権の尊重を含めた平和的な社会制度および価値を構築・再建すること、④民主的なガバナンスと法の支配の制度を構築・再建することである。[19] 国連では内政干渉への警戒の強い加盟国を抱える事情から、国家建設という語が使われない場合がある。[20] それでも、実際の平和構築は、①戦後の治安維持だけでなく、②政府の行政能力向上、③民主的正統性確保という国家建設の三つの目標すべてを含む活動となっていった。

そこで発達したPKOおよび平和構築の主要なアプローチは、「自由主義的（リベラル）」なアプローチと呼ばれる。ニューマンによると、自由主義的な平和構築とは、「デモクラシー、市場を基礎とする経済改革、「近代」国家と結びついた広範な制度を、「平和」の構築の原動力として、推進すること」である。[21] そこでは、先進国と同じ自由民主主義国家の構築が目指される。自由民主主義国家の建設によって国内外の平和と経済発展が促進され、政権の正統性も確保される。そのような平和構築の実践では、先進諸国およびその強い影響下にある国際機構による積極的な関与が想定された。

（3）開発援助における国家建設の課題

国際的な開発援助は、アジア・アフリカ諸国が独立を果たした一九六〇年代より拡大し、国家建設を経済的側面から支援する。そこでは、経済発展がおのずと民主化をもたらすとする「近代化理論」

が採用され、内政干渉への配慮もあり、国家の政治体制には触れない「非政治性」が強調された。八〇年代には、当時先進国で広がった「小さな政府」を指向する新自由主義の影響を受けて、世界銀行や国際通貨基金（ＩＭＦ）によって、構造調整政策として、国営企業の民営化や規制撤廃など経済の自由化が途上国に求められた。

一九八九年に冷戦が西側の「勝利」で終わり、自由民主主義体制と経済発展が正の相関関係にあるという主張が急速に受け入れられると、経済開発のためにも国家の「民主化」が促進されるべきという認識が開発援助コミュニティで共有されるようになった。それまでアメリカにほぼ限られていた民主化支援が拡大し、先進諸国および国際機構による開発援助にも含まれるようになった[22]。また、民主化へ向けた政治改革を開発援助の条件とする「政治的コンディショナリティ」の運用が、一九九〇年代初期より活発化した。

目指す国家像は基本的に自由民主主義国家であったが、開発援助では、シンガポールやマレーシアなどアジア諸国における先述の「開発国家」の成功を背景に、自由主義的なアプローチが主流となった平和構築とは異なる状況がみられた。その一つが、一九九〇年代以降、開発援助で「ガバナンス」の概念が注目されるようになったことである。

先述の構造調整政策がアフリカや中南米諸国で失敗する一方で、アジア諸国で経済発展が進むと、国家の統治能力、すなわち「ガバナンス」が開発を進めるうえで不可欠であるという認識が九〇年代に広がった[23]。「グッド・ガバナンス」の構築は開発援助の主要な目標の一つとなり、①民主化、②政府の権力の使用のあり方（説明責任、透明性、公開性など）、③法の支配、独立した信頼できる司法部門の存在、④有効に機能する公的部門、⑤汚職・腐敗の抑制、⑥過度の軍事支出の抑制などが含まれる。[24] ただし、OECDおよび加盟諸国は、民主化など政治体制の要素をガバナンスに含めることを主張したのに対して、世界銀行は政府の行政能力を重視するなど、ガバナンスの概念に相違がみられた。

民主化やガバナンスへの支援が発達し、開発援助に組み込まれていくなかで、支援戦略の策定や支援の効果の測定のために、さまざまなデモクラシー評価やガバナンス評価が作成され、実務で用いられるようになった。[25] 主要なデモクラシー評価には、フリーダムハウスによる「自由度指標」、エコノミスト・インテリジェンス・ユニット（EIU）による「デモクラシー指数」、ポリティと呼ばれる研究プロジェクトによる政治体制の評価、デモクラシーの多様性（V-Dem）研究所による「自由民主主義指数」、国際民主主義・選挙機関（IDEA）による「デモクラシーの状態」評価などがある。ガバナンス評価には、世界銀行による「国別政策・制度評価」（CPIA）や、二〇〇二年以来公表されている世界銀行研究所（WBI）による「世界ガバナンス指標」（WGI）がある。

デモクラシー評価は、自由で公正な選挙の実施、複数政党制、人権の尊重、法の支配、活発な市民社会、自由なメディアといった「政治的」分野であり、かつ自由民主主義体制にとって本質に関わる民主的政治制度を主な評価対象とする。それに対し、ガバナンス評価は、政府の行政能力など「非政治的」で、デモクラシーの視点からみると「周辺」的な要素を主な対象としている。実際の開発援助においては、内政干渉への警戒から、デモクラシー評価よりもガバナンス評価が活用され、その項目に沿う形で当該国の開発戦略やそれを支援する援助戦略が形成されるようになった。

　このように開発援助においては、一九九〇年代に入ると、国家建設の三つの主要目標でいえば、②政府の行政能力だけでなく、③民主的な国家づくりにも重点が置かれるようになった。しかし、一九九〇年代後半から今世紀にかけて、国家のガバナンスへの注目が高まっていくと、②政府の行政能力に重点が置かれるようになり、開発援助は九〇年代前半ほどには民主的制度を強調するものではなくなっていく。

（４）「国家建設」そのものへの注目

　先述のように、一九九〇年代には自由主義的なアプローチに基づいて紛争後の平和構築が展開されたが、今世紀に入る頃には、東ティモールで国連の平和構築ミッションであるＵＮＴＩＬ展開下で、二〇〇六年に武力衝突が発生するなど、一部の国で困難がみられた。開発援助においても、貧困の撲滅がアフリカなど一部の地域では進まず、むしろ紛争の要因となってきた。そのなか、両分野で次第に「国家建設」そのものが注目されるようになった。紛争になりやすく、貧困が蔓延しやすい国家として、「脆弱国家」という語も今世紀に入る頃から頻繁に使われだした。さらに九・一一同時多発テロ後の世界的な対テロ戦争のなか、ソマリアやアフガニスタンのように、テロの温床となる国家の脆弱性への関心が高まっていく。二〇〇〇年にミレニアム開発目標（ＭＤＧｓ）が採択されたことも、実現の責任を負う国家の役割が改めて注目される契機となった。

二〇〇〇年代後半には、国家建設の議論がさらに活発化した。OECD／DACは、脆弱な国家や地域を意識して、先述のように、国家建設を「国家と社会の間の相互の要求を交渉するための効果的な政治過程に関係する、国家の能力、制度、正統性を発達させるための意図的な行動」と定義した。その定義を含む〇九年のOECDの報告書は、当時のイギリス国際開発省（DFID）の政治経済重視の視点の影響を受けたものであった。[26]

そのDFIDのワーキングペーパーでホワイツが示した国家建設の枠組みは、国家建設として、ガバナンスといった政府の能力の構築だけではなく、国家エリートや社会的アクターの間での相互作用と政治的合意をどのように進めるかや、国家機関の権威といった国家の正統性をどのように確保するかも視野に入れられている点に特色があった。[27]しかし、この枠組みは実践に適用するには複雑であり、その後の支援に生かされたとはいえない。同じ時期、イギリスや世界銀行などいくつかの開発援助アクターでは、政治経済分析（PEA）をその援助の立案の際に取り入れるようになった。そこでは先に挙げたような国家建設に関わる多様な要素を分析の対象にしている。しかし、PEAによって現状の分析は行われても、そこからどの要素に対してどう関与していくのかといった具体的な戦略を導き出せるようになったとは言い難かった。[28]

結局、二〇〇〇年代後半からの国家建設の実践では、三つの目標でいえば、まず、対テロ戦争の余波が続くなかでの安全保障への高い関心から、①治安の安定など国家の物理的強制力をどのように集中させるかという点に優先順位が置かれることとなった。そのうえで、国家の脆弱性や強さは②政府の行政能力と同一視されて、国際的な支援では、技術的な支援に重点が置かれる国家建設の「制度的アプローチ」が採られていった。そこでは、国家と社会の関係、すなわち③民主的正統性に関する活動は切り離され、国家建設は「非政治的」で「技術的」な活動となり、国家の正統性は公共財の提供による確保が想定されるようになっていく。同じ視点から、国家建設を進めるためには、国際的な関与が「より多いほど良い（more is better）」こととされた[29]。

以上、一九九〇年代以降、グローバル化の進展のなかで、国家建設の三つの目標のうち、③民主的正統性については、西側の自由民主主義体制をモデルとした民主化が強く要求されるようになった。言い換えると、グローバル化の政治的側面として、自由民主主義国家が国家建設の目標とされた。しかし、二〇〇〇年代後半以降、国家建設そのものが注目されるようになると、その実践において、民主化に関わる政治的分野は次第に脇に置かれるようになった。ただし、その傾向は、ガバナンスの概念への注目と支援にみられるように、開発援助の伝統的な「非政治性」指向を受け継ぐものでもあった。

四　ポスト・グローバル化時代における国家建設のあり方の変容？

（1）世界的なデモクラシーの後退

前節でみたように、グローバル化時代の国家建設では、自由民主主義国家の建設が目標とされ、③

民主的正統性の確保、民主化が主たる目標の一つであった。しかし、二〇〇〇年代後半以降、世界的に民主化が停滞ないし逆行し、既に民主的とされる国家でもデモクラシーの質が悪化する、いわゆる「民主主義の後退」が起きるようになった。

先述のように、V-Dem研究所は、各国の自由民主主義指数を算出して、世界のデモクラシーの動向を分析している。同研究所の報告書によると、二〇〇八年から一八年の間に、二一カ国でデモクラシーが改善した一方、アメリカを含む二四カ国で「権威主義化（専制化）」が進んだ。[30] 二〇一九年には、二六カ国でデモクラシーが悪化して九二カ国が権威主義国家となり、二〇〇一年以来初めて民主主義国家の数を上回った。[31] この指数の動向を歴史的に分析して、一九二六年から四二年、六四年から七七年に続いて、九四年から現在まで、「権威主義化」の「第三の波」が起きているという指摘がなされている。[32] 先述のフリーダムハウスの自由度指標やEIUのデモクラシー指数といったデモクラシー評価も、そのようなデモクラシーの後退の傾向を支持している。[33]

権威主義化の第三の波は、既存の民主主義国家でも起きている点に特徴がある。また、この波では、軍事クーデターや憲法の停止といった明白かつ短期的な民主主義体制の転覆よりも、合法的な外観を維持したままの長期的なデモクラシーの「侵食（erosion）」が起きている。政権は、選挙については一定の競争性を取り繕いつつ、市民社会組織やメディアを制約するといった形で、デモクラシーの質を低下させていく。[34]

この権威主義化の波により、自由民主主義体制ではなく、かといって閉鎖的な独裁体制でもない、

「競争的権威主義体制」が増えてきた。[35] 一九九〇年代の民主化の波としての「政治のグローバル化」とは逆の現象が起きている。実際、この現象は国際権力構造の変化を背景とした国際的な要因が関係している。[36] まず主体的な要因として、民主主義国家や国際機構による民主化支援の影響力の低下と、権威主義国家によるいわゆる「権威主義支援」の増加が挙げられる。中国やロシア、サウジアラビア、イラン、ベネズエラなど権威主義国家から、西側の民主化圧力に対抗するために、他の権威主義的国家へ「権威主義支援」が行われている。[37] さらに、中国の「台頭」と日本や欧米先進国の相対的な「衰退」、いわゆる「パワー・トランジション」がその傾向の背景にある。[38] 冷戦後長らく、西側先進諸国とのつながり（＝リンケージ）が先進国の民主化支援を含む国際的関与の影響力（＝レバレッジ）を担保していた。[39] 基本的には、先進諸国とのリンケージが高い国では、民主化の可能性は高くなる。そして二〇一〇年代以降、先進諸国のリンケージとレバレッジはいっそう低下しつつあり、国際的な権威主義化につながっているとされる。[40]

特に途上国では、先進諸国の財政難による援助額の低下傾向と、人権など内政問題に踏み込まない中国との経済関係の強化と中国の援助増額によって、相対的に先進諸国との経済的リンケージが弱まり、先進諸国による民主化支援の影響力が低下している。先進諸国への財政依存が低下したことで、途上国政府は、圧力を恐れることなくメディアの統制や野党勢力の抑圧、市民社会スペースの制約を行いやすくなった。国連ＰＫＯのもとで国家建設の「成功例」とされたカンボジアでも、投資や援助で中国との結びつきが強くなるなかで、西側の民主化支援への抵抗を強めている。二〇一七年末の有力野党であるカンボジア救国党（CNRP）の強制的な解党後、アメリカ政府やEUが援助を停止するなど国内外の批判を受けつつも、中国の支援を受けつつ一八年七月に総選挙が実施され、CNRP不在のまま、与党人民党がすべての議席を獲得した。

このように取り巻く環境が厳しくなるなかで、民主化支援や国家建設に関わるプロジェクトを含めた開発援助では、相手政府に受け入れられやすいよういっそう「非政治化」が進みつつある。[41]二〇〇四年頃の「カラー革命」や一一年の「アラブの春」は、民主化支援への対象国の警戒をさらに強化させた。また、〇五年の援助の実効性に関するパリ宣言以後、国際協力におけるオーナーシップ原則が広がっている。[42]このオーナーシップ規範の強まりは、途上国でのNGO規制の口実になり、開発（援助）戦略の立案過程における途上国の主導性を強める結果となっている。そのことが、複数政党制や自由なメディア、人権NGOへの支援といった政権側が好まない「政治的」分野のプロジェクトが避けられ、行政機関の強化など非政治的なガバナンス分野に重点が置かれる傾向につながっている。結果として、支援側は「非政治的」な開発援助重視となり、民主化支援も非政治的かつ技術的なガバナンス支援に置き換えられていく。これは国家建設の傾向と軌を一にしている。

（2）治安やガバナンス重視の傾向

他方で、国家建設の目標の一つである①治安や②政府の行政能力など（狭義の）ガバナンスに重点を置いてみた場合、最近の国家建設の違った傾向がみえてくる。表1-1にあるように、一〇年の軍

表１－１　デモクラシー評価とガバナンス評価のスコアの変化

		アメリカ	ハンガリー	シエラレオネ	ミャンマー	ルワンダ	トルコ	カンボジア
V-Dem 2019	179カ国中のLDIスコア順位	36	85	87	119	138	153	161
EIU 2019 (2006)	デモクラシー指数の総合	7.96↓ (8.22)	6..63↓ (7.53)	4.86↑ (3.57)	3.55↑ (1.77)	3.16↓ (3.82)	4.09↓ (5.70)	3.53↓ (4.77)
WGI 2019 (2006)	①発言権とアカウンタビリティ	0.97↓ (1.04)	0.22↓ (1.02)	−0.11↑ (−0.33)	−0.84↑ (−2.23)	−1.08↑ (−1.22)	−0.81↓ (−0.06)	−1.20↓ (−0.93)
	②政治的安定性と暴力・テロリズムの不在	0.30↓ (0.49)	0.73↓ (0.99)	−0.10 (−0.30)	−1.26↓ (−0.85)	0.12↑ (−0.68)	−1.34↓ (−0.59)	−0.08↑ (−0.38)
	③政府の実効性	1.49↓ (1.59)	0.50↓ (0.87)	−1.13↓ (−1.11)	−1.15↑ (−1.45)	0.19↑ (−0.25)	0.05↓ (0.12)	−0.58↑ (−0.96)
	④規制の質	1.35↓ (1.64)	0.60↓ (1.21)	−0.88 (−1.14)	−0.76↑ (−2.19)	0.08↑ (−0.66)	−0.01↓ (0.29)	−0.57↑ (−0.59)
	⑤法の支配	1.46↓ (1.61)	0.49↓ (1.00)	−0.77 (−0.99)	−1.06↑ (−1.53)	0.08↑ (−0.66)	−0.28↓ (0.05)	−0.94↑ (−1.19)
	⑥腐敗の統制	1.22↓ (1.35)	0.00↓ (0.66)	−0.41 (−1.02)	−0.63↑ (−1.66)	0.76↑ (−0.21)	−0.29↓ (0.03)	−1.30↓ (−1.23)

注：矢印は2006年からの改善か悪化かを示している。EIU は、スコアが０から４以下までが権威主義体制、４から６以下までが混合体制、６から８以下までが瑕疵のある民主主義体制、８から10までが完全な民主主義体制。WGI のスコアは−0.25から＋0.25の間。

出所：注31、33の文献および https://info.worldbank.org/governance/wgi/Home/Reports から筆者作成。

政からの民政移管で一時期は大幅に改善したミャンマーは例外として、アメリカやハンガリー、トルコでも、先述の民主主義の後退が明確に現れており、しかもガバナンスも悪化傾向にある。しかし、ルワンダでは、二〇〇六年から一九年の間で、ＥＩＵのデモクラシー指数やＷＧＩの「発言権とアカウンタビリティ」といった民主化に直接関わる項目で評価が低い一方、他の治安の維持や政府の能力に関わる項目では大幅に改善されている。[43] ルワンダは、国際的なガバナンス評価では、政府のリーダーシップや行政能力や反汚職、ビジネス環境などで評価される一方で、民主化に関わる分野は一貫して評価が低い。カンボジアも、民主化では悪化する一方で、治安と政府の能力で改善傾向が見て取れる。ともに近年高い経済成長率を示してきた。先述のように、国家建設の主たる要素を①治安、②政府の能力、③民主的正統性の向上とすると、前二つの項目での改善を示していることになる。同じように紛争からの平和構築が行われ、民主化が進展しているものの、政府の能力が低いままのシエラレオネとは対照的である。

先述のように、近年の開発（援助）戦略では、オーナーシップ原則の強化のなかで、国家建設の目標でいう①治安や③行政的ガバナンスの分野に重点が置かれる傾向にある。その方向性が、「成果」としてルワンダなどでの治安およびガバナンスの改善傾向に表れているともいえる。そして、そのルワンダは同じ路線を歩み続けている。同国の「国家トランスフォーメンション戦略　二〇一七―二〇二四」（ＮＳＴ１）は、二〇〇〇年以来大統領の地位にあるカガメ大統領の三選目の任期七年に合わせて策定された。優先事項として、経済トランスフォーメーション、社会トランスフォーメーション、トランスフォーメーション的ガバナンスの三つの柱が設けられた。ガバナンスの柱では、①平和と統一の基礎としてのルワンダの文化と価値の強化、②市民と財産の安全とセキュリティの確保、③ルワンダとアフリカの開発の加速のための外交と国際協力の強化、④司法と法、秩序の強化、⑤公的機関の能力、サービス提供、アカウンタビリティの強化、⑥開発への市民の参加と関与の増大が優先分野とされた[44]。このように、ルワンダの開発戦略は、全体としてガバナンスの行政的側面や公共サービスの提供に力点が置かれたものとなっている。国際ドナーの開発援助戦略もそれら開発戦略に合わせている[45]。

この①治安（平和）と②狭義のガバナンス重視は、開発援助全体の傾向でもある。二〇一五年九月に採択された「持続可能な開発目標」（ＳＤＧｓ）でも、目標一六で「持続可能な開発のための平和で包摂的な社会を促進し、すべての人々に司法へのアクセスを提供し、あらゆるレベルにおいて効果的で説明責任のある包摂的な制度を構築する」とし、ターゲットとして法の支配、反汚職、有効で説明責任のある透明性の高い公共機関、対応的で包摂的かつ参加型および代表的な意思決定が設定された。しかし、デモクラシーの語は明示的には用いられず、民主的要素がある程度織り込まれるという妥協的な形になっている。

ただし、開発援助においては、民主化に関わる政治改革は、もとより具体的な援助戦略では必ずしも強調されてこなかった。たとえば、カンボジアで、ドナーを交えて策定され一九九四年に公表された国家復興開発計画（ＮＰＲＤ）において、カンボジアの開発を支えるコンセプトとして自由市場を伴う民主的国家を目指すことが宣言され、経済の再建、国家機関の改革、地方経済の開発、人々への投資が計画された。しかし、そのうちの国家機関の改革として示された分野は、①行政サービス改善のための財政の再建と行政改革、②裁判システムの改善と弁護士の育成を含む司法改革、③動員解除と退役軍人への支援の三つであり、民主化に直接関わる政治改革は強調されていない。

（3）紛争後の国家建設のあり方の見直し

近年は、紛争後の国家建設の実践においても見直しが進められている。紛争後の国家建設の自由主義的アプローチに対しては、今世紀に入る頃にはすでに批判がなされていた。まず、国家建設の一環として民主化を急ぐあまり失敗した実際の経験からくる反省がある。たとえばパリスは、拙速な民主化を避け、「自由化の前の制度構築」を主張した[46]。一九九〇年代初頭に、世界的な民主化の波を受けて自由民主主義国家による「歴史の終わり」を主張していたフクヤマも、今世紀に入ると制度構築の優先を主張するようになった[47]。しかし、それらは最終的な建設されるべき国家としては、自由主義アプローチと同様に、依然として自由民主主義国家が想定されてきた。

他方で、国家建設の実践では、国際アクターの関与は、前節の流れのまま「非政治的」になりつつある。たとえば、ＥＵの脆弱国家のガバナンスへのアプローチは、公共セクターの改革と国家の能力の再建を強く強調する、テクノクラティックな性格のものとなっている。ＥＵが支援するブルンジ、ギニアビサウ、ハイチ、シエラレオネ、東ティモール、イエメンのＥＵの国別戦略文書（ＣＳＰ）をみる限り、市民社会や反汚職よりも、公共セクター改革、地方分権化、選挙過程、司法セクターの改革に重点が置かれている。国家による収奪やパトロンクライエント関係、民族分断、人権侵害など国家建設に影響するより根本的な問題については、分析では触れられていても、対策は行われていない。[48]

実践面での変化という意味では、ローカルを重視する「ポスト自由主義的な国家建設」、折衷的な「ハイブリッドな国家建設」といった提案が注目される。上杉勇司らは、国際社会と現地社会の間、トップダウン（国家）とボトムアップ（草の根）の間のハイブリッドな国家建設の可能性を探り、シエラレオネでのチーフダム警察の活動など、国家建設で重要な分野である治安部門改革（ＳＳＲ）での取り組みを検証している。[49] それらは、どう国家建設を行うのかという「アプローチ」に重点を置いており、国家建設の目標として自由民主主義国家に代わってどのような国家のあり方がありうるかを問うには至っていない。

（4）国家建設の目標となる国家モデルの変化

その点で、国家建設のモデルとしての欧米流の自由民主主義国家の国際的な魅力の低下は、途上国の民主化に負の影響を与え、国家建設のあり方により直接的な変化をもたらしているかもしれない。冷戦終結前後に東欧諸国などが相次いで民主化した背景には、「自由で豊か」な西側先進諸国への人々の憧れがあり、それが民主化の「感染」を促した。[50] しかし、一九九〇年代以降、既存の日本や欧米先進諸国では、新自由主義的な経済のグローバル化が次第に産業の空洞化をもたらし、経済格差が広がって貧困率も高まっていった。また、日本を含め先進国では次第に経済成長率が鈍り、特に二〇〇八年のリーマンショックと二〇〇九年のEU諸国の債務危機は、先進国の経済に大きな打撃を与えた。対して中国は、リーマンショックを自力で乗り越え、引き続き高い経済発展を続け、二〇一〇年には日本のGDPを追い抜き、今ではアメリカに迫っている。しかも最近では、5G通信やAIといった最新テクノロジーの開発の面でも先進国と競うようになっている。

その様子をみたほかの途上国の間で、経済発展のための最良の国家モデルとされてきた自由民主主義国家の魅力が薄れつつある。かわって、市民社会スペースの制約を含めた強権的な政治手法を用いつつ、市場重視だが政府主導の経済政策を進める「中国モデル」[51]あるいは「北京コンセンサス」が、実際に経済発展をもたらしうる手段として支持されつつある。実際、二〇一九年のPEWリサーチセンターの世論調査では、ナイジェリアで七〇%、ケニアで五八%、ブラジルで五一%、ヨーロッパでもブルガリアで五五%、ギリシャで五一%が中国に対して好ましい見方をしている。[52]為政者にとっても、中国モデルは、政権維持に都合がよいと同時に、正統性の維持に必要な経済発展をもたらしてくれる。実際、発展途上国では、ルワンダのカガメ大統領が積極的な取り入れを明言するなど、中国モデルあるいはそれに近似した「シンガポール・モデル」を模倣する動きがある。[53]強権化が進むカンボジアでも、憲法では自由民主主義体制が標榜され続ける一方で、先述のように二〇一八年七月の総選挙で全議席を与党が占めるなど、中国モデルに近似しつつあるといえる。

さらに、二〇二〇年になってからの新型コロナウィルス(COVID-19)のパンデミックは、自由民主主義モデルと中国モデルの優劣論争に拍車をかけたといえる。初期において情報を隠蔽し感染拡大を招いたとして中国を非難する声がある一方で、欧米諸国での犠牲者が大幅に中国を上回る状況で、権威主義的な政策を評価する向きもある。国家建設の三つの目標のうち②政府の行政能力がいっそう重視される流れが生まれている。

五　国家建設の行方？

以上の検討を踏まえ、国家建設で目指す国家像、国家建設への国際アクターによる関与のアプローチ、対する途上国の受け入れに注目して、国家建設のあり方の変化をまとめる。

まず、国家建設が目指す国家のあり方は、グローバル化が進んだ一九九〇年代に支配的であった自由民主主義国家から変わりつつある。国家建設の主たる目標は、繰り返すように、①治安、②政府の行政能力（＝狭義のガバナンス）の向上、③民主的正統性の確保であるが、二〇〇〇年代後半に入り、③民主的正統性に関してデモクラシーの後退が世界的に進む一方で、①治安や②ガバナンスに重点を置く傾向が途上国で明らかになりつつある。

ただし、国家建設で③民主的正統性の確保が軽視されるようになったかどうかには、議論の余地がある。ドイツの比較政治学者シャルプによると、政治システムの民主的正統性にはインプットとアウトプットの二つの側面がある。すなわち、意思決定過程への参加を通じたインプットの側面と、治安の改善や実際の経済発展、公共サービスの提供などによる問題解決を通じたアウトプットの側面がある。[54] 自由主義的な国家建設においては、民主化による競合的選挙の実施を通じて、インプットの側面から民主的正統性を調達することが想定されてきた。背景には、先進民主主義諸国による、国際政治上の優位を背景とした民主化圧力や支援、自由民主主義国家モデルの魅力があった。

しかし、（政権による意図的なものを含めて）デモクラシーの後退と西側先進諸国の優位の低下を受けて、それが近年は、アウトプットの側面からの民主的正統性の調達に重点が置かれつつあるとみなすこともできよう。もとより、このアウトプット重視は、①治安と②政府の行政能力の向上という、国家建設のもう二つの目標とも重なり合うものである。平和構築や開発（援助）の最近の傾向とも一致している。そして、国家の「中国モデル」や「シンガポール・モデル」もまた、端的にいえば、（民主的といえるかは難しいが）国民の期待に応えるアウトプット指向で、政権の正統性を確保しようとする国家像である。そのような方向へ、国家建設で目指す国家像が変化しつつあるのかもしれない。

次に、国家建設への国際アクターによる関与のアプローチも変化しつつある。一九九〇年代以降、西側先進諸国やその影響下にある国際機構は、積極的に国家建設に関与してきた。しかし、途上国のオーナーシップが強調され、国際政治上でアメリカの覇権や先進民主主義諸国の優位が崩れて中国が「台頭」し、国際的関与を強めて「権威主義支援」も実施されつつあるなかで、特に民主化に関わる政治的分野への西側諸国や国際機構の関与は消極的なものになり、①治安と②政府の行政能力を重視するアウトプット指向で「非政治的」なアプローチが強まりつつある。対して、受け入れる途上国も、

表1－2　グローバル化時代とポスト・グローバル化時代の国家建設

	国家像	国際アクターのアプローチ	対象国の受け入れ方
グローバル化時代の国家建設	自由民主主義国家（インプット指向）	積極的な民主化支援	政府の主体性は低い
ポスト・グローバル化時代の国家建設	国家の「中国モデル」？（アウトプット指向）	「非政治的」なガバナンス支援、権威主義支援	オーナーシップの主張と政府の主体性の高さ

出所：筆者作成。

やはり先進諸国とのリンケージの低下と中国の援助と投資の拡大、援助のオーナーシップ原則の強化で、その主体性が強まりつつある。しかし、カンボジアの総選挙の例にみられるように、それが権威主義的な政府の場合は、民主化支援へ抵抗して③民主的正統性が歪められることになる可能性がある。そのことが国家建設の目指す国家像の変化にもつながっている。

以上を踏まえて、一九九〇年代から今世紀初頭までの支配的であった国家建設のあり方（あえて「グローバル化時代の国家建設」と呼ぶ）と、最近のポスト・グローバル化時代の国家建設とをまとめると、表1－2のようになる。

結局、一九九〇年代後半からの開発援助におけるガバナンスの概念の重視や、二〇〇〇年代後半の国家建設の実践に示されるように、グローバル化「にもかかわらず」、国家の役割、重要性が変わっていないともいえる。そのうえで、ポスト・グローバル化時代の国家建設では、加速するグローバル化に国家が対応しようとした結果、それまでの国家のあり方自体が「変容」し、①治安と②政府の行政能力を特に重視するアウトプット指向の国家像が出現しつつあるといえるかもしれない。ただし、変容の程度や時期については考慮の余地がある。今後、自由民主主義国家に代わり、「中国モデル」のようなアウトプット指向の国家が国家建設で目指す国家像としていっそう広がっていくかは、実際に国家が問題を解決するだけで③（民主的）正統性を確保できるのか、それらアウトプットの正統性が選挙などを通じたインプットの正統性とどのように関係するのかに注目する必要がある。また本章では触れることができなかったが、国民形成まで含めた場合、移民排斥を含むアイデンティティ・ポリティクスが強まるなかで、国家建設の行方はより複雑なものとなるであろう。

注

1 Samuel P. Huntington, *The Third Wave: Democratization in the Late Twentieth Century*, University of Oklahoma Press, 1991.

2 David Held, Anthony McGrew, David Goldblatt and Jonathan Perraton, *Global Transformations*, Polity Press, 1999.

3 藤重博美・上杉勇司・古澤嘉朗編『ハイブリッドな国家建設』ナカニシヤ出版、二〇一九年。

4 James Dobbin *et.al.*, *America's Role in Nation-Building: From Germany to Iraq*, RAND, 2003.

5 OECD/DAC, *Concepts and Dilemmas of State Building in Fragile Situations: From Fragility to Resilience*, OECD/DAC, 2008.

6 佐藤成基『国家の社会学』青弓社、二〇一四年。

7 Andreas Wimmer, *Nation Building: Why Some Countries Come Together While Others Fall Apart*, Princeton University Press, 2019.

8 Charles Tilly, "War Making and State Making as Organized Crime," in Peter B. Evans, Dietrich Rueschemeyer,

and Theda Skocpol (eds.), *Bringing the State Back In*, Cambridge University Press, 1985.
9　Nicolas Lemey-Hébert, "Rethinking Weberian Approaches to State Building," in David Chandler and Timothy D. Sisk (eds.), *The Routledge Handbook of International Statebuilding*, Routledge, 2014, p. 4
10　Charles Tilly, *Democracy*, Cambridge University Press, 2007.
11　篠田英朗「国際社会の歴史的展開の視点から見た平和構築と国家建設」『国際政治』（日本国際政治学会）第一七四号、二〇一三年、一三—二六頁。
12　David Held, *Democracy and the Global Order*, Polity Press, 1995; Susan Strange, *The Retreat of the State: The Diffusion of Power in the World Economy*, Cambridge University Press, 1996. 杉浦功一「グローバル化と国家」岩崎正洋・坪内淳編著『国家の現在』芦書房、二〇〇七年、一九三—二二三頁。
13　Francis Fukuyama, *The End of History and the Last Man*, Free Press, 1992.
14　Held *et.al.*, 1999, *op.cit.*
15　岩崎育夫「開発体制の起源・展開・変容——東・東南アジアを中心に」東京大学社会科学研究所『二〇世紀システム4　開発主義』東京大学出版会、一九九八年、一一五—一四六頁。
16　猪口孝「アジア型民主主義?」猪口孝／エドワード・ニューマン／ジョン・キーン編、猪口孝監訳『現代民主主義の変容——政治学のフロンティア』有斐閣、一九九九年、一二四—一三六頁。
17　ポール・コリアー／中谷和男訳『最底辺の一〇億人』日経BP社、二〇〇八年。稲田十一編『開発と平和——脆弱国家支援論』有斐閣、二〇〇九年。
18　田中明彦『新しい「中世」——21世紀の世界システム』日本経済新聞社、一九九六年。
19　Edward Newman, Roland Paris and Oliver P. Richmond, "Introduction," in Edward Newman, Roland Paris and Oliver P. Richmond (eds.), *New Perspectives on Liberal Peacebuilding*, United Nations University Press, 2009, pp. 8-9. 杉浦功一「平和構築」初瀬龍平編著『国際関係論入門』法律文化社、二〇一二年、二八四—二九六頁。
20　武内進一「序論「紛争後の国家建設」」『国際政治』（日本国際政治学会）第一七四号、二〇一三年、一—一二頁。
21　Newman *et.al.*, *op.cit.*, p. 3.

22 杉浦功一『民主化支援――二一世紀の国際関係とデモクラシーの交差』法律文化社、二〇一〇年、四七頁。

23 杉浦功一「開発援助におけるデモクラシーと民主化支援」『国際政治』（日本国際政治学会）一六五号、二〇一一年、一一一―一二四頁。

24 下村恭民「新しい視点からのガバナンス論――途上国に内在するグッド・ガバナンスの重視」下村恭民編著『アジアのガバナンス』有斐閣、二〇〇六年、三七―三八頁。

25 以下を参照。杉浦功一「デモクラシー重視の開発援助――ポスト二〇一五年へ向けた民主的ガバナンスの評価と援助戦略」『国際開発研究』（国際開発学会）、第二三巻第一号、二〇一四年、二三―四〇頁。杉浦功一「デモクラシーの概念の変容の考察――民主化支援活動の現状から」『和洋女子大学紀要』（和洋女子大学）第五八集、二〇一八年、一三―二四頁。

26 OECD/DAC, *op.cit.*

27 Alan Whaites, *States in Development: Understanding State-building*, a DFID Working Paper, DFID, 2008.

28 杉浦功一「開発援助における「政治経済分析」の可能性」『和洋女子大学紀要』（和洋女子大学）第五一集、二〇一一年、一一五―一二七頁。

29 Lemey-Hébert, *op.cit.*

30 V-Dem Institute, *Democracy Facing Global Challenges: V-Dem Annual Democracy Report 2019*, V-Dem Institute, 2019, pp. 21-24.

31 V-Dem Institute, *Autocratization Surges — Resistance Grows, V-Dem Annual Democracy Report 2020*, V-Dem Institute, 2020.

32 Anna Lührmann and Staffan I. Lindberg, "A Third Wave of Autocratization Is Here: What Is New About It?," *Democratization*, published online, 01 Mar 2019.

33 EIU, *Democracy Index 2019: : A year of Democratic Setbacks and Popular Protest*, The Economist Intelligence Unit（EIU）, 2020. Freedom House, *Freedom in the World 2019: A Leaderless Struggle for Democracy*, Freedom House, 2020.

34 Lührmann and Lindberg, *op.cit.*, pp. 10-11. 川中豪「「民主主義の後退」をめぐる理論」川中豪編著『後退する

民主主義、強化される権威主義』ミネルヴァ書房、二〇一八年、一五―四四頁。杉浦功一「民主化支援の今日的課題――市民社会スペースの制約の問題を中心に」『平和研究』（日本平和学会）第五三号、二〇二〇年、七一―八八頁。

35　Steven Levitsky and Lucan A. Way, *Competitive Authoritarianism: Hybrid Regimes after the Cold War*, Cambridge University Press, 2010.

36　杉浦功一「民主主義体制の脆弱化と権威主義体制の強靭化における国際的要因の考察」『日本比較政治学会年報』（日本比較政治学会）第二二号、二〇二〇年、一七九―二〇九頁。

37　Peter Burnell, *Promoting Democracy Abroad: Policy and Performance*, Transaction Publishers, 2011, pp. 246-263; Oisin Tansey, *The International Politics of Authoritarian Rule*, Oxford University Press, 2016.

38　神谷万丈「国際政治理論の中のパワー・トランジッション――日米中関係へのインプリケーション」日本国際問題研究所編『日中米関係の中長期的展望』二〇一二年。

39　Levitsky and Way, *op.cit.*

40　Steven Levitsky, and Lucan Way, "The New Competitive Authoritarianism," *Journal of Democracy*, Volume 31, Number 1, January 2020, pp. 51-65.

41　Sarah Sunn Bush, *The Taming of Democracy Assistance: Why Democracy Promotion Does Not Confront Dictators*, Cambridge University Press, 2015. 杉浦功一「民主化――デモクラシーの実現不可能性」高橋良輔・大庭弘継編『国際政治のモラル・アポリア――戦争／平和と揺らぐ倫理』ナカニシヤ出版、二〇一四年、二〇六―二四六頁。

42　篠田英朗「国家建設の戦略的指針としてのオーナーシップ原則」藤重博美・上杉勇司・古澤嘉朗編『ハイブリッドな国家建設』ナカニシヤ出版、二〇一九年、六七―八〇頁。

43　ＷＧＩの発言権とアカウンタビリティの項目はＥＩＵのスコアを算入しているので、同じ傾向を示しやすい。

44　The Government of Rwanda, *The National Strategy for Transformation (NST1) 2017-2024*.

45　杉浦功一「ルワンダのガバナンスに対する国際関係の影響――総合的な検証へ向けた一試論」『和洋女子大学紀要』（和洋女子大学）第五七集、二〇一七年、三九―五〇頁。

46　Roland Paris, *At War's End: Building Peace after Civil Conflict*, Cambridge University Press, 2004.

47　Francis Fukuyama, *State-building: Governance and World Order in the 21st Century*, Cornell University Press, 2004.

48　Wil Hout, "EU Statebuilding through Good Governance," in Chandler and Sisk, *op.cit.*, pp. 361-374.

49　藤重・上杉・古澤編、前掲書。

50　Laurence Whitehead, "Three International Dimensions of Democratization," in Laurence Whitehead (ed.), *The International Dimensions of Democratization: Europe and the Americas*, Oxford University Press, 1996, pp. 1-25.

51　ステファン・ハルパー／園田茂人・加茂具樹訳『北京コンセンサス――中国流が世界を動かす』岩波書店、二〇一一年。

52　Pew Research Center, "China's Economic Growth Mostly Welcomed in Emerging Markets, but Neighbors Wary of Its Influence," 〈https: //www. pewresearch. org/global/2019/12/05/attitudes-toward-china-2019/〉, December, 2019. 二〇二〇年一一月一五日アクセス。

53　金丸裕志「多民族国家における権威主義体制と開発――政治的側面におけるルワンダの「シンガポール・モデル」」『和洋女子大学紀要』（和洋女子大学）第五七集、二〇一七年、二七―三八頁。

54　Fritz W. Scharpf, *Governing in Europe: Effective and Democratic?*, Oxford University Press, 1999.

第2章　「軽いシティズンシップ」が創る国家と成員

柄谷利恵子

一　「シティズンシップ2・0」[1]の到来？

近年、シティズンシップ研究において、国家に対する帰属感や義務の意識の薄い「軽いシティズンシップ」論[2]が関心を集めている。一九九〇年代には、欧州連合（EU）市民権が成立するなど、国境を越える新しいシティズンシップとしての「トランスナショナル・シティズンシップ」論[3]が盛んだった。この系譜をひく「軽いシティズンシップ」は、「移動性の時代」[4]のシティズンシップとして議論される。近年、「軽いシティズンシップ」に基づき、一部のEU加盟国では投資に基づく成員資格や滞在資格の付与（前者は「ゴールデン・パスポート」、後者は「ゴールデン・ビザ」という通称）、英国では成員資格剥奪に関する制度が成立し運用されている。[5]本章では、これらの制度を通じてどのような成員（シティズン）[6]と国家（政府）のあり方が創りだされているのかを問う。

「グローバル化」[7]により、国家の役割が変容もしくは低下するという論争が、一九九〇年代に関心を集めた。[8]しかし二一世紀に入って二〇年が過ぎても、国家は終焉も退場もしていない。むしろ、自国ファーストや反移民・難民を主張する政党への支持が高まり、国家の役割の強化を望む声が強まっているようにもみえる。一方で、受け入れ先も決まらぬまま、生まれ育った国を離れざるをえない人が急増している。国連難民高等弁務官事務所（ＵＮＨＣＲ）によれば、その数は二〇一五年には第二次世界大戦後最大となり、その後も増加している。[9]さらにいまや、国家（政府）によって安全保障上のリスクと認定されれば、成員であっても国籍剥奪の対象とされかねない。[10]その一方で、本国でも歓迎されるはずの富裕層に対して、投資を通じて国籍や永住資格を購入できるプログラム（immigration investor programme、以下、ＩＩＰｓ）が活発に宣伝されている。[11]ＩＩＰｓに関して、『ニューヨーク・タイムズ』紙は「金持ちが収集するのは美術品だけではない。金持ちはパスポートも収集する」と論じている。[12]このように、一方では国家の再強化を訴える人がおり、もう一方では国家から離れざるをえない、もしくは強制的に追い払われる、さらには自主的に離れたい人が増えている。[13]近年、相反するようにみえるこれらの事例それぞれに対しては注目が集まっている。しかし本章では、これらの事例を同時に取りあげ検討する。なぜならば、これらはともに、概念としての「軽いシティズンシップ」が具現化されたものだからである。

以下、次節では「軽いシティズンシップ」論を中心に、現在のシティズンシップをめぐる議論を概観する。続く第三節では、「トランスナショナル・シティズンシップ」から「軽いシティズンシップ」へと続く系譜を示す。その上で、「軽いシティズンシップ」に基づく政治体と成員のつながりの事例として、望まれる非成員の勧誘（成員資格の販売）と望まれない成員の追放（成員資格の剥奪）を取りあげる。最後に、概念としての「軽いシティズンシップ」が制度化されることによって生じる問題を指摘する。具体的には、シティズンシップ概念の根幹にあるはずだった平等性原理の浸食・軽視および、それに伴い国家と成員との間に形成されつつある「新自由主義的」な帰属のあり方である。従来から、成員間の実質的な権利（実質的シティズンシップ）の格差は指摘されてきた。それにくわえて、いまや成員資格（形式的シティズンシップ）の安定性においても格差が広がっている。生まれながら（以下、生来）に単一の成員資格を有する成員と比べ、帰化による成員や重国籍の成員が有する成員資格は、剥奪の可能性のある脆弱なものにすぎない。一方、資金や技能の豊富な成員は、生来の成員資格よりも資産価値の高い他国の成員資格を、自らへの投資として獲得する。国家（政府）もまた、このような成員資格の取引を通じて有益な非成員を勧誘し成員として受け入れ、自らの価値を高めていく。今後、成員資格を投資・剥奪可能な商品とみなす制度が受容され浸透していけば、それが次代のシティズンシップの礎となっていく。

二　シティズンシップの現状

（1）シティズンシップから問うとは

従来から、シティズンシップとは政治共同体の成員資格であり、その資格に付与される権利と義務からみれば、成員全員は平等であると理解されてきた[14]。本章においても、このような概念理解が出発点である。また、概念としてのシティズンシップは絶えず変化し論争的である。同時に、その意味や解釈が政治的道具として使われてきた。したがって、シティズンシップの変容過程の分析は、時代ごとの成員と政治体の関係の変遷を映し出す。そのため、シティズンシップをめぐる論争を通じて、その時代の成員と政治体が抱えている矛盾や軋轢が明らかになる。実際、ある識者はシティズンシップについて、「二一世紀の挑戦や難問を、二〇世紀の資源と一九世紀のモデルで解決するのはたやすいことではない[15]」と述べている。重要なのは、各時代の「挑戦や難問（challenges and problems）」に応え、シティズンシップが変容してきている点である。サッセンは、シティズンシップはいつまでも未完であり、それだからこそどのような変容にも対応できる「形成過程の作品[16]」であるという。つまり「軽いシティズンシップ」を問うことで、現在の政治体と成員の関係だけでなく、現状を問い直し、次なる関係の構築に向けた挑戦と課題が明らかになる。

世界人権宣言一五条によれば、すべての人は国籍を持つ権利を有する。これまで私たちは、主権国家から形成される国際社会において、どこか一つの国家の成員となることで生命の安全が保障されると信じてきた。そう信じているからこそ、自らの命を危険にさらしてまで国家のために戦うという徴兵制が成り立ちうる。成員資格を国籍と呼ぼうがシティズンシップと呼ぼうが、「成員資格を持っていること」と「成員資格を保持する国の境界線内にとどまっていること」と「成員資格を持っている国によって保護がもたらされること」の三つが結びついていた。今日、その結びつきが必ずしも成立しなくなっている。

現在、成員や非成員が地理的境界を移動することにともない、成員・非成員の人的境界が見直されてきている。これまで、国籍に基づく人的境界を管理・維持してきた国家（政府）からすれば、領域内での出生や居住に基づき成員資格を一様に付与し、全成員を平等に扱うことはもはや当然ではない。成員であっても保護されない者や、非成員であっても積極的に歓迎される者が多数いるのである。たとえば、特に二〇〇一年の九・一一同時多発テロ事件以降、国内にいるべきではない、望まれない非成員に対する退去強制（deportation）の行使が増加している。さらに注目すべきは、成員資格の剥奪（deprivation）を通じて、事実上の退去強制の対象となる成員が生みだされている事例である。第三節で取りあげる英国では、「公共の利益に反する」という恣意的な条件の下で、生来の成員資格でさえ剥奪されてしまう。個人の側からしても、ただ単に同じ国の成員だからというよりは、生活スタイルや価値観を共有する他国の成員との間に、より緊密な関係を構築しようとする者が増えている。このような事態を前に、特定の富裕層は「オフショア戦術（a strategy of offshoring）を通じた階級戦争」

を仕掛け、勝利を収めつつあると指摘する論者もいる。[17] 今日のこのような国家と成員との関係を創りだし、かつ可能にしているのが、「軽いシティズンシップ」ということになる。

なお、「成員資格」としてのシティズンシップは、国家（政府）により法的に定義され制度化する。シティズンシップに関する制度は、当然のことながら概念としてのシティズンシップと密接に関連している。本章では、シティズンシップ概念と制度は、成員（シティズン）およびその資格を法的に定義する国家（政府）の様々な形の行動・不行動によって変容していくと捉える。[18] シティズンシップ概念と制度の変容については、因果関係（どちらに起因するのか）や関係性の様態（直接的とか間接的とか）はさまざまである。本章が着目するのは、成員と非成員だけでなく、無国籍者や難民といった成員資格をめぐるあらゆる区分が、シティズンシップ概念とそれを解釈・実現するための制度との間の関係性によって成立し変容していくという点である。

（2）「軽いシティズンシップ」とは

「軽いシティズンシップ」の特徴としては、特定の国家の成員として生じる義務や帰属感の減少・希薄化が挙げられる。[19] シティズンシップの「軽さ」は、一つには成員資格を自らの利益のための道具として利用する者をうみだし、もう一つにはシティズンシップの根幹とされてきた成員間の資格および権利・義務の平等性の浸食を引き起こしている。「軽いシティズンシップ」論の背景には、私たちが生きている「移動性の時代」がある。いまや、私たち自身が国境を越えて地理的に移動をするというだけでなく、私たちの生活そのものが、国境を越えて移動してきた様々なモノ・ヒト・カネ・情報により支えられ、ウィルスや有害物質の流入によって脅かされている。もちろん、ヒトが移動するという現象自体は目新しいものではない。しかし今日の移動の特徴はその多様性である。たとえ生まれた土地を一度も離れていなくても、書籍やテレビなどのメディアの世界やインターネット上のデジタル空間を私たちは移動している。くわえて、このような多様な移動を受容し使いこなす能力が、私たちの生活に多大な影響を及ぼしている。私たちはもはや、生まれた土地で一生を終えるとしても、移動と無関係に生活できない。私たちは「動き続けている（on the move）」[20]のである。結果として、国家と個人が一対一で排他的に結びつけられ、成員と非成員の間に明確で法律的に効力を持つ区別が存在するという、いわゆる国民国家が想定する国家と成員の結びつきは変容せざるをえない。[21]もはやシティズンシップを、「平等主義的、神聖、ナショナル、民主的、唯一無二、そして社会的な影響のある[22]」概念と理解するには無理がある。

成員が同時に複数もしくは重層的な政治体に帰属することや、[23]多くの成員が領域外で一時的に生活したり何世代にもわたって居住し続けることを所与とみなす[24]シティズンシップ概念が、「軽いシティズンシップ」論の浸透によって確立したと断言するには時期尚早だろう。実際、国際連合（United Nations）が発表する統計によれば、二〇一九年に自らの出生国以外で居住している人数は二億七二〇〇万人で、世界総人口の三・五％にすぎない。[25]今なお、世界の大半の人はパスポートを見ないまま生活している。さらに九・一一同時多発テロ事件をへて、国境を越えるヒトの流れを監視する体制が各国で強化されるようになった。実際、成員資格の付与の厳格化をすすめる国に注目し、シティズンシップの脱国家化から再国家化への揺り戻しを指摘する論説もある。[26] ただし一九九〇年代以降今日にいたるまで、重国籍寛容化の流れは続いており、地域格差があるとはいえ重国籍を認める国は増加している。[27] くわえていまや、重国籍の理由は多様である。従来、両親からそれぞれ異なる国籍を受け継いだ者や、一定期間以上の合法的滞在などの条件を満たすことで帰化が認められた者が重国籍者となった。今日では、投資目的として成員資格を取得するだけで、政治体に対する帰属や他の成員との親密な関係がないまま重国籍になる者もいる。次節で取りあげるＩＩＰｓのように、こういった「真正なつながりが欠如した重国籍（inauthentic plural citizenship）[28]」の増加を、「軽いシティズンシップ」は生みだしている。

そういう意味では、「軽いシティズンシップ」は着実に国家と成員との間の「新しい帰属の様相[29]」を創りだしており、成員資格を道具的かつ戦略的に扱う態度が広まる環境が準備されてきている。ヨプケは、このシティズンシップ概念の道具論的転回（the instrumental turn）こそ、「軽いシティズンシップ」の中核であり、「軽さ」の進行を不可避にしていると主張する。[30] 成員資格がもはや排他的ではなく、重複するものとして受け入れられるようになれば、成員資格の道具的利用に対する抵抗は軽減する。また、そのような成員同士のつながりにおいて、成員資格の文化的および道徳的意味合いが希薄になるのは当然である。さらに、九・一一同時多発テロ事件以降の国境管理の強化にもかかわらず、ＥＵ市民に認められている域内自由移動の権利は変わっていない。この点を重視し、ＥＵ加盟国内における「軽いシティズンシップ」の浸透を食い止めることはできないと、ヨプケは述べている。[31]「移動性の時代」の今日、「ウォール・ストリートで働き、ナッソーで納税し、フィレンツェでバカンスを楽しみ、ボゴタの親友と趣味を共有する」というように、一つの国家に縛られない生活を選択できる者がいる。このような生活スタイルを実践する者の存在自体は、現在にかぎったものではない。重要なのは、このような生活をする者が望めば、「軽いシティズンシップ」を具現化するＩＩＰｓを通じて、自らへの投資のために成員資格を購入できるようになったことである。[32] つまり「軽いシティズンシップ」の下で、成員資格の道具的取引は制度として確立される。さらに重国籍寛容化の流れは、商品としての成員資格の取引を一層容易にする。結果として成員間の格差は所与のものとなり、その格差を自らの利益のために利用できる一部の成員とそうでない成員の区分は、当然のように受け入れられることになる。

三 「軽いシティズンシップ」の地平

(1)「トランスナショナル・シティズンシップ」から「軽いシティズンシップ」へ

「軽いシティズンシップ」論は「トランスナショナル・シティズンシップ」論からつながる系譜上にある。一九九〇年代初頭には、ポスト冷戦かつグローバル化時代のシティズンシップとして、「ワールド」、「グローバル」、「トランス・ナショナル」、「コスモポリタン」、「ポスト・ナショナル」

といったように、国境を越える「新しいシティズンシップ」の可能性が多岐にわたって提唱された[33]。一九九三年にはマーストリヒト条約によってEU市民権が成立し、個人と政治体の間に新しい関係性が構築されるという期待が一層高まった[34]。

北米・西欧諸国において「トランスナショナル・シティズンシップ」論が活発になった背景には、一つにはグローバル化によって国境を越える脅威が高まる中、国家（政府）が成員を保護しその安全を保障するという前提の揺らぎがあった。もう一つには、国境を越えるヒトの移動を通じて、各国で成員資格を持たない居住者が増加していた。さらに第二次世界大戦以降、世界人権宣言にみられるような「人である（personhood）」ことに基づく権利や、外国人や永住資格保持者に対する「居住」に基づく権利のように、国家の成員資格だけにとらわれず、権利を保護するための制度が広まっていた。これらの要因が合わさることで、国家を越えるシティズンシップが提唱されるようになった。たとえばソイサルによれば、グローバル化時代のシティズンシップは「地理的基盤とは無関係の人間の権利としての概念[35]」になり、もはや「文化的帰属を示し、国家の地理的領域と結びついた概念[36]」ではなくなっていく。したがってシティズンシップは、「人であること、それ自体に由来する権利という脱領域的概念[37]」になると述べられていた。

先述のとおり、九・一一同時多発テロという象徴的な事件を機に、特に欧米先進国においては入国管理制度の強化を望む声が高まった。また英国のように、成員資格授与式への出席や君主と民主主義的価値への忠誠の宣誓などを新たに帰化の条件として課すことで、国家への帰属意識を成員に再確認させる事例もみられた。ただし今日、成員資格と成員としてのアイデンティティの結びつきが再強化される一方で、成員全員に対する平等な権利の実現を訴える声は小さい。この点が一連の「トランスナショナル・シティズンシップ」論と「軽いシティズンシップ」論の違いといえる。というのも、「トランスナショナル・シティズンシップ」論者が問うていたのは、出入国管理に基づく単一均質な成員集団の維持であり、その基準とされた国家と密接に結びつけられたシティズンシップの妥当性だった。結果として、グローバル化する世界における成員の所属する政治体の範囲（国家か、ＥＵのような超国家組織か、それとも複数の政治体か）や、成員と非成員の境界（成員資格か、居住か）が再検討の対象となった。しかしどの論者もみな、「成員間の平等というシティズンシップの理想型への信念」[38]については合意していた。

一方、グローバル化のさらなる進展にともない、個人による成員資格の戦略的利用（濫用）が今日では可能になった。このことを「軽いシティズンシップ」論者であるヨプケは、「国家の脱神話化」と評価している[39]。いまや、グローバル化時代に即した国家と成員とのつながりが再構築される必要がある[40]。国境を越える権利や重国籍の増加は、シティズンシップの衰退ではない。バウベックの言葉をかりれば、「国家中心的なナショナリズムによる拘束からのシティズンシップの解放」[41]である。さらに別の論者は、国家の成員資格としてのシティズンシップがもはや「排他的で領土的（exclusive and territorial）」なものではなく、「重なり合いつつ持ち運びできる（overlapping and portable）」[42]ものへと変容していると分析する。つまり、「軽いシティズンシップ」論では、成員間の実質的な権利の格差は克服すべきものではなく、利用（もしくは濫用）するものと理解される。格差があるからこそ、ＩＩＰｓで取り扱う価値のある成員資格かそうでないかの違いがうまれる。ある者は、生来の成員資格だけでは経済活動や生活環境に不安を感じたり、ビザなどの規制により移動の自由度が低いと感じたりしている。そのような者に対し、ＩＩＰｓを通じた二つ目の成員資格の購入という選択肢が提示される。資金や技能がある成員は、二つ目の成員資格の購入という投資行為を実行するかもしれない。その結果、成員間の実質的な権利の格差はさらに拡大する。これまで、「生来の権利の宝くじ（the birthright lottery）[43]」によって不利な成員資格が割り当てられたとしても、運命を共有する成員みなが責務を果たし、それに応える形で国家（政府）が格差の解消に努めると想定されていた。しかし「軽いシティズンシップ」の下では、資産や技能に恵まれた一握りの成員が、個人として独自の力で格差の解消を図るようになる。さらにいまや、成員間の実質的な権利（実質的シティズンシップ）の格差にくわえて、成員資格自体（形式的シティズンシップ）の価値や安定性に関しても格差が受容されるようになってきた。後で述べるように、たとえば重国籍の成員と単一国籍の成員とをくらべると、成員資格の安定性に格差があること自体には異論は少ない。しかもシティズンシップがもたらす格差への取り組みは、国家（政府）が担うのではない。その役目は各人に委ねられている。

先述のとおり「軽いシティズンシップ」論では、もはや国家（政府）にとっても個人にとっても、成員資格は自らの利益のために使う道具とみなされている。このような成員資格の扱いを通じて、成員と国家の間に「新自由主義的帰属の形態（neoliberal forms of belonging）[44]」が形成されつつあると主張する研究者もいる。この見方によれば、新自由主義の広がりにより、人間活動のあらゆる分野で市場モデルが導入され、国家（政府）も個人もともに、自らの価値の極大化を目指し行動するようになる。それにともない、もはや成員間の平等や親密性、成員と国家の緊密なつながりに基づくシティズンシップは廃れていくしかない。代わりに登場するのが、成員資格や成員としてのアイデンティティでさえ「指標」を使って判断する国家（政府）と個人である。「軽いシティズンシップ」は、成員資格の道具的利用を具現化するＩＩＰｓを実現し拡散させる。このような新自由主義的帰属の形態はＩＩＰｓのみにとどまらず、広く入国管理制度にも影響を及ぼしていく。日本を含めた多くの国が能力別移住者選別受け入れ制度（いわゆる、ポイント制度）を導入している。この制度においては、移住希望者を技能・資産に基づいて仕分け、高い点数を獲得する者を積極的に受け入れることが目標とされている。高度な技能や豊富な資産を持つ者は、帰化や家族呼び寄せの条件などで優遇措置を受ける。いまや国家（政府）にとって、成員間の実質的な権利の不平等を是正する政策は重要ではない。むしろ、国境を越えることで独力で実質的な権利の拡大を図る個人を歓迎する。また、それを実現するための制度を確立することで、国家（政府）はそのような能力を持つ成員と持たない成員の不平等を容認する。このように、成員同士のつながりも成員と国家のつながりもともに分断された現状を前に、成員資格による成員と非成員の区分けの妥当性は再検討を迫られている。[45]

くわえて、「軽いシティズンシップ」を受容する国家（政府）は、自らの不利益を避けるためならば、成員資格の剥奪さえも厭わない。自国に利益をもたらす非成員の受け入れと自国の利益を脅かす成員の排除は、同じコインの裏表である。二一世紀に入り、「テロとの戦い」の旗印の下で、「公共の善」とか「重要な国益」を脅かす成員から国籍を剥奪して非成員にするための法律を導入する国が増えている。[46] 確かに、成員資格の剥奪および追放には長い歴史がある。ただし、後で取りあげる英国の事例をみても、数年前までは成員資格が実際に剥奪されることはまれであった。[47] というのも、「無国籍者の地位に関する条約（Convention relating to the Status of Stateless Persons）」や「無国籍の削減に関する条約（Convention on the Reduction of Statelessness）」や「ヨーロッパ国籍条約（EU Convention on Nationality）」にみられるように、国家（政府）による国籍剥奪の結果、無国籍者を生みだすことは原則として避けなければならないからである。また先述のとおり、いまや国籍を持つ権利は基本的人権の一つである。さらに重国籍者だけを国籍剥奪の対象とすることは、成員間の平等にも反する。[48] にもかかわらず現在では、国籍を剥奪しても無国籍にならない重国籍の成員、さらにその中でも帰化による重国籍の成員に対し、国籍剥奪制度が実際に利用されるようになっている。[49]

国籍剥奪にみられる成員資格の安定性の格差は、国家の安全や安定を脅かすリスクに基づいて説明されている。リスクという定義不可能なものを減らす目的で、成員は公共性や忠誠心などの道徳的指標に基づき仕分けられる。この指標によれば、生来の成員資格よりも帰化による成員資格の方が、また単一の成員資格よりも複数の成員資格の保持者の方が下位に置かれる。「軽いシティズンシップ」からなる国家と成員の関係では、もはや成員だからといって、国家の繁栄や安全のために貢献し努力するとは限らない。国家（政府）にとっても個人にとっても自らの利益が優先する。ここでの利益は、経済的指標だけでなく道徳的指標によっても測定される。経済的利益のために国家（政府）は、入国管理政策の中にポイント制度を導入する。ＩＩＰｓもまた、資産や技能という経済的指標に基づく成員資格の道具化の結果である。同時に、国内の安全と安定という「公共の善」のために、国家（政府）は道徳的指標に基づき国籍剥奪制度を運用する。このように、「軽いシティズンシップ」の下での成員資格の道具的利用は、入国管理政策だけにはとどまらず、国籍政策にまで及んでいく。こうして、自らの利益の極大化を目的とする、成員と国家の間の「新自由主義的帰属の形態」は広く浸透していくことになる。

（2）「軽いシティズンシップ」の具現化――成員資格の販売と剥奪

「軽いシティズンシップ」論では、成員資格はもはや、成員間の実質的な権利と成員資格の安定性の二重の意味で平等性が保障されない。成員資格の安定性の格差は、成員対非成員という従来の区分を壊し、成員の中にも非成員の中にも区分をつくる。その際、経済的指標だけでなく道徳的指標をも用いて、国家（政府）も成員も戦略的に行動する。そのような行動の実例がＩＩＰｓであり、国籍剥奪の制度である。以下、ＩＩＰｓについてはＥＵ、国籍剥奪については英国の事例を取りあげる。[50]

二〇一九年一月に欧州委員会は、投資を通じた成員資格（ゴールデン・パスポート）および居住資格（ゴールデン・ビザ）の供与プログラム（本章では、ＩＩＰｓ）に関する包括的な報告書（以下、一九年委員会報告書）を発表した。[51] 欧州議会は、二〇一四年にはすでに、ＩＩＰｓがＥＵの価値や理念に基づくＥＵ市民権概念そのものを侵害する懸念を示し、欧州委員会に調査を要請していた（Resolution of 16 January 2014）。それを受けた一九年委員会報告書の中で、加盟国が投資のみを根拠に成員資格や居住資格を供与するリスクが取りあげられた（二頁）。とくに、居住経験のないまま成員資格を付与することで国内の安全保障が脅かされるリスクや、マネー・ロンダリング、脱税、政治腐敗がプログラムの運用を通じて生じる点が指摘された。

一九年委員会報告書の内容は以下のとおりである。冒頭で、国家と成員のつながりは「連帯と信義に基づく特別な関係」および「権利と義務の互恵性」に基づくと定義する（二頁）。成員資格の根拠としては、出生地や血統にくわえて帰化もあげている。帰化とは、婚姻や長期の居住などを通じて「真正なつながり（genuine connection）」[52]を築いている者に対して、国家（政府）が成員資格を付与する方法である。さらに、加盟国（政府）が独自の帰化制度を設置し、国益に基づいて成員資格を付与することや、経済的利益に基づく国益の解釈がありうることを述べる（二頁）。続けて、二〇〇五年のブルガリア、二〇〇七年のキプロス、二〇一三年のマルタが導入した制度については、第三国国民からの投資を呼び込む目的の成員資格付与であり、従来の帰化とは別の新しい制度であると言明する（三頁）。

一九年委員会報告書によれば、各加盟国が運用する成員資格付与制度については、投資額や内訳、資格付与までの滞在期間などの詳細において違いがある。しかし先述の三カ国が運用する制度はどれも、金銭の支払いのみに基づいて成員資格が付与されている。ＥＵ加盟国の成員は自動的にＥＵ市民となり、EU市民としての権利を享受する。その際、加盟国との「真正なつながり」を基盤とした成員資格の付与が共通理解となっている。したがって、そのようなつながりに基づかない、「金銭の支払いのみ（monetary payment only）」（六頁）を通じた成員資格の付与は、EU市民権に悪影響を及ぼしかねない。このような懸念について、欧州委員会は先述の三カ国の政府と懇談をおこない、実質的な居住を条件とするように要請した。これを受けて、ブルガリアは投資に基づく成員資格付与制度を廃止する方向であり、キプロスとマルタも居住資格の取得を条件とするよう法律を改正している（六頁）。ただしマルタの制度については、「居住の証明」が導入されたにもかかわらず、実際は慈善団体への寄付やマルタ国内での所得税支払いなどで要件が満たされるなど、問題点が明記されている[53]（六頁）。これらの経緯を踏まえた後、欧州委員会は二〇二〇年一〇月に、EUの「誠実協力の原則（欧州連合条約四条三項）」に反するとして、キプロスとマルタに対して法的手続きを開始した[54]。

居住資格付与制度においても、一九年委員会報告書は、ある加盟国が導入した制度が他の加盟国に影響を及ぼすと懸念を示している[55]。たとえば、ある加盟国の合法的な居住資格は、その国がシェンゲン加盟国である場合はシェンゲン域内で自由に移動できる権利をもたらす。さらには、実質的な滞在を必要としない、投資を通じた居住資格であっても、それを永住資格や成員資格取得に必要な居住要件とみなす国もある（九頁）。したがって投資を通じた居住資格付与制度もまた、「真正なつながり」のない成員資格を生みだすことになる。くわえて両制度はどちらも、制度の透明性やガバナンスに問題が多く、域外の組織犯罪グループに悪用される危険が大きい（一二三頁）。

以上のように、高い資金力を持つ非成員に対しては、成員資格を望む理由や利用方法が多少疑わしくても勧誘したい国（政府）がある。一方、少しでもリスクとなる疑いがあれば、たとえ成員であっても成員資格を剥奪し追放しかねない。英国では、二〇一九年に入り、ジャヴィド（S. Javid）内務大臣（当時）が、いわゆるイスラム国（Ｉｓｉｓ）の元兵士の妻で、シリアの難民キャンプにいる一九才で妊娠九カ月の女性（Shamima Begum）から英国国籍を剥奪するように指示した。[56] この件を皮切りに、国外でテロ行為に関わった可能性のある英国国籍者の帰還およびその後の扱いについて議論が続いている。[57]

英国の場合、国籍剥奪に関する議論は二〇一九年以前にもみられた。[58] 労働党政権下で成立した二〇〇二年国籍・移民・庇護法（Nationality, Immigration and Asylum Act 2002、以下、二〇〇二年法）により、無国籍にならない（つまり、重国籍者である）者であり、かつ内務大臣が「英国の重要な国益への深刻な侵害（seriously prejudicial to the vital interests of the UK…）」となると判断すれば、生来の成員であっても国籍剥奪の対象となる。二〇〇二年法成立以前にも、帰化による成員に対する国籍剥奪は法律上は認められていた。しかし、生来の成員が国籍剥奪の対象となったのはこの法律が初めてだった。実際に、二〇〇二年法の下でブランケット（D. Blunkett）内務大臣（当時）がイスラム過激派の聖職者（Abu Hamza）の英国国籍剥奪を指示した。[59] これを機に重国籍者に対する国籍剥奪が増えていった。[60]

二〇〇二年法の成立以降の二度の法改正を経て、英国政府は他の西欧諸国と比べ、国籍剥奪に関する広範な権限を持つに至っている。[61]まず二〇〇六年移民・庇護・国籍法（Immigration, Asylum and Nationality Act 2006）は、国籍剥奪の基準を「英国の重要な国益への深刻な侵害」から「公共の善に寄与しない（not conductive to the public good）」と内務大臣が判断する成員へと変更した。二度目の改正にあたる二〇一四年移民法（Immigration Act 2014、以下、二〇一四年法）の下、帰化により英国国籍を取得した成員に限り、内務大臣が、①英国国籍保持が「公共の善に寄与しない」と判断し、かつ、②他国の国籍を取得可能であると十分に信じる理由がある場合は、たとえ無国籍になっても英国国籍の剥奪対象となる。結果として、二〇〇二年法成立から現在に至るまでの間に、内務大臣の判断基準が緩和され、剥奪の対象が生来および帰化も含めたあらゆる重国籍の成員へと拡がった。また二〇〇二年法では、単一国籍の成員に対する国籍剥奪は無国籍者になる可能性があり認められなかった。しかし二〇一四年法成立によって、帰化による成員に限り条件付きで認められるようになった。

先述のように、（元）ＩｓｉｓＩＳ兵士やその妻子の帰国の是非および帰国後の扱いについて、英国政府は苦慮を深めている。[62]先の事例においては、元兵士の妻が一五才という未成年時に英国を離れＩｓｉｓに参加したこと、さらにその子は英国国籍を持ち、たとえ母の国籍が剥奪されたとしても英国に戻る権利があること、ただし母と離れて子のみの帰国は現実的ではないことなどが問題視された。また元兵士の妻の英国国籍剥奪の根拠として、両親がバングラデシュ出身であるため、彼女もバングラデシュ国籍を獲得する可能性があることが挙げられた。ただしその後バングラデシュ政府は、居住経験のない者に国籍取得の権利はないと言明した。[63]この件については子が死亡してしまったが、（元）

兵士の子でシリア国内にいる孤児の帰国をめぐり、前向きな外務省と断固反対する内務省の意見対立が報道されている。[64] このように、戦闘行為に関わらなかったとされる（元）兵士の妻子の帰国についてでさえ意見が分かれている。実際に戦闘に関わった（元）兵士についてはなおさらである。この点に関して秘密情報部長官は、帰国の権利は拒否できないが、公共の安全に多大な脅威をもたらすと懸念を示している。[65] すでに英国に帰国している（元）兵士もいるはずだが、今後の方針については定まっていない。

以上のとおり、「軽いシティズンシップ」をもとに、資金力を持つ非成員が成員資格を購入できる（もしくは、国家（政府）が資金力を持つ非成員に成員資格を売る）制度としてのＩＩＰｓと、国家に少しでもリスクをもたらす成員から成員資格を奪う制度としての国籍剥奪が成立・運用されている。これらの制度は、「軽いシティズンシップ」が創りだす成員と政治体のあり方をどのように特徴付けているのか。

まずＩＩＰｓは、一九年委員会報告書が指摘するとおり、成員と政治体を結びつけるとされていた「真正なつながり」を無視している。さらに問題なのは、いかなる「つながり」もないまま投資金額のみで成員資格が付与されることで、成員間の関係性の構築は困難となり、成員としての義務の履行が危ぶまれる点である。[66] 義務を果たさない成員の存在は、国家（政府）の再分配機能の低下を促進する。また従来、国家（政府）は全成員に一律に安全保障を提供する義務があると考えられていた。しかし今や、そのような義務を履行する動機が失われつつある。というのも、ＩＩＰｓを運用する国家

（政府）は、投資による成員が海外でウィルスやテロなどの危険にさらされた際、生来の成員と同様に保護する義務を負うかどうか論争がある。[67]もし「真正なつながり」のある成員だけを保護するのでいいならば、重国籍寛容化の流れの下、国家（政府）はいくらでも「真正なつながり」のない成員資格を販売できることになる。成員資格に価格をつけ商品化することは、シティズンシップの理念自体を脅かしている。[68]ＩＩＰｓがこのまま拡充し続ければ、同じ成員資格を持っている者の間で、実際には何層にも階層化された成員が混在するようになる。このような階層化は、成員を排除する際にも利用される。

テロ活動などに関わった成員に対する国籍剥奪の制度化は、成員資格の安定性に差異を創りだしている。英国の国籍制度を遡れば、生来の成員と帰化による成員を区別していた時期は過去にもあった。くわえて、重国籍の成員が増加している今日、重国籍者の中でも、生来の重国籍か帰化を通じた重国籍かで区分されるようになっている。「軽いシティズンシップ」は、自らに利するための成員資格の道具化を、国家（政府）にも個人にも可能にしている。国境を越えるテロのリスクを避けるという利益のために、国家（政府）は少しでもリスクがある者はたとえ成員であっても排除したい。英国の場合、無国籍防止という国際規範の履行とリスクのある成員の排除という二つの目的を同時に達成するために、次のような国籍剥奪制度が導入された。[69]まず、重国籍者は国籍剥奪の対象となる。さらに帰化による成員の場合は、たとえ英国国籍しか持っていなくても、他の国籍を取得する可能性があると内務大臣が信じるに十分な根拠があれば、国籍剥奪の対象となる。実際には、国籍剥奪制度がテロのリスク軽減につながるかどうかは不明であり、否定的な意見を述べる専門家が多い。[70] また国籍剥奪は、テロ行為に対する罰則と合わせて二重処罰になるという批判もある。

さらに問題なのは、生来の成員と帰化による成員とを区分する根拠である。歴史的には、帰化による成員と比べて、生来の成員と国家とのつながりの方がより「真正である」とみなされてきた。しかし「軽いシティズンシップ」では、ＩＩＰｓにみられるように成員資格を商品と扱い、国家と成員の「真正なつながり」は期待されていない。また先述のＩｓｉｓ元兵士の妻の事例では、実際は重国籍でありえたという条件が付けられたとはいえ、生来の成員であり、かつ単一国籍者であったにもかかわらず国籍剥奪が指示された。重国籍や帰化による成員はもとより、生来の成員でさえ「真正なつながり」が疑われるのであれば、移民としての出自を持つ成員は、いつリスクがあるとみなされて国籍剥奪の対象とされるかわからない。

四　「軽いシティズンシップ」の行く末

シティズンシップは変化し続ける論争的な概念である。シティズンシップをめぐる解釈は、その時の政治体と成員の間の関係性を映す「レンズ（lenses）」であり、その関係性をめぐる矛盾や争点を理解する「台本（scripts）」であり、また成員の境界や分類を決める「礎（building blocks）」の役割を果たしている。[71] それだからこそ、シティズンシップはそれぞれの時代における政治体と成員の関係を明らかにする。またそれだけでなく、シティズンシップは成員が主体的に現状を問い直し、新たな関係を築くための鍵概念となる。本章の目的は、そのようなシティズンシップの変容過程をたどることで、今日の成員と政治体の関係のあり方を捉えることだった。

「軽いシティズンシップ」およびそれに基づく制度が抱える課題・挑戦として、以下の二点が挙げられる。第一がシティズンシップの根幹にあるはずだった平等性原理の浸食・軽視である。第二が、国家と成員との間の新自由主義的帰属の形成・受容の広まりである。これらの課題・挑戦をめぐる議論を通じて、今後のシティズンシップが形作られていく。もはや、権利の束と身分の安定性の両方において平等な成員像は存在せず、非成員と成員を明確に区分する境界でさえ曖昧になってきている。成員の間にも区分があり、成員と非成員の間にも区分があり、それらの区分が相互に交差し混在している。国家も個人も自らの利益を追求し、そのような両者の間につながりが再構築されていく。もちろん出生地や血統といった、従来の意味でのつながりが固持されることを望む者も多い。しかし国家（政府）がその希望に応え、成員を支え保護するというのは神話にすぎず、各人が成員資格を道具として利用する戦略家になったことを歓迎する議論もある[72]。

一方で、今日においても、実質的に個人に権利を付与し保護する能力を持つのは国家のみである。そうであるならば、成員資格が単なる商品として取引され、成員間および成員と国家の間のつながりがすべて、利益と損失の論理で書き換えられたとき、名目上は成員であっても実質的には無国籍と同じ扱いになる者が生みだされるかもしれない。国籍剥奪制度の最後の歯止めは、国家と成員との「真正なつながり」だった。生まれながらに、かつ、単一国籍の成員は、「真正なつながり」に基づく成員の階層において最高位にあるからこそ、資格の安定が守られることになっていた。しかし「移動の時代」においては、出生地や血統に基づく「真正なつながり」が、現実にはどれほど「真正」なのかは疑わしい。

「移動性の時代」において、複数の国家との間に、またEUのような政治体との間につながりを持つ者が増加すると同時に、国家間での、また各人の間での富や技能の格差が拡大している。これらを前提として、私たちは「移動性の時代」における国家と成員とのつながりの「真正さ」とはなにかについて再検討する必要がある。いまや成員同士の平等性は浸食され、国家（政府）はその状況を容認し、時には利用（もしくは濫用）する。そのような国家と成員の間において、新たにどのような「つながり」が構築されていくのか。[73] その点が議論されないままでは、従来からの「真正」さをもとにした排他主義が各地で続くだけである。

＊本研究は、二〇二〇年度関西大学学術研究員研究費によって行った。

注

1　Yossi Harpaz, *Citizenship 2.0: Dual Nationality as Global Asset*, Princeton University Press, 2019.
2　Christian Joppke, *Citizenship and Immigration*, Polity Press, 2010. クリスチャン・ヨプケ／遠藤乾・佐藤崇

子・井口保宏・宮井健志訳『軽いシティズンシップ――市民、外国人、リベラリズムのゆくえ』岩波書店、二〇一三年。

3　国境を越える「トランスナショナル・シティズンシップ」をめぐる議論については、Rainer Bauböck, *Transnational Citizenship: Membership and Rights in International Migration*, Edward Elgar, 1994; Yasemin Nuhoğlu Soysal, *Limits of Citizenship: Migrants and Postnational Citizenship in Europe*, The University of Chicago Press, 1994; Derek Heater, *World Citizenship: Cosmopolitan Thinking and its Opponents*, Continuum, 2002など多数ある。邦語では、柄谷利恵子「国境を越える人と市民権――グローバル時代の市民権を考える新しい視座を求めて」『社会学評論』五六巻二号、二〇〇五年、三〇九―三二八頁に詳しい。

4　今日の移動性は以下の二つの特徴を持つ。第一に、地理的な移動だけでなく想像上や仮想上の移動を含めた多様な形態で移動が実行される。そのため移動性から自由な者は一人もいない。第二に、多様な形態の移動性に適応し、使いこなす能力によって私たちはみな階層化されている。詳細については、柄谷利恵子『移動と生存――国境を越える人々の政治学』岩波書店、二〇一六年、二七―四四頁を参照。

5　投資を通じた成員資格や居住資格の獲得に関する包括的な研究として、Jelena Džankić, *The Global Market for Investor Citizenship*, Palgrave Macmillan, 2019. ＥＵに関わる「ゴールデン・パスポート」および「ゴールデン・ビザ」の現状は、ＥＵ委員会のＨＰを参照。https://ec.europa.eu/info/investor-citizenship-schemes_en（最終閲覧二〇二一年六月一八日）

6　本章では、政治体の正規の成員資格を有する者については「成員（シティズン）」と呼ぶ。ただし日本では、政治体の成員を「国民」と呼ぶことが一般的である。そこで誤解を避けるために、必要に応じて「成員（シティズン）」を「国民」、「成員資格」を「国籍」と呼び変える。

7　「グローバル化」については、交通手段や情報通信の発達の結果、市場、国家、コミュニケーション、知識の国境を越えた浸透性が高まり、時間と空間が圧縮するプロセスと捉える。

8　たとえば、Susan Strange, *The Retreat of the State: The Diffusion of Power in the World Economy*, Cambridge University Press, 1996.

9　UNHCR, *Global Trends: Forced Displacement 2019*. https://www.unhcr.org/be/wp-content/uploads/sites/

46/2020/07/Global-Trends-Report-2019.pdf（最終閲覧　二〇二一年六月一八日）

10　英国においては、二〇〇二年国籍・移民・庇護法の下、内務大臣の判断により、重国籍者の英国国籍を剥奪できるようになった。

11　他にも「居住地・国籍プランニング（residence and citizenship planning）」とか「投資者向け国籍プログラム（citizenship-investment programmes）」と呼ばれることもある。近年、国籍や永住資格の「投資・販売」プログラムを紹介するパーティーや、そのようなプログラムの情報を掲載する雑誌が増えている。たとえば、*Truly Belong* というオンライン雑誌は、様々な国の国籍や永住資格の「投資・販売」プログラムの最新情報を随時紹介している。https://trulybelong.com（最終閲覧　二〇二一年六月一八日）

12　"Some of the Rich Collect Art. Others Collect Passports," *The New York Times*, 13 December 2014.

13　新型コロナウィルスの世界的流行により、投資を通じた市民権や居住権の獲得が一層盛んになっているという指摘がある。"Passports for Purchase: How the Elite Get through the Pandemic," CNN, 7 August, 2020.

14　T.H. Marshal and Tom Bottomore, *Citizenship and Social Class*, Pluto Classics, 1992, p. 18.

15　Dora Kostakopoulou, *The Future Governance of Citizenship*, Cambridge University Press, 2008, p. 2.

16　Saskia Sassen, *Territory, Authority, Rights: From Medieval to Global Assemblages*, Princeton University Press, 2006, p. 277.

17　John Urry, *Offshoring*, Polity Press, 2014, p. 1.

18　このように、概念をめぐる論争および概念の解釈の変遷をたどる方法を「再帰的・構築主義的アプローチ（reflexive and constructivist approach）」と呼ぶ。このアプローチを通じてシティズンシップ概念を分析する意義と目的については、柄谷、前掲書、一三一―一二六頁。Claudia Weisner, Anna Björk, et.al., "Introduction: Shaping Citizenship as a Political Concept," in Claudia Weisner, Anna Björk, *et.al.*,（eds.）, *Shaping Citizenship: A Political Concept in Theory, Debate and Practice*, Routledge, 2018, pp. 1-16に詳しい。

19　Christian Joppke, "The Inevitable Lightening of Citizenship," *European Journal of Sociology*, vol. 51, no. 1, 2010, pp. 9-32.

20　Anthony Elliott and John Urry, *Mobile Lives*, Routledge, 2010, p. ix.

21　シティズンシップの理念型を、国民国家型のシティズンシップとそれとは異なる脱国民国家型のシティズンシップに分け、それぞれの特徴をまとめた研究としては、柄谷利恵子「脱国民国家型市民権の理論的考察の試み——英帝国及び英連邦を例にして」『比較社会文化』七巻、二〇〇一年、八九—九九頁を参照。

22　William Rogers Brubaker, "Introduction," in William Rogers Brubaker (ed.), *Immigration and the Politics of Citizenship*, University Press of America, 1989, pp. 3-4.

23　これは「ポスト排他主義的移行（the post-exclusive shift）」と呼ばれる。Yossi Harpaz and Pablo Mateos, "Strategic Citizenship: Negotiating Membership in the Age of Dual Nationality," *Journal of Ethnic and Migration Studies*, vol. 45, no. 6, 2018, p. 1. DOI: 10.1080/1369183X.2018.1440482

24　これは「ポスト領土的転回（the post-territorial turn）」と呼ばれる。*Ibid.*, p. 5.

25　United Nations, *International Migrant Stock 2019*. https://www.un.org/en/development/desa/population/migration/publications/migrationreport/docs/MigrationStock2019_TenKeyFindings.pdf　（最終閲覧　二〇二一年六月一八日）

26　たとえば、高橋進・石田徹編著『「再国民化」に揺らぐヨーロッパ——新たなナショナリズムの隆盛と移民排斥のゆくえ』法律文化社、二〇一六年。

27　たとえば、Tanjya Brøndsted Sejersen, "'I Vow to Thee My Countries' — The Expansion of Dual Citizenship in the 21st Century," *International Migration Review*, vol. 42, no. 3, Autumn 2008, pp. 523-549; Harpaz and Mateos, *op. cit.*, pp. 4-6.

28　Peter J. Spiro, "The Equality Paradox of Dual Citizenship," *Journal of Ethnic and Migration Studies*, vol. 45, no. 6, 2019, p. 892.

29　Kristin Henrard, "The Shifting Parameters of Nationality," *Netherlands International Law Review*, vol. 65, 2018, p. 291.

30　Christian Joppke, "The Instrumental Turn of Citizenship," *Journal of Ethnic and Migration Studies*, vol. 45, no. 6, 2019, p. 858.

31　*Ibid.*, p. 860.

32　投資額に応じた成員資格の付与政策はＩＩＰｓ以前にも存在していた。たとえば、一九九七年の香港返還以前に、政治的不透明を危惧してカナダ国籍を獲得した香港人の事例がある。ただし、今日のＩＩＰｓのようにインターネットを通じて専門のコンサルティング会社が販売促進活動を実施したり、絵画や骨董を引き合いに出して成員資格を商品として勧めたりすることはなかった。谷垣真理子「カナダへの香港人移民」『東洋文化研究所紀要』第一五七冊、二〇一〇年三月、一八二―一八三頁。“Some of the Rich Collect Art. Others Collect Passports,” *The New York Times*, 13 December 2014; Henley & Partners のホームページを参照。https://www.henleyglobal.com/（最終閲覧　二〇二一年六月一八日）

33　一九九〇年代のシティズンシップ研究の動向については、Will Kymlicka and Wayne Norman, “Return of the Citizen: A Survey of Recent Work on Citizenship Theory,” in Ronald Beiner（ed.）, *Theorizing Citizenship*, SUNY, 1995, pp. 283-322.

34　ＥＵ市民権については、その誕生時から評価が分かれていた。たとえば、国境を越えるシティズンシップの到来を期待する Soysal, *op. cit.*や、多層構造シティズンシップ（multi-layered citizenship）の可能性を見出す Paul Close, *Citizenship, Europe and Change*, Palgrave Macmillan, 1995等がある。一方、慎重な意見としては、Miriam Feldblum, “Reconfiguring Citizenship in Western Europe,” in Christian Joppke（ed.）, *Challenge to the Nation-State: Immigration in Western Europe and the United States*, Oxford University Press, 1998, pp. 231-271等があった。

35　Soysal, *ibid.*, p. 3.

36　*Ibid.*

37　*Ibid.*

38　Chris Armstrong and Andrew Mason, “Introduction: Democratic Citizenship and its Future,” *Critical Review of International Social and Political Philosophy*, vol. 14, no. 5, 2011, p. 554.

39　Joppke, “The Instrumental Turn,” p. 875.

40　Bauböck はグローバル化にともなうシティズンシップの道具化は避けられないものの、国家と成員との間のつながりが果たす役割が失われる事態を危惧している。Rainer Bauböck, “Genuine Links and Useful Passports:

Evaluating Strategic Uses of Citizenship," *Journal of Ethnic and Migration Studies*, vol. 45, no. 6, 2019, pp. 1015–1026.

41　Rainer Bauböck, *Democratic Inclusion in Dialogue*, Manchester University Press, 2018, p. 277.

42　Harpaz and Mateos, *op. cit.*, p. 1.

43　Ayelet Shachar, *Birthright Lottery: Citizenship and Global Inequality*, Harvard University Press, 2009. どこの成員資格を生まれながらに持つかによって、その後の人生における基本的社会環境が決定的に異なってくる。そのような不平等な世界において、生まれながらの成員資格を通じ、特権が相続・維持されていくと指摘されている。

44　Luca Mavelli, "Citizenship for Sale and the Neoliberal Political Economy of Belonging," *International Studies Quarterly*, vol. 62, 2018, p. 482.

45　たとえば、Dimitris Papadopoulos and Vassilis S. Tsianos, "After Citizenship: Autonomy of Migration, Organisational Ontology and Mobile Commons," *Citizenship Studies*, vol. 17, no. 2, 2013, pp. 178–196.

46　近年、カナダやオーストラリアでも国籍剥奪に関する法律が導入された。たとえば、Audrey Macklin, "Citizenship Revocation, the Privilege to Have Rights and the Production of the Alien," *Queens Law Journal*, vol. 40, 2014, pp. 1-54; David Owen, "On the Right to Have Nationality Rights: Statelessness, Citizenship and Human Rights," *Netherlands International Law Review*, vol. 65, 2018, pp. 299–317.

47　英国の事例については、Mathhew J. Gibney, "Should Citizenship be Conditional?: The Ethics of Denationalization," *The Journal of Politics*, vol. 75, no. 3, 2013, pp. 646–658.

48　国籍剥奪の規範的正当性については、Rainer Bauböck and Vesco Pakalev, "Cutting Genuine Links: A Normative Analysis of Citizenship Deprivation," *Georgetown Immigration Law Journal*, vol. 30, 2015, pp. 47–102に詳しい。

49　詳細は二〇一四年移民法（the Immigration Act 2014）を参照。

50　二〇一八年にOECDは、投資による成員資格付与制度が脱税目的のために悪用されると危惧し、懸念される二一カ国のリストを発表している。OECD, "Residence/ Citizenship Investment Scheme," 20 November 2018.

http: //www. oecd. org/tax/automatic-exchange/crs-implementation-and-assistance/residence-citizenship-by-investment/ (最終閲覧 二〇二一年六月一八日)

51 European Commission, *Report from the Commission to the European Parliament, the European Council, the European Economic and Social Committee and the Committee of the Region. Investor Citizenship and Residence Schemes in the European Union*, COM (2019) 12 final, Brussels, 23.1.2019. https://ec.europa.eu/info/sites/info/files/com_2019_12_final_report.pdf (最終閲覧 二〇二一年六月一八日)

52 帰化の条件としての「真正なつながり」については、Rayner Thwaites, "The Life and Times of the Genuine Link," *Victorian University of Wellington Law Review*, vol. 49, no. 4, 2018, pp. 645-670に詳しい。

53 マルタの制度の問題点については多くの研究者も指摘している。たとえば、Sergio Carrera, 'How much does EU Citizenship Cost? The Maltese Citizenship-for Sale Affair: A Breakthrough for Sincere Cooperation in Citizenship of the Union," *CEPS Paper in Liberty and Security in Europe*, no. 64, April 2014, https://www.ceps.eu/ceps-publications/how-much-does-eu-citizenship-cost-maltese-citizenship-sale-affair-breakthrough-sincere/ (最終閲覧 二〇二一年六月一八日); Owen Parker, "Commercializing Citizenship in Crisis EU: The Case of Immigrant Investor Programmes," *Journal of Common Market Studies*, vol. 55, no. 2, 2017, pp. 332-348. マルタ、キプロス、ブルガリアの制度の詳細については、Džankić, *op. cit.*, pp. 189-199.

54 European Commission, *Press Release*, 20 October 2020. https://ec.europa.eu/commission/presscorner/detail/en/ip_20_1925 (最終閲覧 二〇二一年六月一八日)

55 居住資格付与制度については、二〇〇〇年代初頭から散見されていたが、リーマンショック以降に急増した結果、二〇一九年一月時点で二〇カ国が導入していた(一九年報告書、六—七頁)。

56 Parliamentary Debates, House of Commons, 20 February 2019, col. 1485.

57 詳細については、Joanna Dawson, *Returning Terrorist Fighters*, House of Commons Library, Breifing Paper, Number 8519, 15 March 2019. 国籍剥奪制度の現状と変遷については、Terry McGuinne and Melanie Gower, *Deprivation of British Citizenship and Withdrawal of Passport Facilities*, House of Commons Library, Briefing Paper, Number 06820, 9 June 2017. 二〇一九年一二月時点では、Ｉｓｉｓと関わりのある孤児の英国への受け入

れを表明する外務省と反対する内務省との間の対立や、Ｉｓｉｓの元兵士となった英国人のシリアからの送還受入の是非などが論点となっている。

58　英国の事例に関する議論については、Mathew J. Gibney, "The Deprivation of Citizenship in the United Kingdom: A Brief History," *Immigration, Asylum and Nationality Law*, vol. 28, no. 4, 2014, pp. 326-335; Gibney, "Should Citizenship be Conditional?" に詳しい。

59　Abu Hamaz は生来の英国国籍保有者ではない。エジプト生まれであり、婚姻を通じて英国国籍を取得していた。この件については、Bobbie Mills, "A Privilege, not a Right: Contemporary Debates on Citizenship Deprivation in Britain and France," Centre on Migration, Policy and Society, University of Oxford, Working Paper No. 130, 2016, pp. 16-19. https://www.compas.ox.ac.uk/wp-content/uploads/WP-2016-130-Mills-Privilege-Right.pdf（最終閲覧　二〇二一年六月一八日）

60　一九七三年から二〇〇〇年二月一日までは国籍剥奪の事例は〇件だった。それが二〇〇六年から二〇一五年までで八一件とわかっている。David Anderson, *Citizenship Removal Resulting in Statelessness*, First Report of the Independent Review on the Operation of the Power to Remove Citizenship Obtained by Naturalisation from Persons Who Have no Other Citizenship, Presented to Parliament to section 40B（5）of the British Nationality Act 1981, April 2016, p. 7; McGuinne and Gower, *op. cit.*, p. 10.

61　Gibney, "The Deprivation of Citizenship," p. 326.

62　詳細については、Joanna Dawson, *Returning Terrorist Fighters*, House of Commons Library, Breifing Paper, Number 8519, 15 March 2019. 英国とは異なり、アイルランドは実際にＩｓｉｓに参加していた女性およびその子の帰国を認めた。"Former Soldiers who Fled to Syria Arrested on her Return to Ireland," *The Guardian*, 1 December 2019.

63　"Shamima Begum must be Allowed to Keep UK Citizenship, Says Father," *The Guardian*, 6 March 2019.

64　ラーヴ（D. Raab）外務大臣（当時）の受け入れに関する声明（二〇一九年一一月二一日）は、政府ホームページを参照。https://www.gov.uk/government/news/syria-repatriation-foreign-secretary-statement（最終閲覧　二〇二一年六月一八日）。その後、外務省の方針とは対立する内務省方針が新聞報道されている。"No More

Orphans Expected to be Returned to UK from Syria," *The Guardian*, 22 November 2019.

65 Dawson, *op. cit.*, p. 3.

66 シティズンシップの脱義務化（de-dutification）を一般的傾向として指摘する論者もいる。Dimitry Kochenov, "EU Citizenship without Duties," *European Law Journal*, vol. 20, no. 4, 2014, pp. 482-498.

67 二〇二〇年には、新型コロナウィスルの世界的流行により世界中で空港が閉鎖された。その結果、各国政府は国籍国外にいる国民や永住資格者などに対して帰国支援を実施した。支援対象者の範囲決定を通じて、「成員」の定義や意味をめぐる議論が活発化している。Jelena Džankić and Lorenzo Piccoli, 'Corona Virus: Citizenship Infected,' 13 March 2020. https://globalcit.eu/coronavirus-citizenship-infected/（最終閲覧　二〇二一年六月一八日）

68 Parker, *op. cit.*, p. 332. 二〇〇六年にカナダ政府は、レバノンからカナダ国民を大量に救出する必要に迫られた。その際、重国籍者の救出の是非めぐって論争が起こった。詳細は、Peter Nyers, "Dueling Designs: The Politics of Rescuing Dual Citizens," *Citizenship Studies*, vol. 14, no. 1, February, 2010, pp. 47-60.

69 いまや英国の成員資格は、生来の単一国籍、帰化を通じた単一国籍、重国籍の三種に分かれ、それぞれで資格の安定性が異なる。Laura van Waas and Sangita Jaghai, "All Citizens are Created Equal, but Some are More Equal than Others," *Netherlands International Law Review*, vol. 65, 2018, pp. 419-421.

70 二〇一四年法の国籍剥奪制度については、政府から依頼された調査の中でも対テロ効果について疑問視されている。Anderson, *op. cit.*, pp. 12-13.

71 Wiesner, Anna Björk, *et. al.*, *op. cit.*, pp. 1-16 and pp. 221-227.

72 Joppke, "The Instrumental Turn," *op. cit.*, p. 875.

73 同様の問いかけとして、Wendy Brown, *Undoing the Demos: Neoliberalism's Stealth Revolution*, Zen Books, 2015.

第3章　ポスト・グローバル時代における政治の「権威主義化」

武藤　祥

一　権威主義の「第三の波」？

一九七〇年代後半の南欧から始まった世界的な民主化は、一九九〇年代初頭にハンチントンによって民主化の「第三の波」として定式化された。[1] 冷戦の終結と共産主義陣営の崩壊により、自由民主主義こそがあり得るべき唯一の政治体制・統治原理であるという命題が強固になったことで、「第三の波」は民主化の最後の、不可逆的な波になるかと思われた。だが論理的にも、そして民主化の第一・第二の波の後には、その反動として権威主義化が起こったという歴史的事実に鑑みても、第三の波が「歴史の終わり」（フクヤマ）をもたらすという必然性はどこにもなかった。

そして近年、世界全体で再び権威主義化といえる現象が起こっている。それらは、かなり露骨で顕在的な事象（憲法改正や大統領権限の強化など）を伴う場合もあれば、政治体制や政治制度にはっきりとした変化がないまま、より隠微な形で進む場合もある。また、政治体制としての外観を備えつつも、民主主義としての「質」に疑問符がついていた国が、よりはっきりと権威主義的・強権的統治へと舵を切る事例もあれば、従来自由民主主義と分類されてきた国で、その「質」の低下が起こっている事例もある。

これらの現象は、ある時には「権威主義の興隆・再興（resurgence）」、またある時には「民主主義の後退（recession）」と呼ばれる。[2] 後述するように、本章ではこの二つを別個の現象として捉えるが、それらが世界で同時並行的に発生していることには注目すべきである。これは偶然の一致なのか、そうでないならばどのような共通の背景があるのか。

本章ではこうした問題意識に基づき、二〇〇〇年代に入ってから再活性化した、権威主義に関する比較政治学の議論も参照しつつ、ポスト・グローバル時代と権威主義との関係を探りたい。なお、個別の事例に関しては割愛する。また、本章では民主主義の後退にも言及するが、自由民主主義については正面から論じない。[3]

二　「権威主義体制」から「権威主義」へ

本章の議論の前提として、まず「権威主義（的）」という用語・概念について整理しておこう。この用語は、今日では「民主主義」の対義語（対概念）としてごくごく一般的に使われている。周知のとおり、政治学の用語としての「権威主義」は、リンスが提唱した「権威主義体制」論が嚆矢となっている。[4] リンスは自身が観察したスペインのフランコ体制（一九三九―七五年）が、それまでの「民主主義か全体主義（独裁）か」という単純な類型のいずれにも当てはまらないことから、第三の類型として権威主義体制を提示したということも、改めて説明するまでもない。リンスの第一意義的意図はナチズム、スターリン体制下のソ連などとの比較を念頭に、非民主主義体制をより精緻に類型化することであったが、同時に、権威主義的統治を経ての全体主義化、あるいは「ポスト全体主義」の権威主義的統治など、こうした体制がさまざまな展開を見せる可能性も（少なくとも理論上は）想定されていた。[5] しかし現実には、特に第二次大戦終結後、全体主義的な統治はほとんど消滅し、「全体主義‐権威主義」という区別は、現存する非民主主義体制の分析に際しほとんど意味をなさなくなった。いわば「権威主義」と「非民主主義」がほぼ同義となるという状況が生まれたのである。

また、もう一つの重要な変化として、「権威主義体制（Authoritarian Regime）」に代わって「権威主義（Authoritarianism）」という語が用いられることが多くなった点を指摘できる。「民主主義（democracy）」という語に実存する政治体制と政治的規範・理念という二つの意味があるように、「権威主義」（権威主義体制ではなく）という語が意味する（より正確にいえばそれぞれの研究において意味する）ところを明らかにすることが重要である。

ここでは、現在「権威主義」の名で呼ばれている事象を便宜的に、（A）政治体制としての権威主義、(B)統治の実践・態様としての権威主義、そして(C)理念・規範としての権威主義という三つに区分しよう。

Aは各種選挙を実施せず、手続的民主主義の最低限の基準も満たしていない政治体制である(中国や一部中東諸国など)。ただし本章では、こうした政治体制は「独裁」と呼ぶのが相応しいという立場をとる(後述)。

Bは各種選挙を実施するなど、民主的な外観を持つ体制の下で行われる、非民主主義的な統治の実践である。後述するように、二〇〇〇年代後半から比較政治学界で盛んになった権威主義研究の多くが着目したのもこうした事例である。仔細に見ると、Bはさらに二つに分類できる。すなわち、(b-1)先行する非民主主義体制が崩壊したものの、その後も「民主化」に到達できずに今日に至る事例(共産党の一党支配が終焉した後の旧ソ連諸国など)、(b-2)かつては自由民主主義であったもののその後強権的な統治へと変容した事例(ベネズエラなど)である。

このように整理すると、既存の民主主義国(ポーランド、ハンガリーなど)における、より強権的な統治への変容(「民主主義の後退」と呼ばれる現象)は、実態として(b-2)とかなり近似したものであることがわかる。

そして最後にCは、強権的な統治を支える統治原理・規範である。それはグローバル化への対抗として対内的に用いられる正当化(正統化)の論理という側面と、同時に中国やロシアなどが後押しする、欧米の掲げる自由民主主義への「対抗規範(counternorm)」、国際的なイデオロギーという側面を持つ。[6] 後述するように、この点は世界政治という文脈の中での権威主義化を考える際、（やや間接的とはいえ）重要な要素となる。

三　「権威主義的」統治とは何か？

前節で「権威主義」にも多様な実態・意味内容があることに触れたが、ここで改めて「権威主義（的な統治）」なるものの定義について考えてみたい。

権威主義に関する近年の研究においては、「権威主義」、「独裁（dictatorship）」、「専制（autocracy）」、非民主主義を同一のものとして扱うという前提に立つことが多い。[7] このことは、先に述べた「非民主主義」と「権威主義」がほぼ同義になったという現実の政治状況を反映したものといえる。ただしこうした議論は、「自由民主主義か権威主義か」という二分法につながりやすく、その意味でリンスが権威主義体制論を析出するきっかけとなった「民主主義か全体主義か」という二分法の時代に先祖返りしてしまった感もある。後述する通り、両者の境界線は曖昧で連続線上に位置づけられるため、このような捉え方は適切ではない。

近年の権威主義研究の代表的論者であるフランツは、「権威主義的体制（統治）」について、①非民主的な手法で権力を奪取する、もしくは②自由で公正な選挙で権力に到達したものの、その後（自身に都合の良いように）ルールを変える、と定義する。[8] ①はクーデタによって成立した軍政など、②は民主的手続きを経て成立したものの、その後何らかの変容によって自由民主主義の基準を満たさなくなった体制（統治）と考えられる。

近年の権威主義研究の多くは②に焦点を当てているが、必ずしも「権威主義（的統治）とは何か」という問いに明確に答えているとはいえない。フランツも、起源において民主的正統性を欠く体制と、民主的な起源を有する体制とを「権威主義」の名のもとに等閑視しているが、これは妥当であろうか。

こうした問題意識に基づき、まずは議論の出発点として、権威主義とされる体制・統治と、いわゆる自由民主主義との差異を明らかにしよう。近年の権威主義をめぐっては、「選挙権威主義（Electoral Authoritarianism）」[9]、「競争的権威主義（Competitive Authoritarianism）」[10]など、さまざまな概念・モデルが提示されているが、いずれも自由民主主義との相違が念頭に置かれている。権威主義を、「自由民主主義の何らかの要素が欠如した体制」と捉える見方（欠如論）への批判もあるが[11]、民主主義体制と権威主義的統治の境界が以前に比べて曖昧になっている今日、両者の（さらには権威主義的統治の間の）位相を見定めることは必要不可欠な作業であろう。

ここで参考になるのは、ダールのポリアーキー論である。[12]ダールは、先述した「民主主義」という語の多義性（曖昧さ）を回避するために、「参加」と「自由化（公的異議申し立て）」という二つのメルクマールを用いて、政治体制としての自由民主主義の最低条件（デモクラティック・ミニマム）を提示した。この議論は、民主主義体制が自由主義的な要素と民主主義的な要素から成ることを改めて想起させるが、今日の権威主義的体制の多くが民主的外観を備えていることに鑑みれば、そうした体

図3－1　権威主義的統治の位相

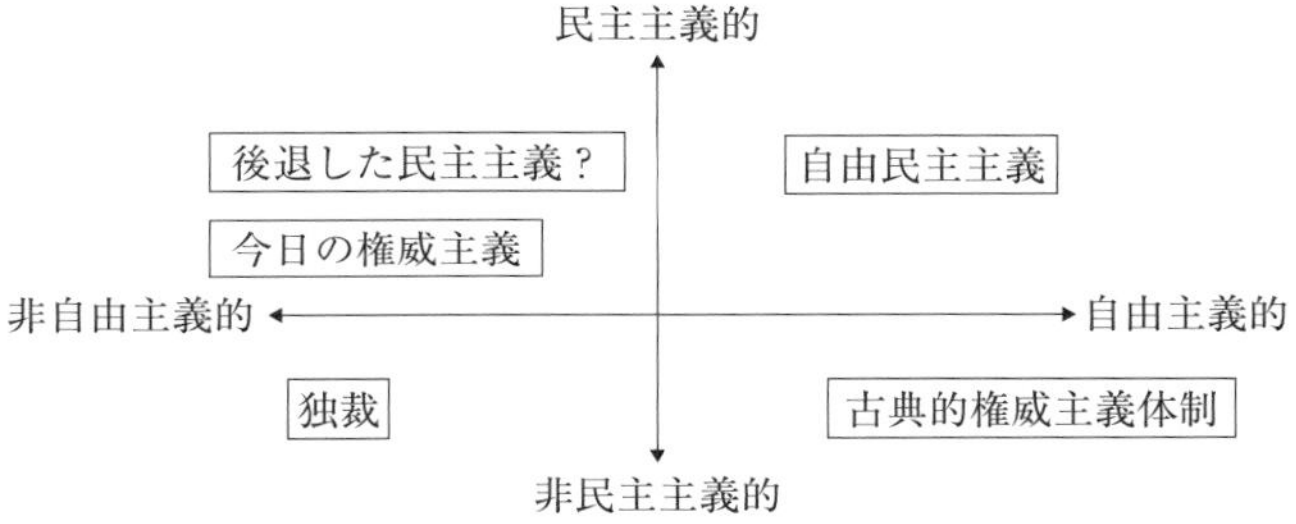

出所：著者作成

制はいかなる意味で「権威主義的」なのかを考える上でも示唆に富む。その上で、自由民主主義とその他の体制の位相を概念的に示したものが図3-1である。以下、簡潔にそれぞれを説明しよう。なお、それぞれの名称は便宜的なものである。

自由主義的・民主主義的双方の要素が欠如している体制を、ここでは「独裁」と呼ぶ。今日の世界でこうした体制が正統性を主張できる余地は少ないが、中国のような重要な例外を無視することはできない。

また、「権威主義」の名を冠した体制・統治にも二つのタイプがある。第三象限の「古典的権威主義体制」は、政治参加が制限されつつ、（部分的ではあれ）政治的自由が認められている体制を指す。リンスの権威主義体制論の着想源となった一九六〇年代以降のフランコ体制はまさにこうした性質であった。リンスが全体主義体制との違いを念頭に析出した権威主義体制の特質、すなわち広範な政治的動員の欠如、限定的な多元性（一定程度の反対派の許容）、権力行使の一定程度の合法性・予測可能性は、こうした体制が「自由主義的・非民主主義的」であることをよく示している。

他方、今日の権威主義的統治において指摘されるのは以下のような現象である。①メディアに対する統制（あるいはメディアを通じた情報の統制）を行う。野党（反対派）勢力のメディアへのアクセスを妨害する。②野党指導者などへ嫌疑をかけ、選挙への立候補を妨害したり、野党の政党要件を取り消したりする。③選挙不正を行う。④政権側が選挙や統治のルール（大統領の任期など）を自らに有利なように改める。⑤以上のような措置を、政府と結託した（あるいは政府の統制下にある）司法府が法的に正当化する。さらに⑥犯罪行為に対し、法を逸脱した取り締まり・処罰を行う場合もある（フィリピンのドゥテルテ政権など）。

こうした措置はゲームのルールの枠内（あるいはグレーゾーンの領域）で行われ、仮にルールを変える場合でも、それは立法府の承認という手続を経てなされることがほとんどである。そもそも今日の権威主義的統治の多くは、少なくとも形式的には三権分立と代議制民主主義の原則に基づいているのは紛れもない事実である。上記の措置はいずれも統治の自由主義的側面（図3-1の横軸）に関わるものであり、当該統治を「非民主主義的」と断ずることはできない。[13]その意味で、今日の権威主義は古典的権威主義体制とは異なり「非自由主義的・民主主義的」性質を持つといえる。[14]またこの点において、「民主主義の後退」とされる事例と今日の権威主義との類似性が見られる（後述）。

ドゥカルスキスらによると、独裁における正統性の担保手段は時代とともに変化し、教化、（国民の）受動性、（経済成長などの）業績を経て、今日では民主的・手続的正統化がなされているという。[15]とりわけ冷戦終結後において、ある政治体制が政治参加を体系的に制限し、それを正当化することは、きわめて困難になっている。したがって今日の状況は、政治参加自体は不可侵のものとして担保しつつ（＝民主主義的性質を維持しつつ）、執政権の強化と強権的支配、法の支配の弱体化、三権のチェック・アンド・バランスの機能不全といった現象（非自由主義化）が進んでいると捉えることができる。こうした現象がなぜ今、すなわちポスト・グローバル時代において生じているのかは後ほど検討しよう。

四　既存研究への疑問——体制論からのアプローチは妥当か？

前節において、今日の政治の「権威主義化（および民主主義の後退）」を「非自由主義化」という視座から捉えるという本章の立場を示したが、本節ではそれを踏まえ、二〇〇〇年代後半から活況を呈している権威主義研究の動向を簡単に整理しよう。[16]

こうした研究における代表的な論者であるレヴィツキーらの問題関心は、以下のように要約できるであろう。すなわち、民主的外観と権威主義的実践とを併せ持つ統治が、予想に反して長期間持続している現状に対し、これを移行途上の不完全な民主主義ではなく、独自の性質と動態を持つ政治体制と捉え、その持続性・民主化可能性を探るというものである。[17] レヴィツキーらと前後して発表された多くの研究も、（定義や呼称などは多様であるが）こうした統治を独自の体制として捉え、その持続性を比較の観点から論じる、という視角を概ね共有している。

これらの研究の多くは、体制の制度と持続に関心を集中させている。[18] すなわち権威主義的統治を所与のものとした上で、体制の類型（軍政型・一党型・個人型など）や執政制度を中心とした制度配置、統治エリート間の関係（パワーシェアリングのあり方）に着目して、体制の持続・崩壊を比較分析するというものである。[19] そこでは「権威主義の指導者にとって最大の関心は、体制の持続（および自らの権力維持）である」という前提のもと、権威主義における政治過程が説明される。[20] こうした研究は、民主的外観のもとでの統治を、インフォーマルな領域での態様も含めて実証的に解明し比較したという点で、権威主義研究の水準を飛躍的に向上させたといってよい。

だが、独自の性質・動態を持つ政治体制として捉えるべきという認識と、民主化（あるいは崩壊）の可能性から逆算して議論を展開することは矛盾していないだろうか。今日、自由民主主義体制を論じる際に、それが崩壊する可能性があるという前提を組み込むことは考えにくい。にもかかわらず権威主義を論じる際には、「権威主義はすべからく崩壊する」という命題を議論の出発点に組み込むことは妥当とはいえない。近年の権威主義研究の多くは、いわゆる「形容詞付き民主主義」、すなわち当該体制は本格的な自由民主主義に移行するまでの過渡的なものであるという議論への批判から出発した。だが先ほど指摘したような前提を組み込んでいるという点において、近年の議論も形を変えた「移行パラダイム」に過ぎないのではないかという疑問が生まれる。

また権威主義的統治を所与のものとすることで、体制の起源や正統性に関する議論が後景に退いてしまうという問題点もある。権威主義体制の正統性に着目した議論もあるが、[21] そこでもあくまでも主たる関心は体制の持続であり、正統性はそのための説明変数として扱われるに過ぎない。

さらに、より本質的な疑問として、今日の権威主義に対し体制論の立場からアプローチすることが適切かどうかを検討しなければならない。先にレヴィツキーらの議論を紹介したが、長期間持続しているからといって、その統治が「体制」であることとは必ずしも論理的にはつながらない。

また権威主義が民主的外観を有している（特に選挙を実施している）ため、形式上の要件を用いた体制の類型化や、民主主義体制との差異を析出することは一層困難になる。だとするとそこで問われているのは実践としての民主主義の「質」、換言すれば自由民主主義としての完成度であり、これは近年の研究が批判してきた「移行・定着」論が設定した問いと何ら違いはない。[22]「選挙を実施する独裁に固有の正統化パターンはなく、そうした独裁と自由民主主義とを区別することは困難である。また、両者の境界線は容易にまたぐことができる。選挙型独裁から自由民主主義へ、もしくは逆のパターン（チャベス政権期のベネズエラなど）もありうる」というカイリッツの指摘は重要である。[23]「固有の体制」であるという認識に固執しすぎず、各種の統治を連続線上に捉えることで、より柔軟な議論につながるのではないか。

五　「権威主義的状況」？——現状認識と分析の手がかりとして

現在の世界政治において「権威主義的なるもの」が様々な領域で現れているのは、第一節でも指摘した通りである。前節で、そうした統治や現象に対し、体制論からアプローチすることへの疑問を明らかにした。しかしそれは学術的観点からの疑問であり、こうした現象の性質・位相を捉える必要性は変わらない。そこで本節では、リンスの「権威主義的状況」という議論を紹介しつつ、現状を認識するための一助となりうるかを検討したい。

リンスは一九七三年にステパンの編集によって出版された『権威主義下のブラジル——その起源、政策、将来（*Authoritarian Brazil: Origins, Policies, and Future*）』に、当時のブラジルの政治状況とその展望についての論文を寄稿した。[24]

ブラジルでは一九六四年のクーデタによって軍政が成立した。しかしこの軍政は、既存の政党を「上から」二大政党に再編するなど、同時期の南米の軍政（アルゼンチンなど）とは異なり、新たなタイプの政治体制を樹立した上での民政移管を早い段階から企図していた。リンスは、クーデタにより民主政が崩壊し、しかし後継体制の制度化に至っていない過渡的な段階を、「権威主義的状況（authoritarian *situation*）」[25]（強調原文）と捉えたのである。

リンスは「権威主義体制は、安定した民主主義もしくは全体主義システムのための条件が欠如している場面で出現しやすい」と指摘する。[26]しかしその上で、権威主義体制はその統治を制度化する際に困難な問題に直面するため、現代の世界における権威主義は、競争的な民主主義、共産党型の一党支配、あるいは（可能性は低いが）ファシズム型もしくはコーポラティズム型モデルに向かわざるを得ない、と予測する。[27]

この議論は冷戦の只中になされたものであり、現代にはそのまま援用できない面も多い（体系的なイデオロギーに基づいた動員型の一党支配を、政治体制の正統化のパターンと想定した点など）。また、リンスは権威主義体制と民主主義あるいは一党支配体制との違いを、動員・政治参加のあり方に力点を置いて説明している。[28]だが繰り返し述べたように、今日の権威主義の多くは形式上の政治参加を担保している一方、大衆の広範な動員を基盤とする独裁体制はほとんど見られなくなった。すなわちリンスが「民主主義と全体主義」と「権威主義」との差異を動員・参加の有無で説明したのに対し、今日の世界においてその基準で区分されるのは「民主主義・権威主義」と「（本章の用語でいう）独裁」なのである。

しかし、「安定した民主主義システムのための条件」が欠如（あるいは動揺）している状況と権威主義的統治の出現との連関や、動態的な視座などは、ポスト・グローバル時代の政治を考察する際にも援用できる。彼は自由民主主義体制が崩壊し、権威主義的状況を経て権威主義体制あるいは何らかの形の後継体制が成立する、という一連の動態を想定している。その際リンスは、先行体制の崩壊と権威主義的状況、さらに権威主義的状況と後継体制の成立との間に明確で観察可能な契機が存在すると想定し（前者はクーデタなど、後者は制度化）、かつ比較的ミクロな視座を用いている。今日の権威主義化（あるいは民主主義の後退）は、より中長期的で漸進的、さらにはあまり可視的でない（invisible）現象として捉えなければならないが、リンスの議論はなお意義を持つといえよう。

それを踏まえて、今日の政治的変容を示したのが図３-２である。パターン１は第一節で触れた

（b-1）、および民主主義の後退と呼ばれる現象を、パターン2は（b-2）の現象を表している。次節で論じるように、今日「競争的権威主義」などと呼ばれている事例の一部（旧ソ連諸国など）は先行体制も、その崩壊後に生まれた統治も民主的とはいえなかった。いわば非民主主義体制の崩壊から新たな非民主主義体制へとつながったパターンであるが、これもリンスが「ポスト共産主義・ポスト全体主義の権威主義」と想定していたことである。

これらは概ね、図3-1の各象限間の移動として捉えることができる（パターン1は第一象限から第二象限へ、パターン2は第四象限から第二象限へ）。また当然ながら、自由民主主義へ移行（回帰）する可能性も存在する。

六　ポスト・グローバル時代の政治——自由主義の後退と権威主義の論理

以上の議論を踏まえ、本節ではポスト・グローバル時代という本書のライトモチーフに即しつつ、世界政治において見られる権威主義化および民主主義の後退と呼ばれる現象の特質と背景を探る。

その前に、あらかじめ以下の二点を指摘したい。第一に、ポスト・グローバル時代の政治を考えるには、当然ながらグローバル時代のそれを考えなければならない。本章ではグローバル化という語が通常持つ意味合い（人やモノの自由な行き来、情報革命など）を踏襲するが、それに加え、世界政治的な側面として、自由民主主義という価値観が自明のものとして広がっていく過程という視座も取り入

図３－２　ポスト・グローバル時代の政治変容（政治変動）

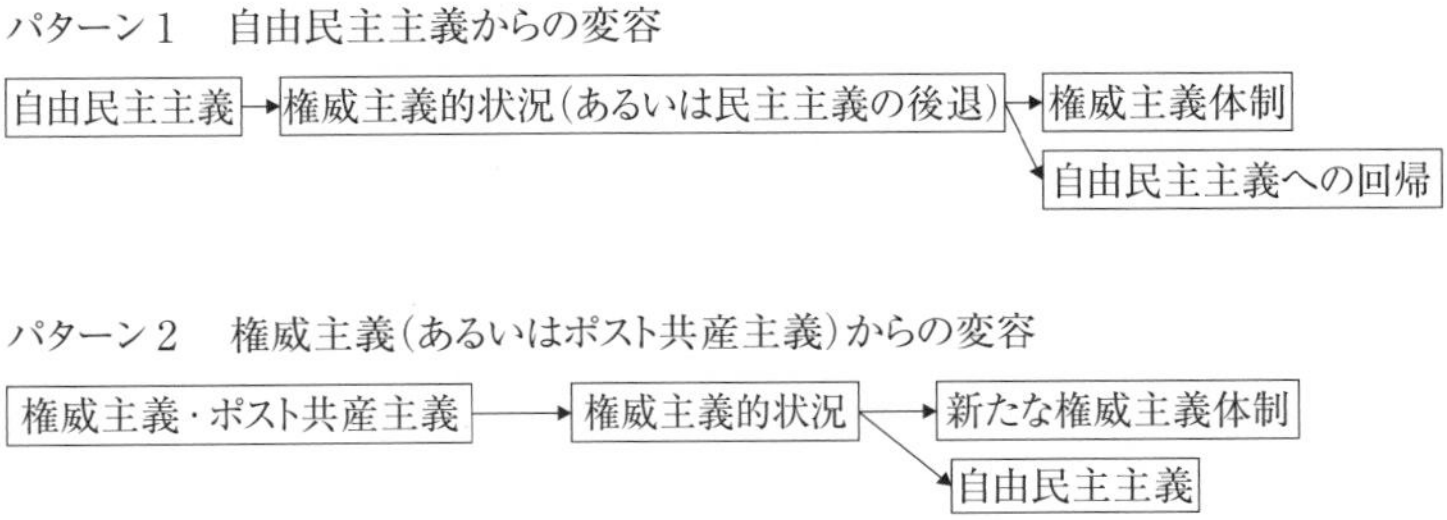

れたい。

第二に、議論の前提として、しばしば同一の現象として論じられる「民主主義の後退」と「権威主義の興隆・再興」とは、（共通する背景はあるものの）あくまでも別個の現象であると確認しておこう。レヴィツキーらが的確に指摘するように、一九九〇年代に旧ソ連諸国やアフリカ諸国で起こった非民主主義体制の瓦解・不安定化は「民主化」ではなく「権威主義体制の危機」と捉えるべき現象であった[29]。だが、冷戦終結とソ連消滅という状況下で生まれた、過度に楽観的な見方において、上の二つが混同されてしまったという。

実際にはその後二〇〇〇年代に入り、新興国経済の発展、時代状況に合わせた統治形態の変化（後述）などの結果、一度脆弱化した権威主義的統治が安定化する。再びレヴィツキーらを引用すると、これらは弱く不安定な権威主義から、安定した権威主義への移行（場合によっては定着）であり、これを民主化の失敗（failure）もしくは後退と捉えるのは、（そもそも民主主義的な前段階が存在しなかったため）ミスリーディングであるという[30]。

レヴィツキーらの認識（現存する権威主義的統治は民主化の失敗の結

果発生したのではなく、もともと権威主義的な統治が危機を脱し安定化した）は概ね妥当である。そして二〇〇〇年代以降の安定化の重要な要因は、先行する権威主義体制が冷戦後の状況に適応したこと（競争的な選挙を実施した上で、メディアや野党勢力を抱き込む）にあるという指摘も重要である。[31]

これを本節冒頭で示したグローバル化という文脈に照らし合わせると、自由民主主義という価値観が普遍化し、（統治の内実はともかく）政治体制や統治原理が一元化する中で生じた、民主的な外観を整える必要性への適応と位置づけられる。第二節で触れたように、現存する権威主義的統治の多くが、代議制民主主義や三権分立に基づいた執政制度を採用しているのはこうした背景がある。もっともこれは単なる受動的な対応ではなく、当該統治にとっては対外的な正統性の確立と対内的な不安定性（不確実性）の解消という課題を一挙に解決できる方策でもあった。この変化は図3-1における第四象限から第二象限への移動と捉えられる。

レヴィツキーらはこれらを踏まえ、民主主義の後退（もしくは「メルトダウン」）というのは神話であると結論づける。だが、先述したように「権威主義の興隆・再興」と「民主主義の後退」とは同一視できないため、権威主義的統治の動向とは切り離した上で、既存の民主主義国における変容をも検討する必要があろう。

グローバル化の時代においては、民主的な性質を取り入れた権威主義的統治が、いずれ自由民主主義体制へ移行するという予想が支配的であった（第四象限から第二象限を経て第一象限へ）。この点は「移行」論の前提であったし、それを批判した近年の権威主義研究も、いずれは民主化する（すべきである）と想定したという意味において、グローバル化の枠内での議論だったといってよい。だが現実に起こっていることは、権威主義的統治が長期間持続している（第二象限にとどまる）だけではなく、既存の自由民主主義の一部が第二象限に移動している。すなわち、「非自由的民主主義」への収斂ともいえる現象が起こっているのである。

権威主義的統治については、先に紹介したレヴィツキーらの正鵠を得た議論を参照すれば十分である。ここでは自由民主主義国における統治の変化について検討しよう。その際、（軍事クーデタが起こったタイなどの例外はあるものの）明確に民主政が「崩壊（breakdown）」するという現象は今日極めて稀になった[32]ということを確認したい。政治参加を体系的に制限するような体制への転換、図3-1に即していえば「民主主義的」から「非民主主義的」な支配へ移動する可能性は極小化したといえる。したがってここで検証すべきなのは、「自由主義的」から「非自由主義的」な統治への変容である。

その諸相は第一節で紹介したが、こうした状況をめぐって、シュミッターが提示した「ポスト・リベラル（Post-Liberal）」という概念は興味深い[33]。「ポスト・リベラル」とは、「非自由（illiberal）」「反自由（anti-liberal）」とは明確に異なるという。自由民主主義は大規模な市民の動員による脅威を減ずるため水平的アカウンタビリティに重きを置くのに対し、現在は立法府の力が弱まり、執政府の強さは国によって異なる一方、司法府の力が大幅に強化されているという。

自由民主主義が二つの構成要素（自由主義と民主主義）から成ることは第二節でも論じたが、両者の均衡は民主主義の根幹に関わる論点である。近年のポピュリズムの興隆などに鑑みると、前者から後者へ重点が移動していると見ることもできる。しかし実際に起こっているのが両者のバランスの変化ではなく、自由主義的要素の後退（それをポスト・リベラルと呼ぶか非自由と呼ぶかはひとまず措くとして）であるなら、市民の代表であり統治の民主的性質の担い手たる立法府の力が弱まり、本来であれば自由主義の護持者である司法府の力が大幅に強まっているというシュミッターの指摘はきわめて逆説的である。

その上で、グローバル化とリベラリズムから、ポスト・グローバル時代とポスト・リベラリズムへの転換という現象について考えてみよう。グローバル化が国民国家を単位とした政治・社会制度に様々な弊害や脅威をもたらす（と国民の少なからぬ部分に見える）というのは、すでに言い尽くされた感がある（経済の空洞化と雇用の流出、移民・難民の流入、福祉国家の機能不全、国境を超えるテロリズムなど）。また、旧ソ連やラテンアメリカの事例を考える際には、一九九〇年代以降のラディカルな新自由主義的市場経済化がもたらした経済的苦境と社会的混乱も重要である。

これらに共通する要素は、従来の政治の基本単位である国家を超えた場における決定や、多国籍企業の活動などが、各国国民の生活に深刻な影響を及ぼすということである。これは新興国に限った話ではなく、二〇〇八年の金融危機後の南欧諸国などでも顕在化した。

こうした状況への対策として、理論的には次の二つが考えられる。すなわち①グローバルなものに対する民主的統制を強めるか、②グローバルなものからの防衛策としてナショナルな統治を強化するか、である。かねてから「民主主義の赤字」が指摘されてきた欧州連合（ＥＵ）をより民主的な組織へと改変しようという声なども見られるが[34]、ポスト・グローバル時代において主流となっているのは②であろう。

しかし②の第一義的意義は、民主主義的契機の回復であり、それが自由主義の侵食・権威主義的統治につながる論理的必然性はない。では現実に起こっている強権的な統治の潮流をいかに見るべきであろうか。ナショナルなレベルにおける執政権の強化・拡大は、より広義にいえば「強い国家」への希求を反映したものといえる。しかし本来であればグローバルなものへの対抗手段・防衛策であるはずの「強い国家」は、結果的には国内に対しより強く、そしてネガティヴに作用している。すなわち強い執政権は三権分立を崩し、強権的な権力行使となって現れる[35]。また、同じくグローバルなものにナショナルなものを対置するという発想は、後者の一体性を重視し、対外的な脅威に抗するだけではなく、秩序、権威に対する国内からの異議・挑戦をも抑圧するという論理に容易に転換するのである[36]。

かつては反共産主義が多くの権威主義体制を正統化するロジックであったが、今日では反グローバリズムが政治の権威主義化を後押ししている（かつて反共産主義も、国際的・対外的と同じかそれ以上に、国内で反対派を抑圧するためのロジックとして用いられたことを想起されたい）。これは、多くの識者が指摘するように地政学上の変化（アメリカやＥＵの後退と中国・ロシアのプレゼンスの増加）とも軌を一にする。グローバル化によって自由民主主義が普遍化されたと思われたが、ポスト・グローバル時代の現在、民主主義の普遍化・自由主義の弱体化（相対化）が同時に起こっているといえよう。

七　再び権威主義体制へ？

本章を締め括るにあたって、近年の権威主義的統治あるいは後退した民主主義に起こっているいくつかの興味深い変化を指摘したい。

第一に、憲法や司法府の役割の変化、立憲主義の動揺などが指摘できる。従来の研究において、権威主義的統治における憲法の役割は、体制（統治）の外観を整える[37]、あるいは体制内政治エリート間の利害を調整するなどとされてきた[38]。また、反対派勢力に対し、選挙によって合法的に政権を獲得できる可能性を（理論的には）保証するという機能も指摘できよう。最後の点も体制の外観に関わるが、これは政権側が選挙で勝利する可能性を最大限に担保するような制度設計（もしくは実践）とセットになっている場合が多い。

もちろん権威主義的統治下の憲法においても、ほとんどの場合、各種自由権の尊重や、代議制民主主義・三権分立という近代国家の大原則は（少なくとも文言上は）保障されているし、立憲主義（憲法遵守主義）（constitutionalism）は所与の前提とされてきた。それゆえに、近年の権威主義研究の多くは、憲法によって規定される立憲的・フォーマルな政治空間と、非立憲的・インフォーマルなそれとを峻別し、後者における政治的実践に着目してきた。

しかし近年、先述の前提自体が大きく動揺しつつある。大統領の任期や再選に関する憲法規定を骨抜きにするような、脱法的な措置が取られる場合もあるし（旧ソ連諸国）、執政権の強化・集中（トルコ）や、憲法改正を困難にする（タイ）ことで、憲法を通じた権威主義の強化が図られる場合もある。[39] 権威主義的な性質を憲法に「埋め込む」ことで、本来であれば相容れない立憲主義と権威主義とが両立するのである。[40]

さらにこれらの措置を、憲法裁判所をはじめとする司法府が追認・補強するという構図がしばしば見られる。いわゆる「司法の政治化」（あるいは「政治の司法化」）である。

法の番人たる司法府の承認を得た権威主義的統治は、自らの支配（そこには反対派への弾圧なども含まれる）を立憲主義・法の支配に基づくものとして正統性を内外に誇示する。いわば「立憲主義の反転」とも呼ぶべき現象である。立憲主義に民主主義が従属しているという指摘もあるが、[41] 司法府の独立性は立憲統治の鍵となるメルクマールであり、「司法府による独裁」を明確に規定し、その正統性を原理的に否定することは困難であろう（むろん、司法府と執政府の一体化、あるいは人事への介入などを通じた、執政府による司法府の統制を実証的に解明することはできるが）。

第二に、ロシアのプーチンやトルコのエルドアンなどに典型的な、[42]「顔の見える（＝個人主義的）権威主義」とも呼べるような変化である。だがこれは単なる「個人独裁」ではなく、先に述べたような制度的変化（執政権の強化・権力の集中）と、国家の権威の可視化、強いリーダーシップへの希求などが混合された現象といえよう。東南アジア諸国で出現している強権的な政治指導者もこの一環と捉えることができるが、[43] この現象がどの程度広がりを見せるかは、より詳細に検討しなければならない。

これらの変化（特に第一点）は、第四節で紹介したリンスの枠組に従えば権威主義的統治の「制度化（あるいは制度的強化）」ともいえる。むろんこの過程を経て生まれるのはいわゆる「独裁」（図3-1参照）ではなく、民主的な性質は維持しつつも、非自由的な性質を持ち、反転した立憲主義という鎧をまとい、国際的な圧力によっても容易に変更させられない強固さを備えた体制なのである。自由民主主義の時代の到来が多幸的に語られた「歴史の終わり」とともにやってきたグローバル化の時代もまた、終わりつつあるのだろうか。

注

1 Samuel P. Huntington, *The Third Wave: Democratization in the Late Twentieth Century*, 1991, Norman, Oklahoma University Press. サミュエル・P・ハンチントン／坪郷實・中道寿一・藪野祐三訳『第三の波――20世紀後半の民主化』三嶺書房、一九九五年。

2 川中豪編著『後退する民主主義、強化される権威主義――最良の政治制度とは何か』ミネルヴァ書房、二〇一八年。

3 自由民主主義の変容については、山﨑望「二一世紀に自由民主主義体制は生き残れるか――正統性の移行と再配置される暴力」『国際政治』第一九四号、二〇一八年、一四―二八頁を参照。

4 Juan J. Linz, *Totalitarian and Authoritarian Regimes: With a Major New Introduction*, Boulder, Lynne Rienner, 2000. J・リンス／高橋進監訳『全体主義体制と権威主義体制』法律文化社、一九九五年（原著は一九七五年）。

5 リンスのモデルが単なる静態的な類型論ではなく、動態的な要素も含んでいるということは、（先行体制の類型と移行の動態とを結びつけた）「移行（transition）」論にも十分現れている。Juan J. Linz and Alfred Stepan, *Problems of Democratic Transition and Consolidation: Southern Europe, South America, and Post-communist*

Europe, Baltimore, Johns Hopkins University Press, 1996. Ｊ・リンス＆Ａ・ステパン／荒井祐介・五十嵐誠一・上田太郎訳『民主化の理論――民主主義への移行と定着の課題』一藝社、二〇〇五年。武藤祥『「戦時」から「成長」へ――１９５０年代におけるフランコ体制の政治的変容』立教大学出版会、二〇一四年、序章第三節も参照。

6　Alexander Cooley, "Countering Democratic Norms," in Larry Diamond, Marc F. Plattner, Christopher Walker (eds.), *Authoritarianism Goes Global: The Challenge to Democracy*, Baltimore, Johns Hopkins University Press, 2016.

7　Erica Frantz, *Authoritarianism: What Everyone Needs to Know*, New York, Oxford University Press, 2018. エリカ・フランツ／上谷直克・今井宏平・中井遼訳『権威主義――独裁政治の歴史と変貌』白水社、二〇二一年。および今井真士『権威主義体制と政治制度――「民主化」の時代におけるエジプトの一党優位の実証分析』勁草書房、二〇一七年。ただそうした議論はあくまでも、これらの用語・概念を相互に言い換え可能なものとして扱うという、いわば技術的な概念操作である。こうした概念操作自体は、定義の問題に深入りすることを回避するために必要な面もあり、筆者もこれを否定するものではない。

8　Frantz, *Ibid*, p. 6.

9　Andreas Schedler (ed.), *Electoral Authoritarianism: The Dynamics of Unfree Competition*, Boulder, Lynne Rienner, 2006.

10　Steven Levitsky and Lucan A. Way, *Competitive Authoritarianism: Hybrid Regimes after the Cold War*, New York, Cambridge University Press, 2010.

11　宇山智彦「権威主義体制論の新展開に向けて」日本比較政治学会編『体制転換／非転換の比較政治（日本比較政治学会年報第一六号）』ミネルヴァ書房、二〇一四年。

12　Robert A. Dahl, *Polyarchy*, New York and London, Yale University Press, 1971. ロバート・Ａ・ダール／高畠通敏・前田脩訳『ポリアーキー』岩波書店、二〇一四年。

13　特に①～③が政治参加の侵害（本章でいうところの非民主主義的性質）か、政治的自由の侵害（非自由主義的性質）かは議論の余地がある。ダイアモンドは①～③を民主主義の鍵となる要素とした上で、市民的自由、法の支配、政治腐敗のコントロール、市民社会の活力を民主主義の「質」を決める要素と位置づけた。ダイアモンドはさらにどの変数も（各事例により）連続線的に位置づけられると指摘する。Larry Diamond, "Facing up to the Democratic Recession," *Journal of Democracy*, Vol. 26, No. 1, 2015, p. 143.

14　今日の非民主主義を指し示す概念・用語の一つである「非自由民主主義（illiberal democracy）」は（定義の問題は措くとして）、本章の問題関心と親和性がある。

15　Alexander Dukalskis and Johannes Gerschewski, *Justifying Dictatorship: Studies in Autocratic Legitimation*, London and New York, Routledge, 2018.

16　紙幅の関係で、個別の研究の詳細な紹介や論評は行わない。

17　Levitsky and Way, *op.cit.*

18　Thomas Pepinsky, "The Institutional Turn in Comparative Authoritarianism," *British Journal of Political Science*, Vol. 44., 2013, pp. 631-653.

19　Robert Barros, *Constitutionalism and Dictatorship: Pinochet, the Junta, and the 1980 Constitution*, Cambridge, New York, Cambridge University Press, 2002など。

20　Barbara Geddes, Joseph Wright, Erica Frantz, *How Dictatorship Work*, Cambridge, Cambridge University Press, 2018など。

21　Steffen Kailitz, "Classifying Political Regimes Revisited: Legitimation and Durability," *Democratization*, Vol. 20, No. 1, 2013, pp. 39-60; Steffen Kailitz and Daniel Stockemer, "Regime Legitimation, Elite Cohesion and the Durability of Autocratic Regime Types," *International Political Science Review*, Vol. 38, No.3, 2017, pp. 332-348.

22　上谷直克「「競争的権威主義」と「委任型民主主義」の狭間で——ラテンアメリカの事例から考える」日本比較政治学会編『競争的権威主義の安定性と不安定性（日本比較政治学会年報第一九号）』ミネルヴァ書房、二〇一七年。

23　Kailitz, *op.cit.*, p. 46.

24　Juan J. Linz, "The Future of an Authoritarian Situation or the Institutionalization of an Authoritarian Regime: The Case of Brazil," in Alfred Stepan (ed.), *Authoritarian Brazil: Origins, Policies, and Future*, New Haven, Yale

University Press.

25 *Ibid.*, p. 235.

26 *Ibid.*, p. 236.

27 *Ibid.*, p. 251.

28 リンスによれば、権威主義体制における動員は「統制された動員（controlled mobilization）」と、「慎重な脱動員（deliberate demobilization）」という二つのパターンがあるという。*Ibid.*, pp. 236-237.

29 Steven Levitsky and Lucan A. Way, "The Myth of the Democratic Recession," *Journal of Democracy*, Vol. 26, No. 1, 2015, p. 49.

30 *Ibid.*, p. 52.

31 *Ibid.*, p. 51.

32 ダイアモンドによると二〇〇〇年から二〇一四年までの間、民主主義が崩壊した事例は二五で、うち一八が二〇〇五年以降に起こったとしている。Diamond, *op.cit.*, pp. 144-147.

33 Philippe C. Schmitter, "Crisis and Transition, but not Decline," *Journal of Democracy*, Vol. 26, No. 1, 2015, pp. 32-44.

34 例えば、（しばしば左派ポピュリズム政党と形容される）スペインの新興政党「ポデモス」は、ヨーロッパの他の同種の政党と異なり、反ＥＵではなく、ＥＵをより民主的な組織に変革する、という興味深い主張をしている。

35 二〇一〇年代に入って欧米でクローズアップされるようになった移民・難民問題、そして何より二〇二〇年に発生したコロナ危機によって、今後権威主義的な統治の有効性・効率性（場合によっては権威主義体制の正統性）が喧伝される可能性もあるが、この点はより長いタイムスパンで検証しなければならない。

36 こうした論理は、「エリート」に「普通の人々（である我々）」を対置しつつ、「我々」を同質的な国民と仮定するポピュリズム（特に右派ポピュリズム）とも親和性がある。

37 Tom Ginsburg and Alberto Simpser (eds.), *Constitutions in Authoritarian Regimes*, New York, Cambridge University Press, 2014, p. 6.

38　Barros, *op.cit.* など。
39　外山文子『タイ民主化と憲法改革――立憲主義は民主主義を救ったか』京都大学学術出版会、二〇二〇年。
40　タシュネットは、立憲的権威主義体制（authoritarian constitutionalist regime）は不安定なものであり、それを解消するためには、権威主義的性質を失くして完全な立憲体制となるか、立憲的性質を失くして純粋な権威主義体制となる必要がある、とした。Mark Tushnet, "Authoritarian Constitutionalism: Some Conceptual Considerations," in Ginsburg and Simpser (eds.), *op.cit.*, p. 47.
41　玉田芳史「タイにおける司法化と君主制」同編著『政治の司法化と民主化（シリーズ転換期の国際政治4）』晃洋書房、二〇一七年。
42　岩坂将充「議院内閣制における政治の「大統領制化」――トルコ・エルドアン体制と大統領権限の強化」日本比較政治学会編『執政制度の比較政治学（日本比較政治学会年報第一八号）』ミネルヴァ書房、二〇一六年。
43　外山・日下・伊賀・見市編著『21世紀東南アジアの強権政治――「ストロングマン」時代の到来』明石書店、二〇一八年。

第4章　ポスト・グローバリゼーションと欧州統合、ブレグジット
イギリス政党政治を中心に

成廣　孝

一　グローバリゼーションとヨーロッパ政党政治
――グローバリゼーションの政治学

この節では、グローバリゼーションが生じさせる国内政治への変化に関するこれまでの政治学研究について概略を素描する。あとの節における分析と関係する限りで、グローバリゼーションが主にヨーロッパ各国の選挙政治に内政レベルで与えた影響について論じた重要な研究を紹介する。[1]

(1) グローバリゼーションによる国家の自律性への制約

グローバリゼーションを最初期に政治学の主題とした（国際）政治経済学や比較公共政策の研究は、国際金融の発展などにみられる経済的グローバリゼーションが国家の自律的な統治能力を制約する側

面に注目した。グローバル化された市場における経済主体は国境を自由に移動して経済活動を展開できるため、それらが望まない国家の行動はクラウドアウトされ、その効力を失う。多国籍企業にとっての魅力を高めて投資や雇用、税収を確保するため、国家には生産コストや労働者の社会的保護の切り詰め、法人税率引き下げ、規制緩和（知的財産権の整備や規制緩和）、公営企業の民営化や公務員の削減といった、「構造改革」の名に集約される政策が求められる。[2]

次に主題になるのは、グローバリゼーションが政党間競争や選挙などの国内政治にどのように影響するか、であった。グローバリゼーションの制約が選挙政治に及ぼす影響をみる系統と、グローバリゼーションが新たなクリーヴィジを生じさせることに着目する系統に分かれる。

グローバリゼーションによる制約の選挙政治への影響を考える上での前提は、上述の国家の「マヌーバーの余地の縮小（Room to maneuver）」である。先行研究によれば、先進民主主義国の多くの有権者は、最早政府が国際経済の影響力に抗しうるとは考えない。有権者は政府が政策的帰結に責任を負うかという評価に応じて選好を再修正し、政府がまだしもコントロール可能だと思われる政策領域に評価の力点をシフトさせるかもしれない（需要バランス仮説）。[3]伝統的に有権者にとって重要だった経済問題が投票選択の基準としての比重を下げるのであれば、移民問題や欧州統合に対する政策的対応など別の問題が重要になりうるのである。最近の研究でも経済投票の重要性が皆無になったと考えられてはいないが、政党や政府の側が有権者よりも市場の反応を優先する傾向が、主要政党への支持を目減りさせかねないこともまた指摘されている。[4]

グローバリゼーションによって各国政府の操縦の余地が制限された場合、政党が採用できる政策ポジションが狭まり、そのことがニッチ政党の参入や、有権者の選好への応答性に与える影響も問題となる。理論的に、政党は有権者の態度や投票選択の影響に対応して政策ポジションを決めるものと考えられるが、逆に政党が有権者の「手がかり」となる面もある。グローバリゼーションは、政権担当力のある主要政党の政策的収斂、有権者の選好への応答性低下を通じて、投票意欲を引き下げたり、ポピュリスト政党などへの投票を誘発する効果をもちうる。経済的・政治的統合の進展による矛盾の蓄積が、実際に政党システムの両極化を招いているとの診断もある。[5]

関連して、従来の経済左右軸にリバタリアン・権威主義軸を加え、その空間で中道化＝グローバル化した市場に対応した政策パッケージを採用しうる社民政党の組織的条件を検討したキッチェルトの著作がよく知られており、新たな政治空間の形成に目を向ける流れを生んだ。[6]

（2）グローバリゼーションが生み出す新たなクリーヴィジ

グローバリゼーションと新しいクリーヴィジの出現に関わる研究は、グローバリゼーションに対する市民の選好の分岐を前提とする。グローバリゼーションから物質的利益を得る可能性が高い人（「グローバリゼーションの勝者」）はより多くのグローバリゼーションを支持するであろうし、逆に失う可能性が高い人（「グローバリゼーションの敗者」）は反対するであろう。ただし、グローバリゼーションへの賛否には、経済的な懸念のみならず、社会的・文化的な懸念、例えば、外国の文化が自国文化を脅かす可能性など、多様な要因が反映される。

これらの対立が新たなクリーヴィジを出現させるという議論は、有権者と政党がおかれた政治的（対立）空間の布置の変容を、クリーヴィジとそれに基づく政党システムの形成・発展・変容によって描き出そうとする、ヨーロッパ比較政治研究の伝統を引き継ぐものである。[7] 代表的な貢献として、H・クリーシらを中心とする研究チームの一連の著作を挙げることができよう。[8] 彼らの研究は、グローバリゼーションに関連した問題が、「統合」「分断」という軸の重要性を増すことで、ヨーロッパ諸国における政治的対立空間＝政党間競合の構造を変容させつつあると主張している。[9] クリーシらは、この変容を「グローバリゼーションの「敗者」と「勝者」の間の新しいクリーヴィジによる文化的次元の再構成」と呼び、[10] ここでグローバリゼーションは、ロッカンらが近代化途上のヨーロッパの政党システムを形成したと考えた「決定的局面」の地位を得ている。グローバリゼーションが新たな次元を生み出す三つのメカニズムとして、国際的経済競争、移民と文化的多様性、国際的な政治的統合への主権の移譲が挙げられているが、いずれもヨーロッパのポピュリスト右翼政党の興隆や、「ブレグジット（Brexit）」のような現象を理解する上で重要である。本章の主要な関心である欧州統合は政党間競争の次元としては比較的新しく、当初は文化的価値の一部だったが、近年ではそこから独立していると考える研究もある。ノリスとイングルハートもまた、類似の枠組みを用いて、権威主義的ポピュリズムの興隆、特にトランプの登極、ブレグジットの背景として、「文化的バックラッシュ」を描き出すものであるが、既存の政党を含め、現代民主主義国の政党間競争の次元を、旧来の経済的左派・右派次元、権威主義・自由主義の文化的次元、そして両者を跨ぐポピュリスト・多元主義の次元の三次元で分析している。[11] 近年のイギリスにおける政治的対立次元の分析を行ったＪ・ウィートリーもまた、経済的対立軸（介入か市場かという伝統的左右軸）、文化的対立軸（ポスト物質主義的価値観VS伝統主義の軸いわゆるGAL/TAN）、そして「ポピュリスト的対立軸」の三つの次元を析出し、うち第一軸の相対的重要性低下を強調している。[12] イギリスにおいてもこうした新しい次元に沿ってポピュリスト政党「イギリス独立党（ＵＫＩＰ）」の動員が進められたことは、上述のグローバリゼーションの制約が経済政策をめぐる対立の重要性を低めているという観察にも沿う。

（3）次節以降の議論との関係

グローバリゼーションによる国家の自律性への拘束が関心の対象になるのは、ブレグジットの正当化事由として、一般的な権限の問題から移民の規制など個別政策にまで関わる国家の自律性・自己決定（主権）を超国家機関たる欧州連合（ＥＵ）から「奪回する」という主張がみられたことによる。上述の先行研究において国家への制約は専らグローバリゼーションに発すると観念されているが、ＥＵがそもそもヒト・モノ・カネ・サーヴィスの自由移動を中核とする共同市場プロジェクトであり、グローバリゼーションの制度形成やガヴァナンスに影響力を行使するための団結でもあること、ユーロの制度的・構造的問題によって生じた金融危機が、通貨同盟に加入せずとも金融サーヴィスにおいて深く関わるイギリスを危機とそれに続く困難な事後処理に巻き込んだことを考えれば、欧州統合自身が持つ属性でもある。対応と調整を外部から強いられるという点において、グローバリゼーションによる制約と欧州統合の制約とを解きほぐすことは難しいように思われる。イギリスの文脈では反グローバリズムは畢竟ブレグジットとしてたち顕れてくることになるのかもしれない。事実、欧州統合よりもグローバリゼーションの影響が強かろうと推測されるような理由を含んでブレグジットはフレームアップされた。イギリスも保守・自由連立政権の志向した「財政再建国家」(後述)が、ユーロの一員ではなくとも財政強化によって国際金融の不信を招かないよう振る舞う以外の選択肢をとりえなかった。

二 グローバリゼーションと欧州統合

(1) 緊縮の起源とグローバリゼーション

本節では、W・シュトレークらの所論を頼りにグローバリゼーションと欧州統合の織りなす政治経済学的文脈を整理する。戦後欧米諸国の資本主義は民主主義に統御され、それを破壊しかねない対立をもたらす社会経済状況を招来させないよう、社会勢力間の均衡を支えた(「民主的資本主義」)。この均衡即ち福祉国家を支えるため、高度成長由来のインフレのもと多少の財政赤字は許容されたが、高度成長に陰りがみえ経済思潮上の変化もともなってインフレを嫌う市場の判断が優先されるようになると、金融規制緩和による負債の民間部門への移転が進められた。国際金融市場に滞留した資金を惹き付け、国際投機筋の攻撃を避けるためにも、市場指向の政策的調整が求められるようになる。規制緩和、法人税減税、社会的保護の縮小、労働市場の柔軟化などである。シュトレークによれば、この種の政策における主要政党間の違いは程度の問題に過ぎなくなった。[13]

ヨーロッパでは主要政党の合意のもとＥＵと経済通貨同盟（ＥＭＵ）が設立され、欧州中央銀行（ＥＣＢ）が金融・為替の権を握った。安定成長協定が参加国に財政健全化を求めたが、徹底されなかった。ギリシャの例が知られるが、他の国々にしても、ほとんど遵守していなかった。[14]一方でＥＣＢの努力もあってユーロの国際的な格は向上し、ユーロ圏経済後進国の国債には本来の実力に見合わないプレミアムが付与された。これに惹きつけられた投資の受け皿となった先進国の金融機関が、バブルを支えたと考えられている。そうしたモラル・ハザードを咎める仕組みはユーロ圏に存在しなかった。ここに襲いかかったのが金融危機・ユーロ危機である。ＥＭＵ加盟国は金融・為替政策の自由を失い、ＥＣＢは終始インフレ抑制的だった。財政政策も活用できない。金融経済と欧州統合、財政再建緊縮国家の成立と、コンセンサスを担う主要政党の支持減退、ポピュリズム・反ＥＵ政党の跋扈という一連の流れをもたらすバイアスが伏在していたのである。[15]

そもそもをいえば、欧州統合の少なくとも重要な一部は、（ネオ・）リベラルな共同市場樹立のプロジェクトだったのであり、そのなかではＦ・シャルプのいう「負の統合」が優先されてきた。共同市場のために個別の規制を削減していくことが、規制を新たに揃える「正の統合」より政治的に容易だったため、社会的・政治的次元の統合は後回しにされざるを得なかったのである。[16]

（2）「ヨーロッパ的価値」とグローバリゼーション

前節でみたように、グローバリゼーションが国民国家の手を縛るという観測は根強い。そして欧州統合もまた、加盟国の自律性を制約する。就中ＥＭＵは、加盟国の政策的自由を奪い、良きにつけ悪しきにつけユーロ圏全体の浮沈に加盟国を縛り付けた。相応の違いはあれど、両者の方向性はある程度似通っている。実態として二一世紀に入り、グローバリゼーションや欧州統合の影響でＥＵ加盟国とその国民は、必ずしも自国・自国民の責任ではない政治的・経済的混乱に見舞われたのであり、一国の政府ではそれを統御できなかった。半ば強いられた標準的な対応が財政再建国家の樹立と緊縮政策だった。難民・移民危機もまた類似のプロセスだったといえよう。クリーシらもまた、Ｖ・シュミットに倣いつつ欧州統合をグローバリゼーションの「特殊ケース」と呼ぶ。低くなった国境をモノ、カネ、ヒト、情報やサービスが流動するのがグローバリゼーションなのだとしたら、他地域に先駆けてこれを目指してきた欧州共同市場は、その最も進んだ形態といえよう。ただし、この二つは確かに分かちがたい面もあるものの、欧州統合は共同市場が全てではないし、研究者や政治的アクター、一般有権者のレベルに至るまで、そこにある種の区別を残しているように思われるのである。[17]

では、欧州統合とグローバリゼーションとの関係はどのように考えられてきたか。欧州委員会が「グローバル化する経済におけるヨーロッパ的価値」という文書で語った二〇〇五年段階での認識は、欧州が蓄積してきた価値、法＝「社会的市場経済」内部における多様性と他地域とは異なる独自性をみるものだった。それらがグローバリゼーション（金融経済、ＩＣＴ化、新興国の勃興など）に脅かされているからこそ、共通市場とユーロが提供する安定とダイナミクス、社会的公正や人権のような「ヨーロッパ的価値」を刷新して成長に繋げる、というヴィジョンであった。共同市場は開放経済と内部でのモビリティを高めた地域限定的グローバリゼーションの成功例であり、他地域にもこの経験を伝播できるというフロントランナーとしての自負も垣間見える。リスボン戦略後の成長戦略を展望するこの文書において、数年後にグローバル化した金融経済が牙を剥くことへの不安は微塵も感じられない。[18]ヨーロッパ諸国における、グローバリゼーションと欧州統合の関係に関係する言説を概観したC・ヘイらも、国による差違はあれ、グローバリゼーションによる外的・経済的な制約と欧州統合を関係付ける言説が広くみられることを確認した。たとえばフランスでは、グローバリゼーションが制約として存在するからこそ、その防壁として欧州統合や社会・経済的改革が必要になる、という論法になる。かつてT・ブレアが経済・社会的改革の正当化事由としてグローバル経済の制約を挙げ、国益と欧州統合の両立、「第三の道」社会民主主義による欧州統合推進を語ったのもそのコロラリーであろう。[19]

（3）「管理されたグローバリゼーション」

W・ジャコビーとS・ムニエは、EUの政策決定者自身が「管理されたグローバリゼーション」（managed globalization）をそのレゾンデートルとし、四半世紀におけるEU諸政策の最も重要な推進力としていたという。その五つの主要メカニズムとして挙げられているのが、（1）EUが関与する政策領域の拡大、（2）規制による影響力の行使、（3）国際法制度の強化、（4）EUの影響力の領域的圏域の拡張、（5）グローバリゼーションのコストの再配分、である。[20] アメリカ型のレッセフェール的自由化政策（ネオリベラリズム）かつ「ワシントン・コンセンサス」の具現化とされることが多いグローバリゼーションであるが、その一方でEUでは、グローバリゼーションの規制打破の側面だけではなく、新たに規制を創らねばならない側面に目をむけてきた。R・アブデラルらもまた、八〇年代を通じてフランスの政策形成者が「管理された」あるいは「ルールに沿った」グローバリゼーションのドクトリンを発展させていたことに目を向ける。EU研究者においてもEUをグローバル化のフィルターあるいは解毒剤とみなして、アドホックにではない熟議や調整を通じたグローバリゼーションの推進の場として期待する向きがあったし、フランスの政策形成者には、現実にグローバル化のガヴァナンスに携わる国際機関への参加や国際的会合での主張を通じ、アングロサクソン勢とは異なるヨーロッパのアイディアを注入してきたという自負があるようである。[21]

しかし、欧州統合さらには経済通貨統合がグローバリゼーションを「マネージ」することを正当化事由としていたのなら、近年のユーロ危機や難民危機をめぐる展開の中でそれを裏切り続けたことになる。二〇一〇年代にヨーロッパで実施された調査についてはあとでみるが、ボルケシュタイン指令などに代表されるように、EUの少なくとも一部が、ネオリベラル的なグローバリゼーションと区別できないような制度・政策の調整を進めた面が指摘されるようになる。EUはグローバリゼーションに流れ、さらにはともにネオリベラリズムへと流れていることを批判する研究が増えた。実際、J・

M・バローゾ欧州委員長期の経済・金融担当欧州委員J・アルムニアが二〇〇八年四月に「グローバル経済におけるユーロの役割」と題した講演（ワシントン）で語ったのは、それまでの一〇年程度のユーロの使命＝マクロ経済の安定化、が十分に達成され、ユーロが国際通貨としての地位を確立したという自負であった。金融政策に関しては、ディスインフレ的な役割認識を再確認している。次のユーロの課題としては、「グローバリゼーションへの対応のため」加盟各国の国際収支や財政のインバランスへの監視を強化すること、構造改革の推進による生産性の向上を語っている。これらのアジェンダは、新自由主義的な考え方の吐露にほかならないように思われる。この後の危機に際してバローゾが繰り返した発言との平仄も注目される。彼も「構造改革」と「財政再建」を訴えたが、その中身は公共部門の雇用削減、労働市場改革（未熟練労働者の雇用保護の削減など）、団体交渉システムの地方分権化といった「改革」と公共支出の削減につながる財政政策のミックスであり、金融危機に際してのEUの緊縮的なスタンスを暗示していた。[22]

（4）グローバル化に関するヨーロッパの世論

二〇一〇年代後半のヨーロッパ市民の世論について、C・デ・フリースらがEU二七カ国を対象に実施した調査をみてみよう。まずヨーロッパ市民は、グローバル化を基本的にモノ・カネ・ヒト（移民）の流れで考えている。欧州統合プロセスが第一義的にモノ・カネ・ヒト・サーヴィスの自由移動を掲げた単一市場形成のプロジェクトであることと符合する。そして、EU市民にはグローバリゼー

ションへの危惧がひろがる一方で、それにもかかわらず支持している者のほうが割合的には多かった。ただし、

一、EU市民のグローバリゼーションについての見解には分裂がみられる。かなりの数がそれに脅威を感じているが、平均的にはポジティヴな見解を示す。しかし、ポピュリスト政党支持者においてはこのパターンがあてはまらず、グローバリゼーションを怖れており、個人的にも酷い目にあっていると答える。

二、グローバリゼーションについての見解とヨーロッパの協調への見解については、クリアカットな関係を見出せない。グローバリゼーションに楽観的な者がよりいっそうの欧州統合をも歓迎する一方で、グローバリゼーションを怖れる者の見解は様々である。統合推進を支持するものもいれば、それを拒むものもいる。

三、ポピュリスト左派を支持する者とポピュリスト右派を支持する者の間には重要な違いがある。ともにグローバリゼーションを脅威と考えるが、ポピュリスト左派はいっそうのヨーロッパ協調に解決を求め、ポピュリスト右派はその逆である。ただし、これらのセグメントは全体からみれば小さい。

四、以上の重要な差違にもかかわらず、ヨーロッパ市民には、今後ＥＵにテロリズムとの闘いや移民の管理への努力を求める点ではある程度の合意があった。[23]

ＥＵおよびユーロの現実について考えると、問題はよりデリケートになる。統合は「マヌーバーの余地」を狭め、経済的帰結への責任を自国政府の他に求めさせる。そこでＥＵが経済政策の説明責任を追う追加的な存在となれるのか、というとＥＵ民主主義の赤字に関する議論をみれば、過大な期待はできまい。ＥＵはグローバル経済よりはいくらかは、正統性とアカウンタビリティの潜在的源泉となりうるかもしれないが、市民の期待通りの機能を果たしているとは考えられてはいない。負の政治的・経済的影響はヨーロッパレベルからもくるものと認知され、市民がＥＵに責任を帰属させる可能性があるというのがむしろ現実に近かろう。反ＥＵを叫ぶポピュリスト政党の跋扈は、もはや欧州諸国の日常である。その一つの顕れこそがブレグジットだったのではないか。[24]

（５）緊縮と財政再建国家

ユーロ危機後、金融機関の連鎖的な破綻（デフォルト）に発する大混乱を回避するという名目で、各国のそして国際機関による救済が模索された。多くの国がセットで緊縮策を採用させられた。ギリシャを除けばほとんどの国では公的債務は濫費ゆえに積まれたものではなかったが、金融機関の半ば投機的な行動の尻拭いを国家財政でファイナンスした結果、緊縮の犠牲になったのは種々の社会支出であった。問題は、これが金融機関を救ったとしても、社会支出によって生活を維持していた各国市民の助けにならなかったことである。M・ブライスがいうように、緊縮がどれほど競争力の回復に結びついたか、あまりポジティヴに語れる状況ではなかった[25]。J・フリーデンらは、ユーロゾーンの危機が以前の債務・収支危機の多くの特徴を引き継ぎながらも、政策策定者の政策オプションを強く縛り、また加盟国の相互依存性を著しく増した通貨同盟の内部で生じたことが、政治的紛争を多角化したことを指摘する。債務国と債権国は累積赤字の責任配分を巡って争い、当座黒字国と赤字国は収支不均衡を削減するのに必要な政策を執るのは誰かをめぐって争ってきた。国内でも、利益集団が危機解決のコストを転嫁するために争い、危機解決コストが赤字国とユーロ圏の納税者に負わされたために援助国の国民は自国政府を責め、相応の政治的帰結を産むことになったのである[26]。

三　イギリスにおける顕れ――ブレグジット

(1) EEC加盟からレフェレンダムまでの欧州統合と二大政党

イギリスは多数決型民主主義の典型とされる。議院内閣制と第一院の相対多数制を組み合わせた「ウェストミンスター・システム」は、新規参入を抑制することでシステムの安定性を高めるが、主要政党の数を絞る。新たな構造的亀裂が生じれば、比例制なら政党システムレベルである程度許容される異質性が、主要政党の内部に刻まれる。新規参入を拒み続ければ、システムそのものへの疑念が高じかねない。

一九七三年Ｅ・ヒース政権が達成したＥＣ加盟以降、イギリスは常にヨーロッパにとって厄介者であった。一九七五年の国民投票で加盟を追認したのちも、二大政党内部で異論が燻った。これが四〇年の時間をかけて破綻に至ったのが二〇一六年のレフェレンダムだった[27]。

Ｍ・サッチャー首相の時代は二大政党の政策的・イデオロギー的な幅が拡大した時代であったが、それぞれの内部においても激しい意見対立が生じた。新自由主義派「ドライ」とワン・ネーション主義の「ウェット」。左傾化によって連敗した労働党左派と、「修正主義者」や脱党してのち自由民主党に結集した親欧派。ネオリベラリズムと文化的保守主義の融合を進めたサッチャーだったが、両者に含まれる反ＥＵ要素が、保守党を激しく揺さぶることになる。一方、三度の総選挙における敗北が労働党の変革を招くと、Ｔ・ブレアのニュー・レイバーは、経済面では中道化して労働組合から距離を置き、親ＥＵスタンスをとった。この労働党が一九九七年から二〇〇五年にかけて三連続で総選挙を制する間、今度は野党暮らしの長くなった保守党が混乱に陥るのである[28]。

経済面で労働党との差違化が難しかった保守党内には、文化的側面で労働党と差異化しようとする動きが出始める。保守党は特に欧州統合と移民に関して、ますます「ナショナリスト・保守」の立場をとるようになっていく。二大政党の政策的シフトの結果、イギリスの政党間競合空間は、クリーシらのいう「統合・分割」クリーヴィジの出現についての基本的な仮説に沿って変容したと考えられる[29]。

ただし、ブレア政権時のニュー・レイバー内に明瞭な反ヨーロッパ派はなく、取り沙汰されていたユーロ加盟についても、レフェレンダムを実施する前提とされた経済的条件に基づく「五つのチェック」すら着手されなかったため、のち政権に復帰するD・キャメロンの保守党がイギリス独立党（UKIP）の進出に押されてレフェレンダムに踏み切るまで、ヨーロッパの問題は政党間競争の問題というよりは、専ら保守党の党内問題に留まった[30]。

クリーシらが論じたように、一九八〇年代以降、少なくとも幾つかの国でグローバリゼーションをめぐる対立を含む軸が顕れ、有権者と政党がそこに位置付けられた。ただし、依然として選挙制度の影響が強いイギリスでは、保守・労働党二党が八割の議席を確保し、二〇一〇年総選挙までいずれかが単独政権を担った。そこには人種・移民問題を前面に出すのはまともな政党がやることではないという了解もあった。保守党内部では一九九七年の下野直前から欧州懐疑主義が燻っていたが、支持者に欧州懐疑派の割合が緩やかに高まっていくに従い、議員の側にも欧州懐疑的ポジションをとるものが増えていった。ただし、W・ヘイグやI・ダンカン・スミスら在野時の党首は欧州懐疑派だったが、そのときの保守党が党を挙げてユーロ反対以上の強固な欧州懐疑主義ポジションをとっていたわけでもない[31]。

ブレア政権はユーロ加盟への意欲を小出しにしてはいたが、「ヨーロッパの中のイギリス」を唱えながら、イギリスの利益に沿わないとみれば、EUの政策からオプト・アウトすることを厭わなかった。二〇〇五年総選挙のマニフェストに上位三党が記していた、欧州憲法条約の批准にあたってのレフェレンダムはなしで済んだ。一〇年後のように国民を二分する（その民主主義的是非はおくとして）

愚は犯されず、後世の立場からは、これはこれで一つの見識だったといえよう。

グローバリゼーションのなかの市場志向・金融業重視という選択は八〇～九〇年代の保守党が行った選択であって、ブレアはそれを継承しただけともいえる。グローバリゼーションをめぐる対立が政党政治に決定的な影響を及ぼすには、さらなる変動が必要であった。われわれはこの変動をイギリス政党政治の文脈のうちにみる。権限移譲による地域議会開設、中道化にともなう党組織の希釈、二大政党の新しいコンセンサス＝欧州統合とグローバル化に対応する市場主義への収斂、それらは全て政党が自発的に採った戦略であった。

（２）中小政党の進出

選挙制度からくる二党間競争のもと、経済的対立軸以外の空間はなかなか開かなかった。むしろ、イギリス政治が動くきっかけとなったのは、欧州議会選挙の直接選挙化や、ブレア政権下で実施された権限移譲にともなう、下院のものとは異なる比例代表的要素が加わった選挙制度の導入だった[32]。これらの改革により、相対多数制のもとで得票率に見合った議席を得ることができなかった中小政党に機会の窓が開いた。九〇年代から議席を五〇前後まで増やした自由民主党は、N・クレッグ党首のもとでイデオロギー的にキャメロン保守党に接近し、二〇一〇年総選挙で五七議席を獲得して単独過半数を逸した保守党との連立政権を樹立した[33]。ここで、欧州金融危機のなかドイツ主導の危機回避策が罷り通ることに対する保守党内欧州懐疑派の反発や、連立の中で埋没することを怖れる自由民主党の要求が、ヨーロッパ問題におけるイニシアティヴを確立したいキャメロンをギャンブルに追い込むことになる。キャメロンはEUと機構改革の交渉をしたうえで、次回総選挙の勝利後二年以内にEU残留を問うレフェレンダムを実施することを約した。

一方、権限移譲後のスコットランド地域議会においては、スコットランド国民党（SNP）が二〇一一年に第一党にまで上り詰めている。結果的に敗北に終わったものの、党首サモンド宿願の独立レフェレンダム実施にまで漕ぎ着け、国政レベルでも二〇一五年には、域内過半数の議席を獲得、地域議会レベルでも下院レベルでも、二大政党を域内少数派に追い落としている。

UKIPが登場したのもこの変化の局面である。マーストリヒト条約批准に反対してメージャー政権を脅かした欧州懐疑派（ブリュージュ・グループ）や、他政党の反EU派を集めて、反連邦同盟（Anti-Federalist League）を結党したものたちが、マーストリヒト条約批准後UKIPに再編された。一九九七年総選挙後、リーダーの実業家J・ゴールドスミスを喪ったレフェレンダム党（Referendum Party）から資金と組織を引き継ぎ、続く一九九九年欧州議会選で七％の得票で三議席を獲得、このなかにN・ファラージの名があった。[34] 次回二〇〇四年には一六％の票（一二議席）を獲得し、第三党になる。翌二〇〇五年総選挙での惨敗を受けて、翌年九月党大会以降ファラージを党首に掲げたUKIPは、単一争点政党からの脱却を目指して政策プラットフォームの改革に着手している。全国にわたって少数の支持しか得られない政党が小選挙区制の壁を超えるのは難しい。UKIP議員や候補もほぼEUにしか関心がなく、支持者は地方選挙で他政党の候補に投票せざるを得なかった。[35]

ヨーロッパの金融危機発生でEUに対するネガティヴな評価が増大したタイミングで実施された二〇〇九年欧州議会選挙で、ＵＫＩＰは一六・五％の得票率（一三議席）を獲得、保守党に次ぐ第二党となった。これをうけて国政レベルでもＵＫＩＰを投票の対象と考える有権者が現れ始める。経済状況やＮＨＳに対する評価、移民へのネガティヴな評価、これらがＵＫＩＰ支持を押し上げた。[36]

変化はグローバル化した経済からもきた。いわゆるリーマンショックは、主要政党共通の選択としてグローバリゼーションを前提にした国際金融センターとしてのロンドンの繁栄を謳歌していたからこそ、イギリスに打撃を与えた。保守党がお膳立てした金融業主導の好況から労働党政権も利益を得ていたが、それに裏切られてからは、労働党の経済運営能力への信任は地に堕ちた。かわって二〇一〇年に政権に就いたキャメロン連立政権が選択したのは、前政権終盤の銀行ベイルアウトによる負債を埋めるための急激な緊縮政策であり、労働者階級など経済的弱者を直撃することになる。二〇一〇年代にもＥＵはユーロ危機に見舞われるが、緊縮に喘ぐ有権者が抗議票を投じるべき自由民主党は、すでに緊縮の片棒を担ぐ立場にあった。

有権者は代わりを求めており、[37]そのスペースを埋めたのがファラージのＵＫＩＰであった。ＵＫＩＰは特に欧州全域で同種の政党の進出が目立った二〇一四年欧州議会選挙で注目を浴びる。グローバリゼーションの荒波を管理するどころか、域外・域内からの移民の増大やユーロ危機といった荒波そのものとしてＥＵがたち現れることになったタイミングで、以前よりは現実的にみえる反ＥＵの提案が現れたのである。ＵＫＩＰは全体の三分の一弱の議席を獲得、欧州議会イギリス議席の第一党に上り詰めた。M・レックレスら保守党議員二名のUKIPへの鞍替えも起こった。ひき続く地方議会でも躍進をみせたUKIPは、二〇一五年も下院の議席数こそ一議席に留まったものの、得票率一二・六%に達し、保守党、特にUKIPと主張の近い欧州懐疑派にとっての現実的な脅威となった。実際二〇一〇年保守党票の一割程度がUKIPに流れた。キャメロンの公約もその勢いを止められなかった。総じていえば、二大政党への中小政党からの圧力が高まるにつれ、党内反対派への配慮が欠かせなくなったことが、EUという新たな争点を加えた政策空間を押し広げることになったのである。[38]

UKIPはアンチ・グローバリズム政党ではない。そのマニフェストには、グローバル化した世界のなかで主権を回復したイギリスが強くなることで、地球環境問題のようなグローバルな諸問題に貢献するといった現実味の薄いヴィジョンが語られていた。彼らのなかでは反EUとグローバリズムは独特のつながり方をしているようにみえる。EUにおいて主権国家の権能が制約され、移民の受け入れも迫られるので、主権を「取り返す」。保守党の欧州懐疑派にもあてはまるが、国境を越える人の移動はグローバル経済によっても促進されているということはどこかに忘れられ、反EUにのみ結びつき、離脱の経済効果をさておいて、主権、アイデンティティ、自律性を「取り返す」一本槍となるのである。

当然ながら国際経済の不調は、ユーロ圏外のイギリスにものしかかった。キャメロンはユーロ圏のごたごたに巻き込まれることを避けるためEUと交渉したつもりだったが、レフェレンダム前の交渉の成果は国民やマスメディアを納得させられなかった。下院のブリーフィング・ペーパー CBP-7497

がイギリスとＥＵ（Ｄ・トゥスク欧州理事会議長）との交渉事項をまとめているが、内容を列挙すれば、ユーロ圏における決定が非ユーロ加盟国に強制されるべきではないこと、非ユーロ加盟国の金融の安定と監督の機能は非ユーロ加盟国自身が行うということ、非ユーロ加盟国市民の税金がユーロ圏の運営に使用されないこと、ユーロ圏の運営で非ユーロ圏にも影響を及ぼすような事項については全てのＥＵ加盟国において議論し決定がなされること、加盟国議会の関与の拡大、つまりは通貨（・金融）統合は勝手に進めてくれて構わないが、イギリスはユーロを支える役割はしない、という、なんのこともない、いつものオプトアウトの再確認であった。[39]

（３）イギリス市民の欧州懐疑主義

ＵＫＩＰは欧州議会選挙で存在感を増していったが、イギリス市民の欧州懐疑主義はどれほどのものだったであろうか。二〇一五年のＢＳＡ調査では、八〇年代の調査開始以来の欧州懐疑主義の拡大が報告されている。五分の二の最も多いカテゴリが「残留してもＥＵ権限の削減」を望み、ヨーロッパ人と自認する少数派もＥＵの権力削減を望む。ＥＵを評価できる点として、外国における就労機会や労働条件の均等化が挙がる。ＥＵ脱退支持は、移民の経済的・文化的評価と負の相関をみせていた。二〇〇〇年代末から二〇一〇年代初頭にかけての欧州金融危機の前後において、イギリス市民の欧州懐疑主義、ＥＵ離脱支持および、これと「ＥＵに留まるがその権限を縮小すべき」の合計はそれぞれ一〇％程度増加したが、それでもまだ、残留あるいは「残留の上でＥＵの権限を縮小」のほうが、やや多数派だったのである。離脱への最後のひとおしは、レフェレンダムとそれにともなうキャンペーンだったのだろう[40]。

(4) 二〇一六年 In/Out レフェレンダム

レフェレンダムでの勝利によって足場を固めたうえで、EUからさらなる譲歩を勝ち取り得るというキャメロンの目論見は、完全に外れることになる。まずキャンペーン段階から、離脱派(Vote Leave)と残留派(Stronger Britain in Europe)が真っ向からぶつかり合い、首相を中心に政府が後者の立場をとっていたにもかかわらず、保守党の有力者B・ジョンソンが離脱派の顔となっていた。UKIPのファラージへの注目度もうなぎのぼりであった。残留派が強調した離脱の経済的リスクに、離脱派はボーダーコントロールの回復と移民の制限で応酬したが、結果は周知の通り、僅差での「残留」敗北であった[41]。有権者の五一・九%が離脱票を投じたことに世界が受けた衝撃とはうらはらに、国民投票の結果そのものは、なんら驚くべきものではなかったように思われる[42]。イギリス国民はEEC加盟以来、一貫してEUにおいて最も欧州懐疑的であったし、世論調査でも接戦が予想されていた。党首かつ首相を中心とする閣僚たちがEU残留の立場でキャンペーンを戦っていたのに、保守党は分裂していた。その後、このEUレフェレンダムにおいて離脱票が多数を制したことについて、数多くの説明の試みがなされてきた。

まず、前提として、欧州レベルの選挙における「二次的選挙」理論を考慮すれば、EU国民投票での投票行動は、有権者の政府やより一般的に「政治的階級」に対する不満を示す手段とみなすこともできる。あるいはこれらのアプローチを相互排他的にではなく、国民投票キャンペーンの性質などによりその比重が変わると主張することもありうる。今回の場合、長期にわたるイギリス国民の欧州懐疑度の高さと、激しいキャンペーンを受けての高い投票率（七二・二％）から、有権者にとって重要性の高い（二次的でない）投票だったと見做してよかろう。ゆえに問題特有の態度＝欧州懐疑主義の強度が重要であると予想されるが、欧州懐疑的なほど離脱に投票した、それは間違いではもちろんないが、トートロジーに過ぎないようでもあるので、そうした態度の由来が問題になるだろう。[43]

第三四回イギリス社会調査（British Social Attitudes）の報告書の著者カーティスは、このEUレフェレンダムは、EUプロジェクトひいてはグローバル化一般のメリットについての一種の「リトマス試験」だったという。彼は権威主義的見解をもった者の七二％、移民に懸念をもつもの七三％が離脱票を投じたことから、ナショナル・アイデンティティに関する項目や文化的見解が投票選択と有意に関連したことを強調する。それにくらべれば、政治一般に対する不満の効果はそれほどでなかった、と。[44]

個人レベルのデータをもとに書かれたものとして、最も早い時期に公表されよく参照されたものに、S・ホボルトの分析がある。彼女が行ったのは離脱投票意図を従属変数とする多変量解析であるが、四つの主要な説明因子として、社会経済的因子、地理的アイデンティティ、国内の政治的エスタブリッシュメントへの感情、政策態度を挙げている。伝統的なイギリス選挙政治分析の文脈では、これらは「因果性の漏斗」をなす。構造的なデモグラフィック因子とナショナル・アイデンティティ態度が先行して政党支持などの政治的態度を構成し、投票選択の近接要因となるのである。スタンダードな分析方法である。[45]

欧州懐疑主義については、欧州統合への支持・不支持の違いを生むものを説明するために、「功利主義」、「アイデンティティ」、「手がかり」（cue）の三つが考慮される傾向にある。[46] 功利主義的利害計算を重視する観点からは、欧州統合による貿易自由化の進行が人的資本（教育や職業的スキル）や所得が高い人々を利するために統合を支持させると考える。言い換えれば、これは「グローバリゼーションの勝者と敗者」の議論に近いが、これらは国際協力、欧州統合、移民などの問題に対して一貫して明確な態度を形成させ、投票の基盤となる。[47] 社会経済的要因が欧州統合に対する態度を形成していることを示唆するデータは多く、特に教育水準の高くない人ほど統合プロジェクトへの支持が低いことが指摘される。[48] 同様に、ブレグジット・レフェレンダムでは、教育を受けていない人ほど欧州懐疑主義や反移民態度が強くなり、離脱に投票する可能性が高くなった。

「アイデンティティ」を中心におく説明は、欧州統合が国家主権をプールしていくことの裏側として国家の自己決定権が侵食されるのと並行して、コミュニティ間の文化的境界が曖昧になってしまうという懸念に着目する。欧州懐疑主義は少数民族や移民に対する否定的な態度など、他の文化に対する一般的な敵意と密接に関連する。[49] L・ホーへとG・マークスは、自らの国民的アイデンティティを他の領土的アイデンティティと排他的に考える者は、重層的アイデンティティ保持者より欧州懐疑的である可能性が高いという。実際に、強いナショナル・アイデンティティが離脱と結びつく傾向がみられた。[50] しかし、国民投票における「二次的選挙」関連文献からわかるように、投票選択は、問題となっている問題に対するアイデンティティや態度によってすべて決定されるわけでもなく、エスタブリッシュメント一般や特に政府に対する感情によっても左右される。さらに、市民は一般にEUレベルの政治より自国の政治に注意を払い、その観点から欧州統合についての意見を形成するので、普段支持している政党から提供される情報を手がかりとすると考える研究も多い。これらはまた、特に政党が国民投票での立場で団結しているときより重要となると考えられるが、今回与党保守党が公然と分裂していたため、手がかりが一方向に作用しなかった可能性がある。離脱キャンペーンは、「純粋な大衆」と「腐敗したエリート」の分裂というポピュリストのアイディアに沿って「離脱」と「残留」を一般市民と体制エリートの間の戦いとして描いたこともあり、離脱の選択が少なくとも部分的にはエスタブリッシュメントに対するポピュリスト的不満によって引き起こされたと考えられる。[51]

次に、選挙区のアグリゲート・データと個人データを接合したデータの分析をみてみよう。ブレグジット・レフェレンダムについて、三八〇の自治体における投票と投票率を調査したベッカーらは、該当地区が移民や貿易の観点でEUに曝されていることが投票を説明しない代わりに、住民のデモグラフィックな性格が離脱票割合の主要な動因であるという。特に教育に関するプロファイルや、製造業の雇用への歴史的依存、そして低所得・高失業率といった要因である。より細かい街区レベルでみると、教育・所得・雇用といった点で価値剥奪をうけているエリアで離脱票が増えることもわかった。

彼らの分析結果では、残留割合の高かった若年層の投票率が高かったならば、レフェレンダムの結果はひっくりかえっていたかもしれないという。[52] また、コラントンらは、個人レベルデータの分析と居住区の層別データを用いて、中国からの「輸入ショック」が離脱投票傾向に正の効果を持つことを示した。グッドウィンらの先行研究も述べる通り、高学歴層は離脱投票の確率を引き下げる一方、高齢かつ男性の回答者は離脱票を投じる傾向にあった。輸入競争の効果は失業者などショックの影響をうけそうな特定のグループに限らず、地域の全人口種別を通じてインパクトを与え、中国からの製造品輸入によって直接に影響されなさそうなサービス労働者でさえも、輸入ショックによる地域産業への打撃を受け止めれば、離脱票を投じていた。移民への不満がEU離脱支持の重要な要因とされることも多いが、現実の移民の存在と離脱支持との有意な関係は見いだされなかった。移民へのネガティヴな態度は、居住地域における移民の増加のような具体的なものではなく、中国からの輸入に曝されて地域や人心が荒れたことによるものなのである。一般的にイギリスのような先進国ではグローバリゼーションの自由貿易による厚生上昇の恩恵をうけるのであるが、この恩恵はロンドンと地方ではごく不均等に分配されてきたのであり、その顕れがブレグジットだったのである。[53]

最後に、政党間競争の構造変動を念頭においた説明に触れておこう。ノリスとイングルハートは、レフェレンダムでの投票を説明するための変数として、権威主義スケールとポピュリズムスケールを作成して投入している。いずれのスケール変数も、権威主義的、ポピュリスト的になるにつれ、二〇一六年レフェレンダムでの離脱投票および、二〇一五年総選挙、二〇一九年総選挙でのＵＫＩＰへの投票の確率が上昇することが確認されている。上述した研究において示された、移民問題が離脱票の有意な説明要因にならないという現象はここでも確認されているが、上の二つのスケールは移民に対する態度をも説明するのである。二つのスケールで各政党支持を離脱・残留で二分してプロットするということもなされているが、同じ政党支持であっても二つのスケールによる二次元座標上で、離脱・残留のグルーピングができる。イギリス選挙政治を説明する上での、新しい二つのスケール＝軸の妥当性・規定性が明らかにされているものと考えられる。

四　ブレグジット後のイギリス政治

現代的なグローバリゼーションと独特の関係を持った欧州統合は、欧州連合（ＥＵ）および経済通貨同盟（ＥＭＵ）の設立により、イギリスを含む欧州諸国を一層緊密な関係におくことになった。それゆえに、二〇〇〇年代以降のユーロゾーンの危機は、アンチ欧州統合を含む国内政治の流動化に直結することになった。各国の国内政治もまたこの潮流への対応を迫られ、変容を余儀なくされてきた。こうした連関のイギリスにおける顕れを、ブレグジットにみようとするものであった。

レフェレンダムにより方向としては離脱が確定し、残るは条件交渉となってからも、イギリス政治は変化の只中にある。Ｔｈ・メイ首相就任後の二〇一七年総選挙では、保守・労働二大政党の合計得票率が突如上昇した。二〇一五年まで六割程度まで下がっていたものが、八二・四％まで回復したのである。自由民主党が埋没したこと、主目的を半ば達成したUKIPの得票率が下がったためであるが、二大政党支持の内容にはレフェレンダムを経験したがゆえの性質変化がみられた。従来保守党を支持していた高学歴ミドルクラスが「残留」支持を経て労働党に票を投じ、反面、労働党を支持していた低学歴・低所得層、労働党支持が高かった工業地域に居住する層が、「離脱」を経て保守党支持に回ったのである。戦後イギリスの伝統的な投票パタンからの乖離は著しい。ブレグジット・レフェレンダムは、イギリス選挙史上における一大転換点となったのかもしれない。

二〇一九年総選挙においてジョンソン政権が信任され、今後のイギリス・EU間の関係に関する交渉を引き続き行うことになった。その後COVID-19の拡大を経て、現在はまだ今後について確実なことを語れる状況ではない。少なくともUKIPに関しては、二〇一九年総選挙の半年ほど前に分裂し、さきの党首ファラージは離党してブレグジット党（Brexit Party）を結成（EU離脱後「改革UK」と改名）した。二〇一九年欧州議会選挙において主役の座を張ったのはこの党であったが、そのまま総選挙を戦うのではなく、離脱完了を優先して保守党との選挙協定を結び、その地滑り的勝利に加担した。代償に自らは議席を失い、獲得した欧州議会の議席も離脱が完了すれば失われる。当面はいったん二大政党の外に流出した票の行方が問題になるだろう。そして、欧州議会への選挙直接選挙導入以来、二大政党以外にとって変革の鍵となってきた下院以外の（小選挙区制以外で、国政とは異なる文脈で実施される）選挙アリーナが一つ失われたことになる。[54]

ブレグジット・レフェレンダムに対するEU諸国の懸念は、イギリス外への伝染であった。このレフェレンダムの余波で、ヨーロッパ各国の欧州懐疑的ポピュリストが、ＥＵメンバーシップを問う国民投票の実施に言及した。しかし、この問題に関する内部分裂のために、政権政党自身が国民投票を実施する賭けに出たイギリスと同じ条件の国はない。他国で最も成功した欧州懐疑的勢力でも単独で政権を獲得できるほどではない。さらに、結果を天に委ねるにも等しいレフェレンダムの危険性が認知されたであろう今では、他国で同じようなことが繰り返される可能性はいかほどだろうか。とはいえ、ブレグジット・レファレンダムの結果は、他のどの加盟国もまだその前身を含めてＥＵから離脱したことがないという点でユニークな出来事であるが、この結果を生み出した要因と考えられる感情は決してイギリス特有の現象ではない。これまでの分析は、イギリスの離脱派が反移民と反エスタブリッシュメント層への感情に動機づけられていたこと、教育水準が低く、裕福ではない人々がＥＵ離脱に大多数の票を投じ、都市部の若い大卒者がＥＵ残留に投票したことから、デモグラフィックな格差も明らかになった。グローバリゼーションや大量の移民流入によって「取り残された」と感じている人々と、そのような展開を歓迎する人々との間の溝は、ヨーロッパ全体で右派・左派を問わず急進的な欧州懐疑主義政党への支持が高まっている原動力でもある。次の金融危機や移民・難民危機の波が訪れた際にこの種のレフェレンダムを忌避する既成政党が踏みとどまれるのか定かではない。[55]

注

1　ここでは、Ｎ・Ｄ・シュタイナーの博士請求論文およびＪ・ヴァウルズらの書籍の導入部を導き手として、政治学においてグローバル化が大衆政治に及ぼす影響がどのように考えられてきたか整理している。Nils D. Steiner, *Essays on Globalization and Democracy*, Inauguraldissertation zur Erlangung des Akademischen Grades eines Dr. phil., vorgelegt dem Fachbereich 02 — Sozialwissenschaften, Medien und Sport der Johannes Gutenberg-Universität Mainz, 2015; Jack Vowles and Georgios Xezonakis (eds.), *Globalization and Domestic Politics: Parties, Elections, and Public Opinion*, Oxford University Press, 2016.

2　この系統の研究を整理したものとして、田中拓道ほか『政治経済学――グローバル化時代の国家と市場』有斐閣ストゥディア、二〇二〇年、特に田中による第二章が参考になる。

3　T・ヘルヴィヒの「需要バランス（balancing demands）」仮説は、経済統合が政府の経済政策を制約するためにその責任を問いにくいことを市民が認識している場合、代わりにグローバリゼーションの影響を受けない医療や移民などの問題に関するパフォーマンスなどが投票の意思決定において重要性を増すことを指す。Timothy Hellwig, *Globalization and Mass Politics: Retaining the Room to Maneuver*, Cambridge University Press, 2014 など。移民は広義のグローバリゼーションと無関係ではないようにも思われるが、この仮説はそれが政府評価における重要性を増していることをうまく説明する。

4　Ruth Dassonneville *et al.*, "A Changing Economic Vote in Western Europe? Long-term vs. Short-term Forces," *European Political Science Review*, 11, 2019, pp. 91–108. ヘルヴィヒらはまた、経済的政策ポジションに基づく投票の重要性が低下し、ヴェイランス・ベース投票の比重を増す可能性があるという。Lawrence Ezrow and Timothy Hellwig, "Responding to Voters or Responding to Markets? Political Parties and Public Opinion in an Era of Globalization," *International Studies Quarterly*, 58, 2014, pp. 816–827; Hugh Ward *et al.*, "Globalization, Party Positions, and the Median Voter," *World Politics*, 63, 2011, pp. 509–547.

5　Nikitas Konstantinidis *et al.*, "Take Back Control"? The Effects of Supranational Integration on Party-system Polarization," *The Review of International Organizations*, 14, 2010, pp. 297–333.

6　Herbert Kitschelt, *The Transformation of European Social Democracy*, Cambridge University Press, 1994.

7　Seymore M. Lipset and Stein Rokkan (eds.), *Party Systems and Voter Alignments: Cross-National Perspectives*, Free Press, 1967. 特にリプセット・ロッカンによる Introduction がこの伝統の嚆矢であることはいうまでもない。

その後のクリーヴィジ概念を援用した比較政治学研究については、拙稿「ヨーロッパ政治研究におけるクリーヴィジ」伊藤武・網谷龍介編『ヨーロッパ・デモクラシーの論点』ナカニシヤ出版、二〇二一年所収を参照のこと。

8　Hanspeter Kriesi *et al., West European Politics in the Age of Globalization*, Cambridge University Press, 2001; Hanspeter Kriesi *et al. Political Conflict in Western Europe*, Cambridge University Press, 2012; Céline Teney *et al.*, "Winners and Losers of Globalization in Europe: Attitudes and Ideologies," *European Political Science Review*, 6, 2013, pp. 575-595; Eftichia Teperoglou *et al.* "A New Divide? The Impact of Globalisation on National Party Systems," *West European Politics*, 34, 6, 2011, pp. 1207-1228; Albena Azmanova, "After the Left-Right（Dis）continuum: Globalization and the Remaking of Europe's Ideological Geography," *International Political Sociology*, 5, 2011, pp. 384-407. など。

9　この新しい紛争の次元には類似の諸研究において様々な名が冠せられているが、意味あいとしては大まかに似たようなものである。

10　Kriesi *et al., op.cit.*, p. 101.

11　Pippa Norris and Ronald Inglehart, *Cultural Backlash: Trump, Brexit, and Authoritarian Populism*, Cambridge University Press, 2019.

12　Jonathan Wheatley, *The Changing Shape of Politics: Rethinking Left and Right in a New Britain*, Palgrave Pivot, 2019.

13　Wolfgang Streeck, *Buying Time: The Delayed Crisis of Democratic Capitalism*, Verso, 2014.

14　Mark Copelovitch *et al.*, "The Political Economy of the Euro Crisis," *Comparative Political Studies*, 49, 2016, pp. 811-840.

15　遠藤乾『欧州複合危機——苦悶するＥＵ、揺れる世界』中公新書、二〇一六年など。

16　Fritz Scharpf, *Governing in Europe: Effective and Democratic?*, Oxford University Press, 1999.

17　Vivien A. Schmidt, "European Integration as Regional Variant of Globalization: The Challenges to National Democracy," in Ines Katenhusen *et al.*（eds.）, *Demokratien in Europa*, VS Verlag für Sozialwissenschaften,

Wiesbaden, 2003, Ch. 10.

18 European Commission, "European Values in the Globalised Economy," Contribution of the Commission to the October Meeting of Heads of State and Government, Brussels, 20.10.2005, COM（2005）525 final.

19 Colin Hay *et al.*, "Globalization, European Integration and the Discursive Construction of Economic Imperatives," *Journal of European Public Policy*, 9, 2002, pp. 147–167; Heinz Theisen, "European Values and Globalization", *Santalka*, 17, 2009, pp. 4–11. 一方、グローバリゼーションとヨーロッパ化の関係について、政治体制、公共政策、価値観とアイデンティティの三次元を検討したS・ラディは、両者の間に相反する関係は存在しないしたうえ、その核心として、代議制的民主主義、開かれた市場経済とともに挙げているのが新自由主義だった。Stella Ladi, *Globalization And Europeanization: Analysing Change*, IBEI WORKING PAPERS, 2006.

20 Wade Jacoby and Sophie Meunier, "Europe and the Management Globaliztions: Deffensive and Offensive Responses to Globalization Pressures," *Journal of European Public Policy* , vol. 17, 2010, pp. 299–317.

21 Rawi Abdelal *et al.*, "Managed Globalization: Doctrine, Practice, and Promise," *Journal of European Public Policy*, 17, 3, 2010, pp. 349–366.

22 Joaquín Almunia, *Role for the Euro in the Global Economy*, Prepared remarks delivered at the ［Fifth Whitman Lecture, April 11, 2008. Peterson Institute, Washington.

23 Catherine E. de Vries and Isabell Hoffmann, *Globalization and European Integration: Threat or Opportunity?: Perception, Knowledge and Policy Preferences of European Citizens*, eupinions, BertelsmannStiftung, 2018; Catherine E. de Vries and Isabell Hoffmann, *Globalization and the EU: Threat or opportunity?: Perception, knowledge and policy preferences of European citizens*, eupinions, 2018: ［ertelsmann Stiftung. Available at https://eupinions.eu/de/text/globalization-and-the-eu-threat-or-opportunity/］

24 危機に直面した欧州各国のメディアの論調に関するH-W・ニーエンシュテットらの研究では、当事者性が相対的に薄く、ユーロ圏外にあったにもかかわらず、イギリスのメディアにおける、ユーロに対するネガティヴな態度が目についたことが報告されている。このようなメディア報道のありかたがイギリスの有権者の意識にネガティヴな影響を与える可能性とともに、有権者の態度を受けて報道が迎合していることも考えられる。Heinz-

Werner Nienstedt *et al.*, "What Went Wrong and Why?" in Robert G. Picard (ed.), *The Euro Crisis in the Media: Journalistic Coverage of Economic Crisis and European Institution*, I. B. Tauris, 2015.

25 Mark Blyth, *Austerity: The History of a Dangerous Idea*, Oxford University Press, 2013.

26 Jeffey Frieden and Stefanie Walter, "Understanding the Political Economy of the Eurozone Crisis," *Annual Review of Political Science*, vol. 20, 2017, pp. 371-390.

27 一九七五年のＥＣ残留を問うレフェレンダムについては、Mark Baimbridge (ed.), *1975 Referendum on Europe*, 2 Volumes, Imprint Academic, 2006.

28 David Denver *et al.*, *Elections and Voters in Britain*, 3rd edn., Red Globe Press, 2012, ch. 3. 一九九七年総選挙の全般的理解については、Geoffrey Evans and Pippa Norris (eds.), *Critical Elections: British Parties and Voters in Long-term Perspective*, Sage Publications, 1999. を参照。

29 この頃の保守党内の混乱については、Michael Ashcroft, *Smell the Coffee: A Wakeup Call for the Conservative Party*, Politico's Media, 2005. および拙稿「ポスト・サッチャリズムの政治――２００１年の二つの選挙と保守党政治」『岡山大学法学会雑誌』第五一巻三号、二〇〇二年、五五五―六一七頁。

30 力久昌幸『イギリスの選択――欧州統合と政党政治』木鐸社、一九九六年。同『ユーロとイギリス――欧州通貨統合をめぐる二大政党の政治制度戦略』木鐸社、二〇〇三年。David Gowland, *Britain and the European Union*, Routledge, 2016. など。

31 拙稿、前掲、および、同「ダンカン・スミス党首下のイギリス保守党――党首選から二〇〇三年統一地方選挙まで」『岡山大学法学会雑誌』第五三巻一号、二〇〇三年、二二一―二四二頁。

32 拙稿「イギリスにおける選挙制度改革」『岡山大学法学会雑誌』第五七巻一号、二〇〇七年、一九二―二三四頁。

33 拙稿「自由民主党――第三党の再生と転機」梅川正美・力久昌幸・阪野智一編『現代イギリス政治　第２版』成文堂、二〇一四年所収。

34 以下ＵＫＩＰ拡大の経緯については、Peter Gardner, *Hard Pounding: the Story of the UK Independence Party*, David Barnby, 2006.

35　ＵＫＩＰは、ヨーロッパのポピュリスト政党の一員とされることも多いが、もともとは単一争点政党だったものが状況の変化にともなって変容してきたものである。Simon Usherwood, "Shooting the Fox? UKIP's Populism in the Post-Brexit Era," *West European Politics*, 42, 2019, pp. 1209-1229.

36　James Dennison *et al.*, "Immigration, Issue Ownership and the Rise of UKIP", in Andrew Geddes and Jonathan Tonge (eds.), *Britain Votes 2015*, Oxford University Press, 2015, pp. 168-187; Robert Ford *et al.*, "Different Class? UKIP's Social Base and Political Impact: A Reply to Evans and Mellon," *Parliamentary Affairs*, 69, 2016, pp. 480-491.

37　Paul Whiteley *et al.*, "The Economic and Electoral Consequences of Austerity Policies in Britain," *Parliamentary Affairs*, 68, 2015, pp. 4-24.

38　John Curtice and Geoffrey Evans, "Britain and Europe", in John Curtice and Rachel Ormston (eds.), *British Social Atitudes: The 32nd Report*, NatCen Social Research, 2015, pp. 32-52; Evans, Geoffrey and Jonathan Mellon, "Working Class Votes and Conservative Losses: Solving the UKIP Puzzle," *Parliamentary Affairs*, 69, 2016, pp. 464-479. 二〇一六年ＥＵレフェレンダム実施までの経緯は拙稿を参照のこと。成廣孝「２０１６年ＥＵメンバーシップに関するレフェレンダム——Brexit on BES Survey Data」『岡山大学法学会雑誌』第六六巻三・四号、二〇一七年、六九—一〇八頁。

39　Vaughne Miller, *UK's EU Reform Negotiations: the Tusk Package*, Briefing Paper of House of Commons Library, no. 7497, 2016.

40　John Curtice and Ian Montagu, "The EU Debate," in John Curtice *et al.* (eds.), *British Social Attitudes*, 36, Dandy Booksellers, 2019.

41　Erika J. van Elsas *et al.*, "United against a Common Foe? The Nature and Origins of Euroscepticism among Left-wing and Right-wing Citizens," *West European Politics*, 39, 2016, pp. 1181-1204.

42　欧州統合に関する国民投票はただでさえ非常に予測不可能性が高く、たとえ主要政党や専門家の間でコンセンサスが得られていたとしても、有権者は政府や政治的エリートの提案を拒否することも多いことが知られている。Sara B. Hobolt, *Europe in Question: Referendums on European Integration*, Oxford University Press, 2009.

43 Christopher Prosser, "Calling European Union Treaty Referendums: Electoral and Institutional Politics," *Political Studies*, 64, 2016, pp. 182-199. 二次的選挙概念については、Karlheinz Reif and Hermann Schmitt, "Nine Second-Order National Elections: A Conceptual Framework for the Analysis of European Election Results," *European Journal of Political Research*, 8, 2016, pp. 3-44.

44 John Curtice, "Why Leave Won the EU Referendum," *Journal of Common Market Studies*, 55, 2017, pp. 19-37; John Curtice, "The Vote to Leave the EU: Litmus Test or Lightning Rod?," in Elizabeth Clery *et al.* (eds.), *British Social Attitudes the 34th Report*, NatCen Social Research, 2017.

45 Sara B. Hobolt, "The Brexit Vote: A Divided Nation, a Divided Continent," *Journal of European Public Policy*, 23, 2016, pp. 1259-1277.

46 Sara Hobolt and Catherine E. de Vries, "Issue Entrepreneurship and Multiparty Competition," *Comparative Political Studies*, 48, 2015, pp. 1159-1185; Sara Hobolt and Catherine E. de Vries, "Public Support for European Integration," *Annual Review of Political Science*,19, 2016, pp. 413-432.

47 Azmanova, *op. cit.*; Evans and Mellon, *op. cit*; Kriesi *et al.*, *op. cit.*

48 Rune Stubager, "Education Effects on Authoritarian-libertarianvalues: A Question of Socialization," *British Journal of Sociology*, 59, 2008, pp. 327-350; Sören Carlson *et al.*, "Education, Europeanization and Europe's Social Integration. An introduction, Innovation," *The European Journal of Social Science Research*, 31, 2018, pp. 495-405; Armen Hakhverdian *et al.*, "Euroscepticism and Education: A Longitudinal Study of 12 EU Member States, 1973-2010," *European Union Politics*, 14, 2013, pp. 522-541.

49 Claes H. de Vreese *et al.*, "Projecting EU Referendums: Fear of Immigration and Support for European Integration," *European Union Politics*, 6, 2005, pp. 59-82..

50 Liesbet Hooghe and Gary Marks, "Does Identity or Economic Rationality Drive Public Opinion on European Integration?," *PS: Political Science & Politics*, 37, 2004, pp. 415-420.

51 Sara B, Hobolt, "Taking Cues on Europe? Voter Competence and Partyendorsements in Referendums on European Integration," *European Journal of Political Research*, 46, 2007, pp. 151-182.

52 Sascha O. Becker *et al.*, “Who Voted for Brexit? A Comprehensive District-level Analysis,” *Economic Policy*, 32, 2017, pp. 601–650.

53 Matthew J. Goodwin *et al.*, “The 2016 Referendum, Brexit and the Left Behind: An Aggregate-level Analysis of the Result,” *The Political Quarterly*, 87, 2016, pp. 323–332; Italo Colantone and Piero Stanig, “Global Competiton and Brexit,” *American Political Science Review*, 122, 2018, pp. 201–218; Kira Gartzou-Katsouyanni *et al.*, Understanding Brexit: Impacts at a Local Level: Mansfield Case Study, Conflict and Civil Society Research Unit, LSE, 2018も参照。

54 拙稿「２０１９年イギリス最後？の欧州議会選挙――European Election Study 2019 データを読む」『岡山大学法学会雑誌』第六九巻第三号、二〇二〇年、二四三―三九二頁。

55 Kriesi *et al.*, *op. cit.*; Swen Hutter and Hanspeter Kriesi（eds.）, *Europeam Party Politics in Times of Crisis*, Cambridge University Press, 2019.

第5章　ポスト・グローバル時代のフランス

いまだ「強い国家」なのか？

吉田　徹

一　「強い国家」の変容？

西欧民主主義国の中でもフランスは、国家論・行政学・歴史社会学・政治学など多くの社会科学分野において、長らく「強い国家」の典型とされてきた。[1] これは、絶対王政によって中央集権化が進んだ上で、フランス革命とナポレオン戦争を経て、一九世紀までに国民国家形成が完成されたという歴史的経緯に加え、戦中・戦後に完成された官僚制のもと、国家主導による市場経済の編成（いわゆる「ディリジズム」）が行われ、また立法府に対して行政府の優位性を確立した第五共和制（一九五八年〜）のもとで強い権力が生まれたことで、決定的なイメージとなった。

もっとも、その後一九九〇年代からの社会・経済のグローバル化および欧州統合の進展に伴って、こうした強い国家としてフランスのイメージに対する修正が迫られてきたのも事実である。例えば、フランス政治行政による経済運営を精査したV・A・シュミットは、国家主導の「ヒロイック」な政策形成が一元的になされる構図は変わらないものの、法の施行や政策の実際の運用において、これが逆機能するために実効性に欠き、さらに社会からの広範な抗議を受けて、妥協や撤回がなされることが多いという、むしろ「強い国家」ゆえに生じる短所を実証した。[2] また、欧州連合（EU）政策や移民政策といった各政策領域における政策調整を評価したヘイワード＝ライトは、シュミットと異なってフランスの政策形成が実際には多くのアクターが関与する多様なものであるとしているが、他方ではそのために多大な調整コストを有するような行政システムであることを強調している。[3] こうした実際の政策形成モデルの変遷は、先行研究においても「強力な国家」論から「脆弱な国家」論へ、さらに両者の視点を統合した「混乱した国家（disoriented state）」論という視角を生むに至った。[4]

グローバル化は多分に論争的な概念であり、一国の政治や政策を検証するのに必ずしも的確な分析視角であるとは限らない。そこで本章は、グローバル化に伴う諸現象の一類型として先行研究の蓄積があり、操作概念としてより適切な「ヨーロッパ化（Europeanization）」論を手掛かりに、「強い国家」の代表例とされてきたフランスの政治がこれにいかに適応してきたのかを論じる。具体的には過去三〇年間でEUの諸政策による政策形成のパターンの変容を強いられてきたことが政治変動につながり、それが二〇一七年のマクロン大統領の誕生と現在の改革に結実したとするものだ。

以下では、一九九〇年代を基点とするフランスの「ヨーロッパ化」を措定する議論をレビューした後、それが同時代的に政治部門へと波及（スピルオーバー）していく過程――すなわち「政策」から「政治」への伝達――をみていく。[5]そして、その最たる政治的事件が、二〇一七年のエマニュエル・マクロン大統領の誕生に伴う諸改革ならびに「スタートアップ・ネーション」としてのフランスの再定義につながったとする。結論を先取りしていうなら、九〇年代に政治行政での「ヨーロッパ化」でそれまでのモデルの変容に迫られたフランスは、今度はそれを内政の変数とすることで、新たな国家モデルを生もうとしているのである。

二　「ヨーロッパ化」再考――政策と政治の領域

やや古びたものの、「ヨーロッパ化」は、欧州統合研究において、現実政治の進展に応じて九〇年代から二〇〇〇年代にかけて多くの政治・政策の実証へとつながっていった概念である。それが指す所は多様だが、差し当たっては「欧州規模における特定のガバナンス構造を生む生成と発展の過程」[6]という定義をほどこすことができるだろう。

ヨーロッパ化が観察される領域は、憲政、政治、政党制、行政、官僚機構、立法、司法など複数に及び、そのパターンも国と政策に応じて一様ではないものの、ヨーロッパにおける政策・地域統合に対する、国内レベルでの適応過程全般に及ぶことで、概ね意見の一致をみている。[7]九〇年代の単一市場完成と単一通貨の導入、さらにEU規制の増加に伴い盛行を極めた「ヨーロッパ化」研究は、対象領域や事例に応じて、それがトップダウンもしくはボトムアップによって行われるとするもの、その構造が循環的な関係にあるとするもの、さらに政策的なフィット／ミスフィットを生むとするもの、多様性／収斂につながるとするものなど、多くの指摘を生むことになった。

フランスに限定した場合、ヨーロッパ化は、分権的な統治機構を持つ国と比べ、「強い国家」の典型たる同国に対し、より大きな変容を迫ることになるとの主張が多く見られた。[8] 具体的には、中央集権的体制を持つゆえに、政策調整コストに大きな負荷がかかるため、政府部門内での調整役としてのSGCI（省庁間委員会総局、現在はSGAE〔欧州問題総局〕へと改称）の地位が相対的に向上するといった現象が認められる一方、政策領域によっては、その調整機能にも限界が生じることも明らかにされた。例えば、共同市場の創設において中央官庁による利益団体の利益媒介様式がトランスナショナルな様式となるものの、共通農業政策（CAP）では国内農業団体に対する影響力が強まることになった。[9] また、二〇〇〇年代以降からは社会政策、教育政策、税制などにおいて、EU指針に対する暗示的・明示的な抵抗や静観が観察されるようになったという。[10]

もっとも、こうした政策過程と政策調整における継続的な適応・不適応は、多くの加盟国の行政が不可避的に抱えるものであり、ここからフランスのヨーロッパ化の特性を導き出すことは難しい。むしろ、フランスのヨーロッパ化の特性は、政策領域における統合深化と政治領域における統合深化が、不整合的に進んでいったことに注目されるべきだろう。

スミスは、政策領域において欧州統合がフランスに与えたメカニズムとして、市場統合が国内の各部門間調整を要するにもかかわらず、フランスがコーポラティズム型の利益調整機能を欠くため、結果として市場主導型の産業・業界再編が優先されるようになるものの、他方では政治家とメディアが依然として国家優位の言説を採用するゆえ、EUそのものが政治領域では脱政治化され、そのギャップによる政治的資源——すなわち特定の政治勢力による争点化——が必然的に生まれることを指摘していた[11]。これは、後にみるようにFN〔国民戦線、二〇一八年にRN〔国民連合〕へと改称〕をはじめとする、同国での欧州懐疑勢力台頭へとつながっていくことになる。

加えて、アンブラー＝ショーン・ライシャートは二〇〇〇年までのフランスと欧州統合との関係を精査して、フランスの政治行政が電力事業をはじめとする国営部門の民営化などの経済改革を遂行するための「圧力」として市場統合を利用してきた一方、不景気や不況期に直面すると、今度は財政金融制度に関わるEUの緒制度が問題の原因にあると主張するために、フランス政治行政は恒常的に総合過程との「曖昧な関係」を築いてきたと総括している[12]。こうしたフランス政治行政とヨーロッパ化過程との非整合性の指摘は、二〇〇〇年代以降も続いている。バルメ＝ウォルは歴史的にみてもフランスが欧州統合への推進役と主権維持の狭間に置かれてきたと指摘し[13]、パーソンズは政策過程としてのヨーロッパ化が政治アクター全体に共有されておらず、そのため、受容は「戸惑い」に満ちているとする[14]。

そもそも、フランスはヒト・モノ・サービス・文化の移動を許容するグローバル化ともっとも非適合的な国のひとつだとする指摘もある。[15] なぜなら、経済的次元においてフランスは強いディリジズムの伝統があり、文化においては自国文化とアイデンティティに強い愛着を持ち、政治的には共和主義と平等意識が是とされているためである。事実、世論調査をみても、フランス国民のEUに対する愛着は加盟国の中で中位にあるものの、グローバル化に対しては否定的な意識が多数を占め続けている。

本章の関心からいえば、すでに議会で可決される多くの国内法がEU指令の国内法化に伴うものである状況下で、[16] フランスと欧州統合との関係を貫く「曖昧な関係」、「統合推進と主権維持」といった分裂症的な立場や「戸惑い」が、国内で極右FNをはじめとする欧州懐疑政党を育む余地を生み、「民主主義の赤字」を自らの手で拡大させることになったことに焦点が当てられるべきだろう。[17] なぜなら、ヨーロッパ化のプロセスは、欧州統合とEU政策を受諾・推進せざるを得ない政権与党に対する批判の争点として機能することになるためであり、さらにEUという超国家主体を政治的に非難する環境を準備することを可能にするからだ。こうしたヨーロッパ化が生成する対立軸は、与野党間の競合関係に作用するに留まらない。いわゆる政権担当能力を有し、八〇年代半ば以降から政権交代を恒常化させてきた二大政党（右派のゴーリスト党、左派の社会党）の内部においても、右派の側では九二年以降にマーストリヒト条約に反対の勢力が生み出され、左派においては一九九〇年代ならびに二〇〇五年の欧州憲法条約の国民投票での内部分裂が生まれた。フランスの政権は一九八六〜八八年、九三〜九五年、九七〜二〇〇二年と、それぞれ欧州単一議定書（SEA、一九八六年）、マーストリヒト条約（TEU、九二年）、アムステルダム条約（一九九八年）調印の前後に、大統領と首相の党派が異なるコアビタシオン（保革共存）を経験しているが、この事実も保革二大政党の何れもがＥＵを争点として処理できない事態の下地となった。

統合理論の専門家であるマヨーネの表現を借りれば、欧州統合の過程は「政経分離」であることを原則としていた。[18]これは、ミクロ（＝政策）の次元でヨーロッパ化が進むとともに、マクロ（＝政治）の次元が不対応の状況が継続する傾向を有することを意味しており、その象徴的な事例がフランスであるということになる。[19]この視角は、またシュミットが論じたように、汎ヨーロッパレベルで「政治なき政策」と「政策なき政治」を生じさせる構造的背景と近似関係にある。[20]

事実、以下にみるように政策のヨーロッパ化と政治のヨーロッパ化の間の不整合こそが、過去三〇年にわたるフランス政治の大きな変動要因となってきた。そこで、このミクロとマクロの次元のヨーロッパ化がどのように展開したのかを次節でみることにする。

二　欧州統合争点の挿入と完成

フランス選挙における変易性（volatility）は一九九〇年代に入って上昇していったが、その原因のひとつは、既存の党派間対立を横断するＥＵ争点が挿入され、これに既成政党が対応できなかったことにあった。[21]

フランス政治のヨーロッパ化促進の大きなきっかけとなったのは、一九九二年と二〇〇五年のＥＵ

条約に対する国民投票、さらに一九九八年のアムステルダム条約批准にあった。欧州統合をめぐる争点によって政党横断的な対立軸が可視化され、国民投票後の欧州議会（ＥＰ）選挙では、政権批判や単一争点に基づく政党間競争が行われることになった。言い換えれば、二度の国民投票と条約調印によってＥＵが政治争点化され、それに応じて各党の政策的位置の変化がもたらされるようになったのである。一九九四年のＥＰ選では総得票率の三割程度が、一九九九年のＥＰ選では三五％程度がいわゆる欧州懐疑政党（候補者リスト）に集まり、既成政党からの分党が多くみられたフランス政治では、「主権主義（souverainisme）」という言葉が九〇年代半ば以降、流通するようになる。このＥＵの政策領域・権限拡大への反対をシングルイシューとする政党が保革の両陣営内に出現するのも、九二年と二〇〇五年の二つのレファレンダム直後のことである。[22]そして、後にみるように、この反ＥＵ－主権主義の極のヘゲモニー争いに勝利したのがＦＮだった。

二回のレファレンダムの結果を確認しておこう。一九九二年のマーストリヒト条約国民投票は「ウイ」（五一・〇％）が多数だった北西部と、「ノン」（四八・九％）が多数となった南東部という二つの地域による、国民国家内での分断を浮上させた。南東部は、失業率や低学歴の若年層、貧困率、単身親世帯、経済的不平等の割合が高い地域である。こうした地域差による投票行動に早くから注目していた地理学者らは、一九九二年と二〇〇五年の国民投票で「ノン」を投じた地域とＦＮの得票率が伸張している地域との重なり合いを指摘している。[23]こうした投票行動は、党派性に基づく「政治的投票」ではなく、個人の生活条件や将来展望に基づく「社会的投票」が色濃く表れたものでもあり、同時に従来の党派性による政治意識と社会的属性が大きく齟齬を来たしていることを露わにするものであった。[24]

こうした反グローバル／反ＥＵ意識を有する有権者市場が自律的に存在していることは、二〇〇五年の欧州憲法条約案の国民投票で改めて確認された。[25] 同レファレンダムでは、ＦＮ支持者と共産党支持者の九割が「ノン」に投票しており、しかも「ウイ」（四五・三％）が主として欧州憲法を争点として投票したのに対し、「ノン」（五四・七％）投票者の過半数は内政における争点に基づいて投票している。なお、国民投票が加盟国内政におけるＥＵ争点化を促したのは、フランスのみならず、デンマークやアイルランドでもみられた現象でもあり、[26] これは二〇一六年のイギリスのブレグジット・レファレンダムでも確認された事象である。フランスにおいては、九〇年代から二〇〇〇年代にかけて二つのレファレンダムがあったことで、有権者市場においてＥＵという争点が強く意識されるようになった。[27]

二〇〇八年のリーマンショックと二〇一〇年頃から本格化するユーロ危機の影響が加わり、大統領選においてグローバル化・ＥＵに対する批判的態度が主要候補者の間で一致をみたのは二〇一二年になってからのことである。同選挙では、市場統合に対する経済的保護主義（市場規制）を唱える社会党のオランド候補、これに対して文化的保護主義（自由移動規制）を唱える右派ＵＭＰ（国民連合）の現職サルコジ大統領、さらにこの両方を主張するＦＮのルペンの何れもが、グローバル化とＥＵに対して留保的な態度を示すに至った。[28] そうした意味において、二〇一二年の大統領選は、グローバル化、EUおよび欧州統合そのものが争点となった二〇一七年大統領選の前哨戦として位置づけられるものだった。[29]

二〇一七年大統領選では、憲政史上初めて、保革二大政党の候補何れもが決選投票に進めず、親EUを掲げる中道のエマニュエル・マクロン候補と反EUの立場を堅持したFNのマリーヌ・ルペンが決選投票に進み、「国際主義者vs国家主義者」(『フィナンシャル・タイムズ』紙)あるいは「進歩派vsナショナリスト」(マクロン)、「グローバル主義者vs愛国者」(ルペン)などと呼称された、両候補の一騎打ちとなった。

もっとも、二〇一七年大統領選は、計一一人を数えた候補者のうち、マクロンと共和派候補者フィヨン、社会党候補アモンを除く全員が、EUやグローバル化に対して明示的に異議申し立てを唱える欧州懐疑主義者に数えられたことにも、特徴があった。そして、これら欧州懐疑主義者の総得票数が約六割にも上ったことも強調されるべきである。[30] これは経済(ユーロ危機)と社会(テロおよび難民流入)という経済文化両面に渡る二重の危機のみならず、九〇年代以降の欧州統合進展によるヨーロッパ化がもたらした政治の不整合、すなわち政治における応答責任の不在が長期に渡って続いたことの政治的帰結でもあった。

以上にみた九〇年代から二〇〇〇年代にかけてのヨーロッパ化の政治部門へのスピルオーバーは、機械的なものではなく、特定の政治的主体によって推し進められたものでもある。グランデ＝ヒュッテルは国を問わず、八〇年代から、各国政治において欧州統合とEUが「政治化(politicization)」していっていたことを指摘している。[31] 彼らはシャットシュナイダーの定義を借りて、「政治化」を「特定の政治システム内部における紛争の射程（scope）の拡大」と定義した上で、ＥＵないしＥＵにまつわる争点がどのように政治化を辿るのかのプロセスを理論化している。これによると、ＥＵの「政治化」の度合いは、それぞれ三つに分かれる質的要素、争点領域、動員戦略に依存しているという。

すなわち、政治化の程度は、これら三つの質的な領域に応じており、①争点顕在（issue salience）的であるかどうか、②争点にまつわるアクターが増加するかどうか、③そのアクターが極化（polarization）するかどうかにかかっている。ＥＵに関する争点領域としては、①主権、②ナショナル・アイデンティティ、③国境を越えた財政・所得移転の三つが存在している。さらに、関係するアクターはこうした争点を手にして、①これらの中のものを恣意的に選定し、②それに対してポジション取りをし、③特定の解釈（フレーミング）を行うことで選挙民を動員しようとするのが、加盟国で共通する政治化の一般的パターンとなる。

フランス政治で一九九〇年代以降に進んだのは、このＥＵの政治化が拡大していくヨーロッパ化のプロセスだった。グランデ＝ヒュッテルの図式を応用すれば、二つの国民投票によって争点としてのＥＵが顕在化し、比例代表で行われる欧州議会選挙を機にアクターが増加し、そのアクターの中でもＦＮの極化が顕著なものとなった。そして、文化グローバリズムと経済グローバリズムの領域での異議申し立てが全面化していったといえよう。

二〇一七年大統領選では、ルペンの掲げたユーロ圏離脱（「フレグジット」）の是非が問われたが、これは二〇一〇年から深刻化したユーロ危機によって、①争点が顕在化し、それが②金融・財政主権に関わるものと認識され、③離脱がフランス経済を好転させるとの解釈を流布させようとしたという意味で、選挙戦でEUが政治化された一例だった。さらに、ルペンはユーロ離脱について、実際には当初唱えていた単純な離脱から「共通通貨」の創設や加盟国との交渉、国民投票による是認などポジション取りに変更を加えたが、これも動員戦略の一部としてみなすことができる。

「ニッチ政党」のコンセプトを精緻化し、その事例のひとつとしてFNを取り上げたメギドは、政策ポジション、争点オーナーシップ、争点の強度（saliency）の相互作用によって既成政党とニッチ政党の力関係は決まるとした。ヨーロッパ化が政治部門へと波及していくなかで、FNはもっとも機動的にこの変化に対応したニッチ政党だったともいえるだろう。[32]

三　有権者市場の三分割化

ヨーロッパ化がナショナルな政治の次元にいかに影響を及ぼしているのか、及ぼしているとしたら、それはどのような経路によってなのかについて、これまでも多くの論争と問題提起があった。[33] しかし、欧州統合をめぐる争点は内政において機械的に転移・挿入されるわけではない。それは、EU政治が生産している政策と争点、それを受容する／しない政党と有権者の関係、その争点がいかに争われるかに応じて決定される。繰り返しになるが、フランスのヨーロッパ化の様式は、政策領域と政治領域の不整合を特徴としており、このことがＥＵの政治化、すなわちヨーロッパ化による政治的機会構造を内政にもたらすことになった。

政党制の次元に留まらず、こうした再編は有権者市場でも観察されている。具体的には、保革陣営による争点に留まらない「三分割（tripartition）」が、九〇年代から二〇〇〇年代にかけて有権者市場で同時並行して進展していったのである。

グランベルグ＝シュヴァイツグートは、イングルハートの「脱物質主義的価値観」論やキッチェルトの「左派リバタリアン」論を引証点として、九〇年代半ばまでに有権者において従来の保革対立だけでなく、「普遍主義－反普遍主義」の価値観の対立が生じてきたことを、有権者調査から突き止めている[34]。彼らは一九九五年と二〇〇二年の有権者の意識調査から、与党経験のある保革政党の支持層が人権擁護や文化的自由主義、親欧州的態度で凝集する一方、こうした左右対立軸の上に自らを位置付けない有権者層も増加しており、さらに移民排斥・反欧州統合・死刑復活など権威主義的な価値を是とする若年層を中心とする有権者が二〜三割存在するとした。これらの有権者は、経済リベラリズム（市場主義）に消極的であり、保守的なカトリック・ミリュー（階層）にも属していないという意味で伝統的な右派支持層ではなく、また社会党・共産党支持者と価値観の親和性が強い極左支持者とも異なっていることから、相対的に自律的なブロックを形成しているとされた。

さらに異なる調査に基づいて、ボーンシアーは、欧州統合の進展する一九八〇年代と一九九〇年代に保革二大政党がともにプレジデンシーと政権交代を経験したことから、国家－市場の対立軸が機能不全（対立的争点でなくなる）を起こす一方で、文化リベラル－権威主義の次元で既存の保守政党（ゴーリスト派）が中道に接近したため、文化的保守の極が空白となったことがFN伸張の余地を作ったと指摘する。[35] 欧州統合は、経済においては国境を越えた資本移動を、文化においては労働移民受け入れを要請するため、政治経済両面でのリベラル化を既成政党に促す。政権交代によって保革二大政党が欧州統合に融和的になることで、国家－市場軸が保革の対立軸として後景に退く一方、文化的リベラル－権威主義の対立軸が強く機能し、これがFN躍進の原動力となる。つまり、一九九〇年代から二〇〇〇年代までは、従来の保革が相対する経済軸の強度が政党制の次元では薄まり、代わって保革とFNとの間の競合が、有権者市場の三分割化に呼応する形で高まっていった。

また、レギュラシオン学派のアマーブル＝パロンバリーニは、社会党の七〇年代までに形成した有権者ブロックが新自由主義の浸透によって過去三〇年のうちに解体した結果、社会党が政権与党となったこともあって、親EU派を含む「ブルジョワ・ブロック」の形成に迫られ、有権者市場としてこれに依存するようになって、これらの自律的な有権者市場の形成を許すことになったと分析する。[36]

このボーンシアーとアマーブル等の指摘は有権者意識からではなく、供給サイド（政党組織）の変化によって「三分割化」が生じたとするものであり、ともにFNの伸張ならびに有権者市場の破断化が、既存のヘゲモニーブロックの崩壊と再編にも起因していることを強調している。

三分割を経験して既成政党に批判的な有権者ほど、反EUの意識を持ちやすく、そしてFNは、この第三の有権者市場内での極化戦略を採用することになる。二〇一一年に父親のジャン＝マリ・ルペンから党首の座を勝ち取ったマリーヌ・ルペンは、二〇一二年大統領選の公約（「フランスとフランス国民のための私の公約」）において、従来からのイスラム批判・移民規制以上に、輸出力強化のためユーロ脱退を問う国民投票、労働供給の制限や不公正貿易に対する制裁といった保護主義的政策を盛り込んだ[37]。九〇年代後半からのFNの特徴は、それまで治安重視と移民排斥（および両者のリンケージ）の一辺倒から、社会経済政策の拡充へと軸足をシフトさせていったことにあり、実際に社会経済政策のボリュームは、公約全体の二割以下だったのが二〇一二年には四割にまで比率が増えている[38]。これと反比例するかのように、それまで四分の一程度を占めていた福祉排外主義的な政策の比重は一割以下となり、代わりに最低賃金の引き上げ、退職年齢の引き下げ、エネルギー価格凍結など、困窮層の生活支援などが盛り込まれた。ルペンは二〇一二年の大統領選に際して、「失業・債務・購買力、そして移民と治安問題という二本足で私は歩いている」といみじくも公言している。二〇一四年の欧州議会選挙でFNは、最大野党UMP（ゴーリスト党、二〇・九％）および与党社会党（一四・〇％）の得票率を大きく上回る二四・九％と、首位に立った。

FNは有権者のニッチ市場を開拓する「階級間政党」とされてきたが、九〇年代からは労働者層からの支持を一貫して上積みしていく「プロレタリア政党化」を経験してきた[39]。これはユーロ危機以降の失業率上昇と生活水準の低下によって、低成長時代の「キャッチオール政党」はFNにおいて他はいないというマルセル・ゴーシェの指摘につながる[40]。

こうした有権者市場の「三分割化」は、二〇〇七年の大統領選においてサルコジ候補がFNの争点を部分的に取り入れ、さらにリーマンショックとユーロ危機に呼応する形でEU改革ならびにシェンゲン協定見直しに言及し、FN支持者のゴーリスト党への再編入を試みたことで暫定的に解消されたものの、サルコジの二〇一二年大統領選での敗退から、再び分割化が進むことになった。[41] 同選挙で勝利した社会党のオランド大統領は、公約でEUの財政健全化協定(fiscal pact)の見直しを含む改革案を提唱するが、その後EU改革案については多くの実績を残すことはなかった。[42] こうした主流政治家によるEUガバナンスに対する牽制は、その後二〇一七年大統領選におけるゴーリスト政党・共和派候補者フィヨンにも受け継がれることになった。[43] 主流派政治家も採用することになった「ソフトな欧州懐疑主義」は、有権者市場の三分割化とFN台頭への民主的応答でもあった。[44]

三分割化は、経済社会の二重の危機によっても強化された。二〇〇五年に八%という高水準にあった失業率は二〇〇八年に減少傾向に転じたものの、その後二〇一〇年には八・九%、二〇一三年には九・九%と戦後最悪の水準(一九九七年の一〇・三%)にまで近づくことになった。購買力(ネット)も二〇一〇年から一二年にかけて一ポイント下落し、二〇一四年になってもユーロ危機以前の水準を取り戻すことがなかった。二〇〇五年から一五年までの間には家計の六四%の一次所得が減少、うち下位一〇分の一の所得分布にある家計は二割も落ち込んだ。[45] さらにフランス各地での連続テロ(二〇一五年一月から二〇一七年五月までで二四〇名死亡)や難民流入危機(二〇一三年から一六年まで計三〇万件弱の庇護申請を受理)も、有権者の意識が治安やセキュリティについて向けられる要因となった。この二〇一二年から二〇一七年の間は、オランド大統領とエロー首相、続くヴァルス首相が過去最低の支持率を更新し続けた時期にも当たる。こうした環境悪化を、FNのようにグローバル化やEUに原因を求めるかどうかはともかく、こうした現象が同党の後押しにつながったことは否定できない。

二〇一七年大統領選での職業別にみたルペン支持者は農業、自営業、一般従業員、労働者層、失業者の各層で得票率（投票予定）首位となっており、投票先として唯一、二割のシェアに届いていないのは管理職のみだった。これは、他政党・党派の階層へゲモニーの喪失を意味している。例えば、二〇一二年大統領選（第一回投票）では、オランドとサルコジの保革両候補で労働者票の四一％、一般従業員の四九％、中間管理職の五五％を集めていたのに対し、二〇一七年選挙における保革候補でそれぞれ二一％、二六％、三〇％しか集票できなかった。先にみたように、それまで右派の伝統的支持基盤だった農家や自営業はルペンに侵食され、逆に社会党の支持基盤だった一般従業員や中間管理職の票はマクロン候補へと流れた。

構造的には、EUが経済的開放と多文化主義を是とするものである限り、これと対立する福祉国家とナショナリズム、保護主義と自国優先に価値を置く、従来の社民と保守政党を横断する「異質な連合」が完成することになる。この経済的保護主義と文化的権威主義の政策を矛盾なく統合することができたのがFNだった。これは、保革二大政党たる右派・共和派と左派・社会党にあって、前者の経済的自由主義、後者の文化的自由主義を否定することによって成り立つものでもあった。

四　分岐点としての二〇一七年大統領選――「ヨーロッパ化」の内政化

先述のように、二〇一七年五月の大統領選ではルペンの挑戦に対し、それまでの社会党政権下で経済大臣を務めていたマクロンが新党「前進！（En Marche!）」（後に「共和国前進（ＬＲＭ）」へと改称）を二〇一六年四月に結党、保革主流派候補が総崩れになるなか、勝利を収めた。マクロンの決選投票での勝利は、ルペンが有意な選挙連合を形成できなかった一方、マクロンが左派から右派に広がる支持を広く集約できる立場に彼があったためだ。[46] 続く六月の下院選でＬＲＭは五七七議席中三五〇議席を獲得する地すべり的勝利を収め、そのもとで共和派出身のフィリップ首相による超党派内閣が発足する。ここにフランス政党制の新たな編成が完成したことも含意されている。[47]

指摘したように、二〇一七年大統領選ではＥＵならびにグローバル化の是非が大きな争点となった。個別的な争点としては、有権者は対テロ対策、失業対策、続いて治安、税負担を重視していたが（ＩＦＯＰ社二〇一六年七月二一～二五日調査）、これらがグローバル化に対する賛否、自由貿易・保護主義に対する態度と関連づけられたことで、マクロン支持者とルペン支持者との間では大きなコントラストが生まれた。[48] 有権者市場では九〇年代からの三分割化の継続が確認され、とりわけＦＮ支持者ならびに共産党、トロツキスト政党支持者の間で反ＥＵの態度の意識が高かった。これは「グローバル化の勝者vs敗者」ないし「開かれた社会vs閉じた社会」が引き続き政治的争点となり、これまでのように政党間競争の付随的な争点として処理されるのではなく、大統領選での争点にまで上り詰めたことを示唆している。

当選したマクロンは、選挙戦当初からEUの機能強化こそがフランスを強くすると主張していた。自身が選挙に臨むに際して公刊した自著『革命』では、「フランスが自らの運命を再びコントロールできるようにするためには、ヨーロッパが必要である（略）大きな課題に直面しているいま、国家レベルですべてを改革するのは単なる幻想であり、間違いであろう（略）私たちフランス人が、グローバル化の波のなかで自らの立場を固め、正当な保護システムを築きあげることを決断し、そこからあらゆる結果を引き出そうとするならば、EUこそがそれを可能にしてくれる。そのことを中軸に据えて、私たちはEUを作り直さなければならない」と述べる。[49]

欧州統合を強化することでフランスの主権が強化されるというこうした論理は、フランスでは一般的に「ヨーロッパ・パワー（Europe Puissance）」論の潮流に位置づけられる。[50] 大統領となったマクロンは、二〇一八年一月に自身のEU改革のロードマップとなる「ヨーロッパのためのイニシアティヴ」（いわゆる「ソルボンヌ演説」）を行い、ここでEU防衛能力の強化、ユーロ圏共通予算の策定、各国市民による民主主義についての会議、欧州議会選における各国共通リストの作成など、野心的な改革案を提唱した。二〇一八年七月の上下院合同会議（コングレ）での演説においても、欧州統合深化の必要性が再三説かれ、環境、経済金融、移民問題は「欧州協力なくして真の解決はない」ことが強調された。

このような形でヨーロッパを前面に据えるマクロン大統領の誕生は、過去三〇年に渡るフランスとEUとの間にあった「曖昧な関係」ないし「戸惑い」からなるねじれを解消し、消極的もしくは非政治的な受容に留まっていた「ヨーロッパ化」を、フランスのEU関与を強めた上で内政化したものといえる。すなわち、「(極左の)メランションと(極右の)ルペンからの非難の声に対するマクロンの勝利は、二〇〇五年五月の欧州憲法条約以来から続く敗北に対する欧州の勝利[51]」でもあった。

マクロン大統領のヨーロッパ重視の姿勢は、国内で「ヨーロッパ化」に適応的な改革へとつながる。マクロンは、自身の公約に添って資産税(ISF)廃止、社会保障目的税である一般社会拠出金(CSG)引き上げ、住民税引き下げといった税制改革、また「フランス社会モデル」の刷新を謳った労働法制改革(解雇規制緩和)、一律の失業保険制度の導入、職業訓練強化、国鉄(SNCF)職員の労働条件改革、初等教育・大学入試改革、社会奉仕制度(SNU)導入、さらに議員定数削減、比例制の導入や年金制度の一元化など、数多くの改革案を実施・公表した。こうした改革は、現在進行形のものもあるゆえ評価が難しいが、原則的には人的資本投資とフレクシキュリティ(労働市場の柔軟性とセーフティネットの組み合わせ)に主軸を置いたものといえる。

もっとも、こうした改革は環境税引き上げを機に始まった二〇一八年末から各地で広がり数百万人を動員した「黄色いベスト運動」といった大規模な抗議を呼び込み、さらに二〇一九年末には年金改革案に対する広範なストライキが公共部門を中心に一カ月以上に渡って続いた。二〇一七年七月に入れ替わった支持率と不支持率の逆転現象はその後も継続し、マクロン大統領ならびにフィリップ内閣が広範に支持されていたとはいえない。二〇一九年五月のＥＰ選挙では、ルペン率いるＲＮ（旧ＦＮ）の得票率が与党ＬＲＭを僅差で上回り、再び首位となった。「黄色いベスト運動」の広がりを受けて、改革の譲歩をしたことで支持率は回復し、その後の新型コロナウィルスのパンデミックでの旗本集合効果で押し上げられた。もっとも新型コロナウイルス対策でも、先進国の中でも人口比で多くの死者数を出し、二〇二〇年から二〇二一年にかけて三度のロックダウンを実施せざるを得なかった。このため、二〇二〇年七月にはフィリップ首相に代わり、より対話重視とされるジャン・カステックス率いる内閣が発足することになった。[52]

それでもマクロンの改革志向が衰えないのは、一九八〇年代から大統領を交互に輩出することを常としてきたゴーリスト党、社会党ともに——有権者の三分割化に伴い——支持基盤を徐々に喪失し、政治的な空白地帯が残っているためだ。マルタンは、フランスを含む西欧各国での既成政党の衰退と有権者市場の再編を経済成長の鈍化、消費者主義、反官僚主義の浸透、政治エリート階級の形成を求め、二〇〇八年の経済危機が再編に決定的な役割を果たしたとする。[53]換言すれば、マクロン大統領の誕生は、構造的にみればヨーロッパ化の政策から政治へのスピルオーバーに適応しようとしなかった既成政党の衰退によるものである。マルタンによれば、八〇年代以降の保守政党の新自由主義への接近と社民政党の文化的リベラリズムへの転向は「中道コンセンサス」を生み、自由貿易とヒトの移動に肯定的な親グローバル中道派が出現しやすくなる環境を作るという。

こうした左右対立軸の衰退に伴って出現する中道を、フランス革命史家セルナは「急進的中道

(extrême centre)」と名付け、その系譜にマクロンを位置づけている。[54] すなわち、フランス革命以降の左右はともに急進化することで、互いに打ち消しあい、支持を失うサイクルを描く。その結果として生まれるのが「急進的中道」であり、ロベスピエール、ナポレオン、ルイ一八世、ナポレオン三世、ドゴールといった超党派的な政治潮流は、マクロンに受け継がれていると診断する。

このような政治史的解釈は、マクロンの政策体系にも表れているとする指摘もある。社会学者のトゥーレーヌは職能団体やイデオロギーの意味が失われ、主体自らが「作為」の担い手にならなければならない「超近代」の時代において、マクロンのように改革そのものを打ち出していくことに政治的意義を見出している。[55] 関連して、政治学者コトレスとジャーナリストのクチュリエは、マクロンにサンシモン主義との類似性を見出している。[56] サンシモンは体制やイデオロギーではなく生産力の拡大を根本思想として、産業人が主導する社会を提唱したが、マクロンもまた階級や所得を基盤とした政治ではなく、労働を核とした進歩主義と政府の非介入を目指しているとする。こうした思考は、マクロンが二〇一七年六月にテック企業の会合でフランスがスタートアップ、エンジニア、研究者からなる「スタートアップ・ネーション」を目指すとした発言につながることになる。[57]

EU改革着手とともに、マクロン大統領ならびにフィリップ政権のこうした姿勢は、ヨーロッパ化に消極的だったフランスの主流派政党と市民社会に対して、態度の変更を政治的に迫るものとなっている。このことはまた、これまでのフランスとヨーロッパ化の不幸な関係を払拭し、九〇年代のドイツ統一とEU東方拡大によって立場が脆弱化していったフランスが欧州統合の再起動役を担うことを狙ったものである。果たしてこれによって政党制と有権者が新たに編成されるかどうかは、マクロンのプレジデンシーの成果にかかっている。

五　「ヨーロッパ化」を所与とするフランス

マクロンは、選挙戦の段階からＥＵの必要性を謳い、グローバルに開かれたフランスの確立を訴えて当選した初めての大統領となった。確かに、フランスは九〇年代からの「ヨーロッパ化」を経験するなかで、従来からの「強い国家」でなくなっていった。さらにこれと整合的な政治と言説を確立しておらず、このことが有権者の既成政党に対する不信とＦＮの台頭を許すことになった。保革二大政党の候補者の凋落とルペンの決選投票選出という事態を迎えた二〇一七年の大統領選は、過去三〇年の矛盾が象徴的に表れた選挙でもあった。

マクロンおよび歴代政権が目指しているのは、「ヨーロッパ化」を含むグローバル化を所与のものとして、これに適応可能な国家と政策へと作り変えていくことにある。これは「ヨーロッパ化」そのものがフランスに与える影響を反転させ、むしろこれに積極的に反応する国家の能動性を回復させ、「ヨーロッパ・パワー」という理想を現実へと近づけていく「国家の復権」につながり得る。つまり、グローバル化やＥＵに対して抵抗するのではなく、これに適合的な政治や政策を打ち出していくことができるのであれば、それはフランスが依然として「強い国家」であることを示している。

従って「ヨーロッパ・パワー」を訴えるマクロン大統領は、過去の指導者と異なり「ヨーロッパ化」やEUの争点の回避や管理、誤魔化しの態度をとるのではなく、これの一層の推進によって、自身の政治的立場を確立していかなければならない。言い換えれば、EU政治とフランス内政はもはや境界線を失い、一体のものとして運営・構想されなければならないということになる。ここにフランスのヨーロッパ化が遂に完成したばかりか、「ヨーロッパ化」という問いそのものが不要となったとの評価を下すことが可能になるだろう。

＊本章の一部は日本政治学会二〇一七年度研究大会における報告「EUはいかに信頼されずに至ったか――二〇一七年フランス大統領選から」ならびに日本EU学会第三九回研究大会全体セッションにおける報告「フランスの有権者はなぜEUに背を向けるのか――欧州懐疑主義台頭の原因」での報告をもとにしている。司会・討論者ならびに質問を寄せてくれた会員に記して感謝申し上げる。

注

1　フランスを「強い国家」とみなす系譜として Kenneth Dyson, *The State Tradition in Western Europe*, Martin Robertson, 1980; Peter A. Hall, *Governing the Economy*, Polity Press, 1986. ベルトラン・バディ、ピエール・ビルンボーム／小山・中野訳『国家の歴史社会学（再訂訳版）』吉田書店、二〇一五年。吉田徹「フランス――避けがたい国家?」小川有美・岩崎正洋編『アクセス地域研究Ⅱ――先進国デモクラシーの再構築』日本経済評論社、二〇〇四年を参照。

2　Vivien A. Schmidt, *From State to Market?*, Cambridge University Press, 1996.

3 Jack Hayward and Vincent Wright, *Governing from the Centre*, Oxford University Press, 2002.

4 Robert Elgie and Steven Griggs, *French Politics. Debates and Controversies*, Routledge, 2000.

5 「スピルオーバー（spillover）」は言うまでもなく、論争の多いハースによる欧州統合過程についての古典的な仮説であり、国家の市場規制についての特定部門の統合がその他の部門へと波及していくという、その新機能主義的立場の核に位置するものである（Ernst B. Haas, *The Uniting of Europe*, University of Notre Dame Press, 2004）。こうした水平的統合に加えてハースは「既存の共同体に上書きされる新たな政治共同体」が国家レベルから超国家レベルへの「忠誠の移動」によって生じるともした（*Ibid.*, p. 16）。もっとも本章はこうしたスピルオーバーが上方移動ではなく下方移動、すなわち超国家レベルから国家の政治部門レベルへと移転することで生じるとするものである。

6 Thomas Risse *et al.*, "Europeanization and Domestic Change: Introduction," in Do. *Transforming Europe*, Cornell University Press, 2001, p. 3.

7 Maarten Vink and Paolo Graziano, *Europeanization. New Research Agendas*, Palgrave, 2007.

8 代表的な研究として Robert Harmssen, "The Europeanization of National Administrations: A Comparative Study of France and the Netherlands," *Governance*, vol. 12, no. 1, 1999; Vivien A. Schmidt, *Democracy in Europe*, Oxford University Press, 2006.

9 中山洋平「ＣＡＰ（共通農業政策）の転換とフランス農業セクターの統治システムの解体——加盟国政府の適応戦略と政党政治」『社会科学研究』第五七巻第二号、二〇〇六年。

10 Savine Saurugger, "Sociological Approaches to the European Union in Times of Turmoil," *Journal of Common Market Studies*, vol. 54, no. 1, 2016.

11 Andy Smith, "The Government of the European Union and a Changing France," in Pepper Culpepper *et al.* (eds.), *Changing France: The Politics that Make Market*, Palgrave, 2006.

12 Ambler, John S. and M. Shawn Reichert, "France: Europeanism, Nationalism, and the Planned Economy," in Eleanor E. Zeff and Ellen B. Pirro (eds.), *The Euopean Union and the Member States*, Lynne Rienner, 2001.

13 Richard Balme and Cornelia Woll, "France: Between Integration and National Sovereignty," in Simon Bulmer

and Christian Lequesne, (eds.), *The Member States of the European Union*, Oxford University Press, 2005.

14 Craig Parsons, "France and the Evolution of European Integration," in Robert Elgie, Emiliano Grossman, and Amy Mazur (eds.), *Oxford Handbook of French Politics*, Oxford University Press, 2016.

15 Sophie Meunier and Philip Gordon, "Globalization and French Cultural Identity," *French Politics, Culture and Society*, vol. 19. no. 1, 2001.

16 遠藤乾は二〇〇一年の段階でフランス国民議会が制定した新規立法の約半分は、EUから派生したものだと指摘している（遠藤乾「ポスト・ナショナリズムにおける正統化の諸問題」『年報政治学』第五二巻、二〇〇一年、一二八頁）。他方でローゼンベルグは九〇年代からEU法に関して憲法改正を経て段階的に権能を拡大させてきたフランスの上下両院において、現時点の議会の関連委員会の活動量は一割程度であり、国内法化の割合は最大で四分の一程度になったと推定している（Olivier Rozenberg, *Les députés français et l'Europe*, Presses de Sciences Po, 2018）

17 吉田徹「欧州統合とナショナルな政党政治——欧州懐疑政党を中心に」『法学研究』第八四巻二号、二〇一六年。

18 ジャンドミニコ・マヨーネ／庄司克弘訳『欧州統合は行きすぎたのか』岩波書店、二〇一七年。

19 概観として Peter Mair, "Political Opposition and the European Union," in *Government and Opposition*, vol. 42, no. 1, 2007. フランスの事例については Isabelle Guinaudeau and Simon Persico, "EU Politicization through the Lens of Salience: How the EU Enters the French, British and German Electoral Agenda (1986-2009)," *French Politics*, vol. 11, 2013を参照。

20 Schmidt, *op. cit.*

21 Simon Bornshier, *Cleavage Politics and the Populist Right*, Temple University Press, 2010.

22 Gérard Grunberg et Etienne Schweisguth, "Vers une tripartition de l'espace politique en 1995," in Daniel Boy et Nonna Mayer, *L'Électeur a ses raison*, Presses de Sciences Po, 1997.

23 Christophe Guilly, *Fractures françaises*, Bourin Éditeur, 2010; Jacques Levy, *Atlas politique de la France*, Autrement, 2017.

24 Hervé Le Bras et Jérôme Fourquet, *Le puzzle français. Un nouveau partage politique*, Fondation Jean-Jaurès, 2017.

25 Pascal Perrineau, "Introduction : de quelques idées fausses ou vérités partielles sur les résultats du référendum du 29 mai 2005," *Cahiers du CEVIPOF*, 2005.

26 Cees van der Eijk and Mark N.Franklin, *Choosing Europe? The European Electorate and National Politics in the Face of Union*, University of Michigan Press, 1996.

27 Bruno Cautrès, "L'enquête électorale française : Comprendre 2017," *La Note du Cevipof*, 2017.

28 Céline Belot, Bruno Cautrès et Strudel Sylvie, "L'Europe comme enjeu clivant, ses effets perturbateurs sur l' offre électorale et les orientations de vote lors de l'élection présidentielle de 2012, " *Revue française de science politique*, vol. 63, n° 6, 2013.

29 Emmanuelle Schon-Quinlivan, "The Elephant in the Room' No More: Europe as a Structuring Line of Political Cleavage in the 2017 Presidential Election," *French Politics*, vol. 15, no. 3, 2017.

30 吉田徹「フランス大統領選とナショナル・ポピュリズム」『憲法研究』二〇一八年五月号。

31 Swen Hutter, Edgar Grande, and Hanspeter Kriesi, *Politicising Europe: Integration and Mass Politics*, Cambridge University Press. 2016.

32 Bonnie, M. Meguid, *Party Competition between Unequals*, Cambridge University Press, 2008.

33 Thomas Risse, "No Demos? Identities and Public Spheres in the Euro Crisis," *Journal of Common Market Studies*, vol. 52, no. 6, 2014; Hanspeter Kriesi and Edgar Grande, "The Transformative Power of Globalization and the Structure of Political Conflict in Western Europe," in Edgar Grande *et al.* (eds.), *Political Conflict in Western Europe*, Cambridge University Press, 2012. 白鳥浩『現代欧州統合の構造』芦書房、二〇〇八年。

34 Gérard Grunberg and Etienne Schweisguth, "French Political Space: Two, Three or Four Blocs?," *French Politics*, vol. 1, 2003.

35 Bornshier, *op. cit.*

36 Bruno Amable et Stefano Palombarini, *L'illusion du bloc bourgeois*, Éditions Raisons d'agir, 2017.

37 土倉莞爾「フランス選挙政治——エマニュエル・マクロンとマリーヌ・ルペンの対決」水島治郎編『ポピュリズムという挑戦』岩波書店、二〇二〇年。

38 Gilles Ivaldi, “Du néolibéralisme au social-populisme ?,” in Sylvain Crépon *et al.* (eds.), *Les faux-semblants du Front National*, Les Presses de Sciences Po, 2017.

39 Florent Gougou, "Les ouvriers et le vote front national," in Sylvain Crépon *et al.* (eds.), *op. cit.*

40 Marcel Gauchet, "Du Sarkozysme au Hollande," *Le Débat*, no. 176, 2013.

41 Florent Gougou et Simon Labouret, “La fin de la tripartition ? Les recompositions de la droite et la transformation du système partisan,” *Revue française de science politique*, vol. 63, 2013.

42 John Gaffney, *France in the Hollande Presidency*, Palgrave, 2015.

43 Nicholas Pawley, “Mainstreaming Euroscepticism? An Analysis of the Effects of the Politicisation of Europe in Domestic Elections on the Framing Strategies of the Centre-right in Britain, France and Germany,” *Les Cahiers européens de Sciences Po*, no. 3, 2017.

44 Olivier Rozenberg, “France,” in Simon Bulmer *et al.* (eds.), *The Member States of the European Union*, Oxford University Press, 2020.

45 McKinsey Global Institute, *Poorer than Their Parents? Flat or Falling Incomes in Advanced Economies* (https://www.mckinsey.com/~/media/McKinsey/Featured%20Insights/Employment%20and%20Growth/Poorer%20than%20their%20parents%20A%20new%20perspective%20on%20income%20inequality/MGI-Poorer-than-their-parents-Flat-or-falling-incomes-in-advanced-economies-Full-report.pdf)〔二〇二〇年一一月二五日アクセス〕

46 Sylvie Strudel, "Emmanuel Macron : un oxymore politique?," in Pascal Perrineau (ed.), *Le vote disruptif*, Presses de Sciences Po, 2017.

47 Simon Labouret, “France : From Sarkozy to Macron, the Advent of a New Electoral Order in the Wake of Economic Crisis” in Marco Lisi (ed.), *Party System Change, The European Crisis and the State of Democracy*, Routledge, 2019.

48 Zaki Laidi, “L’enquête électorale française :Comprendre 2017,”*Comprendre 2017, la Note #38, vague 14*, Cevipof,

2017.

49　エマニュエル・マクロン／山本知子・松永りえ訳『革命』ポプラ社、二〇一八年、二六九―三一三頁。

50　Claude Nivet, *Europe Puissance. Mythe et Réalité*, Presses Universitaires Bordeaux, 2019. なおマクロンは大統領選に立候補する以前の経済産業相時代から、ＥＵの財政機能の拡大に積極的だった。ギリシャ危機時に財務大臣だったバルファキスは当時を振り返って次のように証言している。「彼は（略）マクロ経済学を理解しており、同じ考えを持っていたことがわかった。ヨーロッパには数兆ユーロ規模の遊んでいる貯蓄を公共善に役立てるために、正真正銘の投資プログラムが必要だということだ」（ヤニス・バルファキス／朴勝俊ほか訳『黒い匣』明石書店、二〇一九年、二一一頁）。

51　Jean-Claude Casanova, "Et Macron vint", *Le Commentaire*, no. 158, 2017, p. 245.

52　マクロン大統領は「黄色いベスト運動」を受けて年末のテレビ演説で低賃金労働の引き上げ、老齢者への課税措置撤回など一〇億ユーロ以上の予算措置を約束し、二〇一九年明けからエコロジー、税制、統治機構、民主主義の四テーマからなる「国民的大討議（grand débat national）」と呼ばれる各地で住民討議を四月まで継続的に開催、同月二五日にはその結果として①「市民イニシアティヴ」（国民発議の国民投票）の発議要件緩和、②国立行政学院（ＥＮＡ）の廃止、③経済社会環境評議会の議員再編、④国民議会の定数削減、⑤所得税減税、⑥老齢年金引き上げなどを約束した。

53　Pierre Martin, *Crise mondiale et système partisans*, Presses de Sciences Po, 2018.

54　Pierre Serna, *L'extrême centre ou le poison français: 1789-2019*, Champ Vallon Editions, 2019.

55　Alain Touraine, *Macron par Touraine*, Ed. De l'Aube, 2017.

56　Bruno Cautrès, "Ce que Macron doit à Saint-Simon," *Le Monde*, 1er mars 2018; Brice Couturier, *Macron, un président philosophe*, Les éditions de l'observatoire, 2017.

57　マクロン自身がエリート養成校であるＥＮＡ（国立行政学院）出身の高級官僚であり、その後ロスチャイルド銀行、大統領府事務局を経験した領域横断的な人物であり、こうした自身のキャリア形成もまた影響を与えていると考えられよう。

第6章　東欧における民主主義の現在地
ルーマニアとブルガリアを中心に

藤嶋　亮

一　「民主主義の後退」は「ニュー・ノーマル」か？

二〇一九年にかつての「東欧諸国」は体制転換から三〇年の節目を迎えた。しかし、一〇年目の節目には広汎に、そして二〇年目の節目においても辛うじて存在した、民主化や民主主義の定着に対する楽観論は、もはや存在しなかった。この地域において、「ポピュリズム」や「イリベラル・デモクラシー（illiberal democracy）」の席捲が語られて久しく、かつて民主化の優等生とされたハンガリーにおけるフィデス（Fidesz）政権やポーランドにおける「法と公正（Prawo I Sprawiedliwość）」政権は、「民主主義の後退」の代表例と見なされている。さらに、世界全体に視野を広げても、民主化の「第三の波」に続く、独裁化（autocratization）の「第三の波」が語られる状況にある。[1]

他方で、ハンガリーとポーランドで生じている事態は注目に値するものの、この地域全体の傾向といえるのかどうかは慎重に検討する必要がある。[2] しばしば東欧の旧社会主義圏と一括されがちであるが、その歴史的背景や政治社会学的個性は多様である。同様に、これらの地域で生起している現象を解釈する際に、いかなる枠組みが妥当であるのか、「民主主義の後退」や「ポピュリズム」という解釈が当て嵌まるのか、個々の歴史的・政治的文脈に即して見定める必要があろう。

本章では、このような問題関心から、まずハンガリー、ポーランド、ルーマニア、ブルガリアという四カ国について、民主主義に関するデータベースを用いて簡単な比較を行う。本章の主たる対象である二〇一〇年代において、ハンガリーとポーランドは「民主主義の後退」の典型例とされており、ルーマニアとブルガリアの場合は、「民主主義の後退」がしばしば指摘される一方で、ハンガリーやポーランドと比べて欧州懐疑主義はそれほど強くはなく、「ポピュリズムの席捲」も見られなかったからである。以上を踏まえて、日本はもちろん、本国以外では注目されることが少ないルーマニアとブルガリアの事例について、その歴史的・政治的文脈を明らかにしながら、両国で現在生起している現象について、より妥当であると考えられる解釈を提示したい。

図６－１　自由民主主義指標（1989-2019）

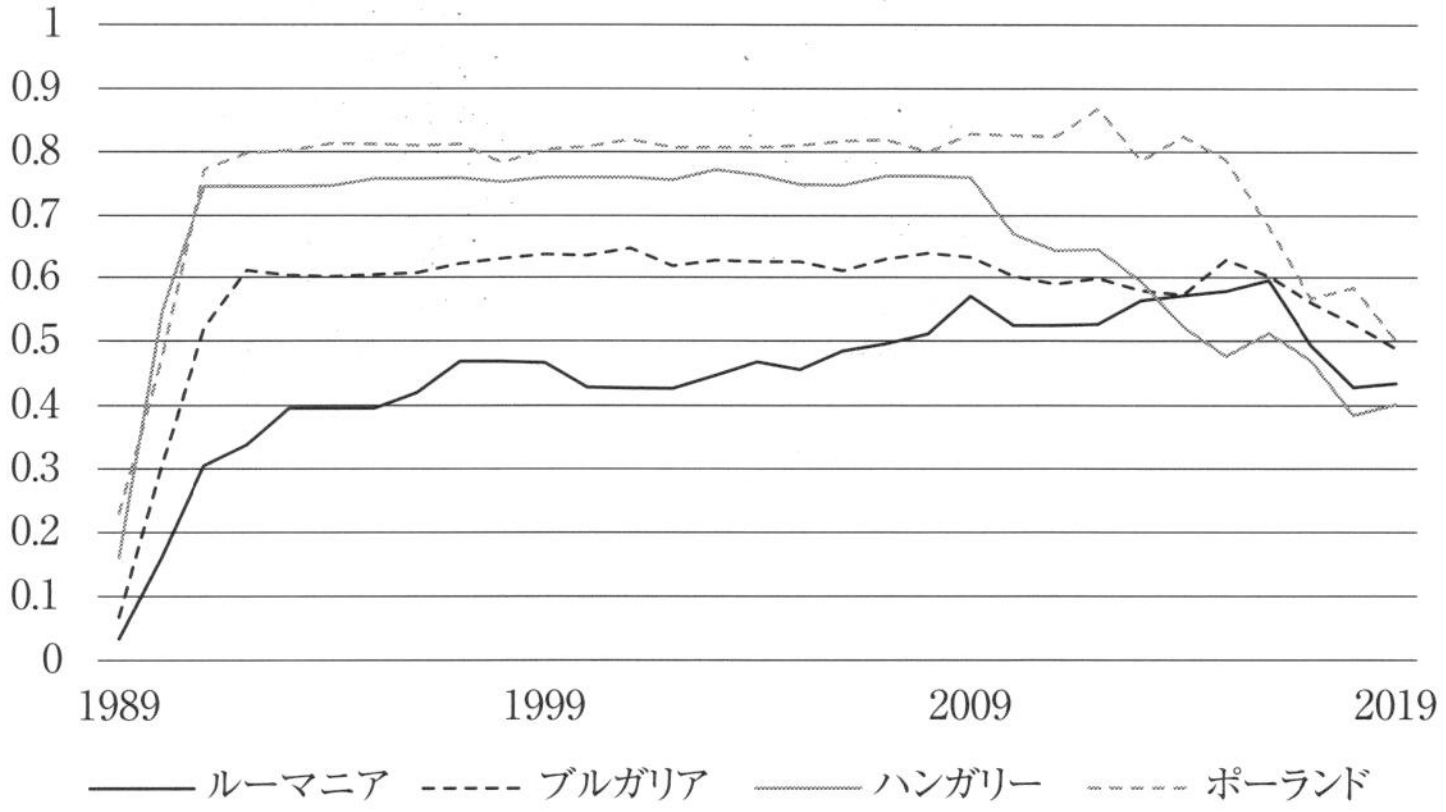

出所：V-Dem Dataset v10に基づき筆者作成。

二　何が「後退」しているのか？

(1) 二〇一〇年代における「後退」

議論の出発点として、信頼できるデータを参照してみよう。近年、民主主義の様々な側面を指標化した複数の大規模なデータベースが作成・公開されているが、ここではその包括性を重視して、スウェーデンのヨーテボリ大学（University of Gothenburg）大学に本拠を置く、「多様な民主主義（Varieties of Democracy、以下V-Dem）」研究所のデータを用いる。[3]

まず総合指標である自由民主主義指標（Liberal Democracy Index）を用いて、ハンガリー、ポーランド、ルーマニア、ブルガリアという四カ国における、体制転換以降三一年間の全般的傾向を確認する（図6-1、なお以下で取り上げるV-Demのすべての指標において、0が最も程度が低く、1が最も程度が高いことを示してい

図6－2　選挙民主主義（ポリアーキー）指標（1989-2019）

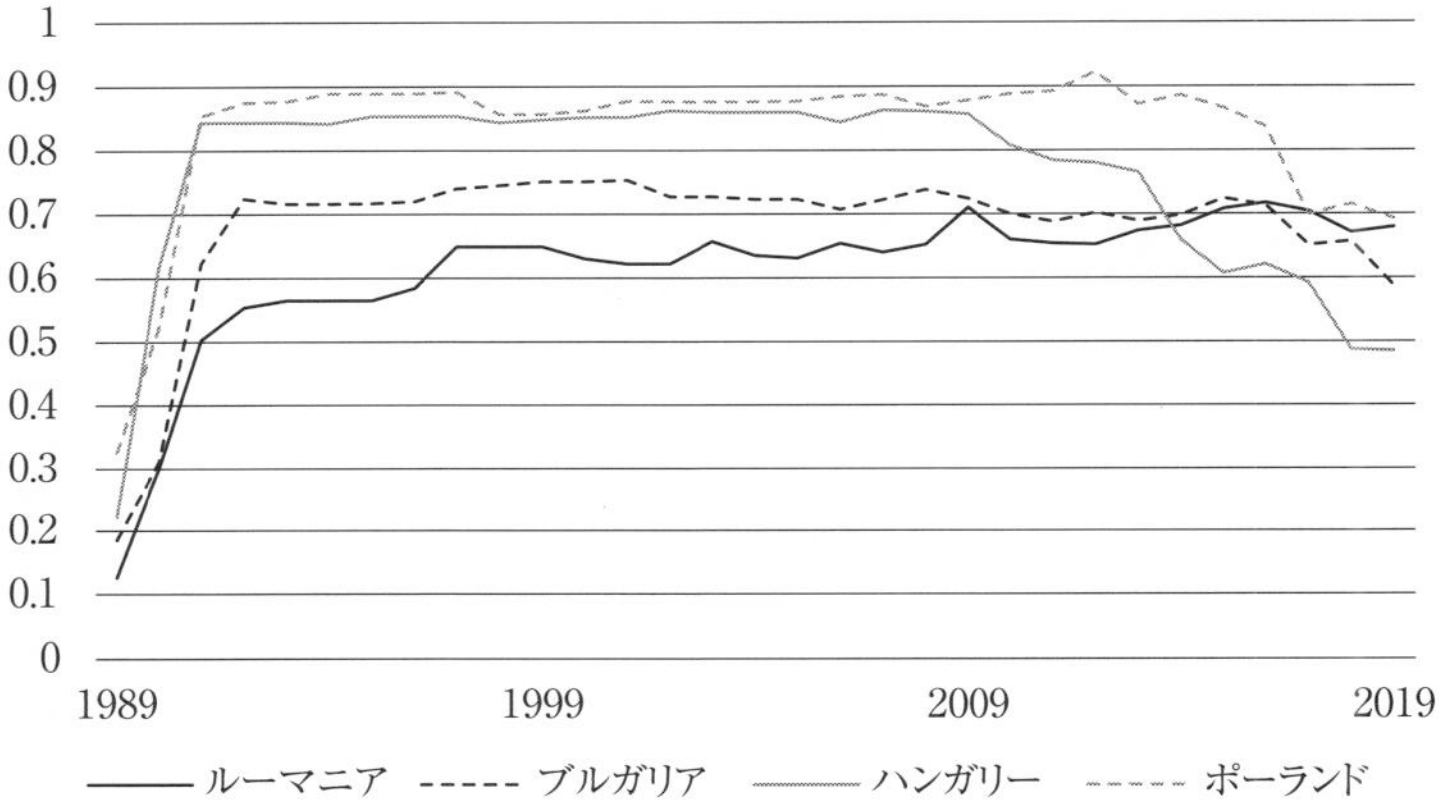

出所：V-Dem Dataset v10に基づき筆者作成。

る）。

第一に、二〇一〇年以前は、高い水準を維持するハンガリー・ポーランド、徐々に上昇しつつも依然低い水準にとどまるルーマニア、その中間に位置するブルガリアという形で、好対照をなしていた。第二に、ハンガリーでは二〇一〇年のオルバーン率いるフィデス政権の成立以降、ポーランドでは二〇一五年の「法と公正」政権の成立を契機として、継続的かつ顕著な下降が生じ、体制転換後の最低水準に落ち込んだ。この結果、V-Demの報告書によれば、ポーランドは「自由民主主義（liberal democracy）」から「選挙民主主義（electoral democracy）」に、ハンガリーに至っては「自由民主主義」から「選挙民主主義」、さらには「選挙独裁（electoral autocracy）」に分類されるに至っている。[4] 第三に、ルーマニアとブルガリアに関しては、二〇一〇年代後半に一定の下降が見られるものの、二〇一〇年代を通じた明確な傾向は指摘できない（ともに「選挙民主主義」に分類[5]。

以上により、二〇一〇年代にハンガリーとポーランドにおいて「民主主義の後退」が生じていることを確認できたが、それがどの領域で生じているか（何が後退しているのか？）という問題や、二〇一〇年代のルーマニアとブルガリアにおける変化の傾向・性格については依然として見定め難い。以下では、自由民主主義指標の算定の基礎となる二つの中心指標、すなわち競争的選挙の実施やその実効性に関わる「選挙民主主義指標（Electoral Democracy Index）」と、法の下の平等や権力の抑制均衡に関わる「自由を構成する指標（Liberal Component Index）」、さらにはそれぞれの下位指標を参照することを通じて、これらの問題について検討を進める。

（2）「後退」と「停滞」の交錯

まず選挙民主主義指標（図6-2）については、ハンガリーでは二〇一〇年から二〇一九年にかけて最も劇的な下降が生じ（〇・三二ポイント）、次いで二〇一〇年代後半にポーランド（〇・一七ポイント）、ブルガリア（〇・一四ポイント）でも明らかな下降が生じているが、ルーマニアでは紆余曲折はあるものの、二〇〇〇年代と比べて二〇一〇年代はむしろ上昇傾向にある。

次に選挙民主主義指標の下位指標のうち、「クリーン／自由公正な選挙」「表現の自由及び多様な情報源」「結社の自由」の三つの指標を確認する。まず「クリーンな選挙」指標（図6-3）については、ブルガリアにおいても近年一定の下降が見られるものの、顕著な下降が見られるのは二〇一四年以降のハンガリーのみであり、ポーランドは高い水準を維持し、ルーマニアでは二〇一〇年代を通じて明確な上昇傾向が見られる。「結社の自由」指標についても、やはりハンガリーにおいてのみ顕著な下降が見られるが、他の三か国は高い水準を維持している。これに対し、「表現の自由及び多様な情報源」指標（図6-4）に関しては、ハンガリーにおける持続的な下降に加え、ポーランドでも二〇一七年に劇的な下降が生じた。同様にルーマニアとブルガリアでも二〇一〇年代後半に下降が見られるが、ハンガリーやポーランドほど顕著ではない。

選挙民主主義指標により、ハンガリーではすべての下位指標において、ポーランドでは主に「表現の自由及び多様な情報源」指標において顕著な下降が生じていることが確認できたが、ルーマニアとブルガリアについては明確な傾向を抽出することはできず、ルーマニアではむしろ「クリーンな選挙」の領域で着実な改善が見られた。それでは、自由民主主義指標を構成するもう一つの指標、「自由を構成する指標」からはどのような傾向を読み取れるであろうか。

まず「自由を構成する指標」（図6-5）については、やはりハンガリーでは二〇一〇年から下降傾向にあり（ただし、それは選挙民主主義指標ほど劇的ではない）、ポーランドとルーマニアにおいては二〇一〇年代後半に劇的な下降が生じた。これに対し、ブルガリアは相対的に高い水準を維持している。

次に「自由を構成する指標」の下位指標である、「法の下の平等及び個人の自由」「執行権に対する司法による抑制」「執行権に対する議会・独立機関による抑制」の三つの指標を確認する。まず「法の下の平等及び個人の自由」指標については、ポーランドにおいて明確な下降が生じているものの、

図６－３　クリーンな選挙指標（1989-2019）

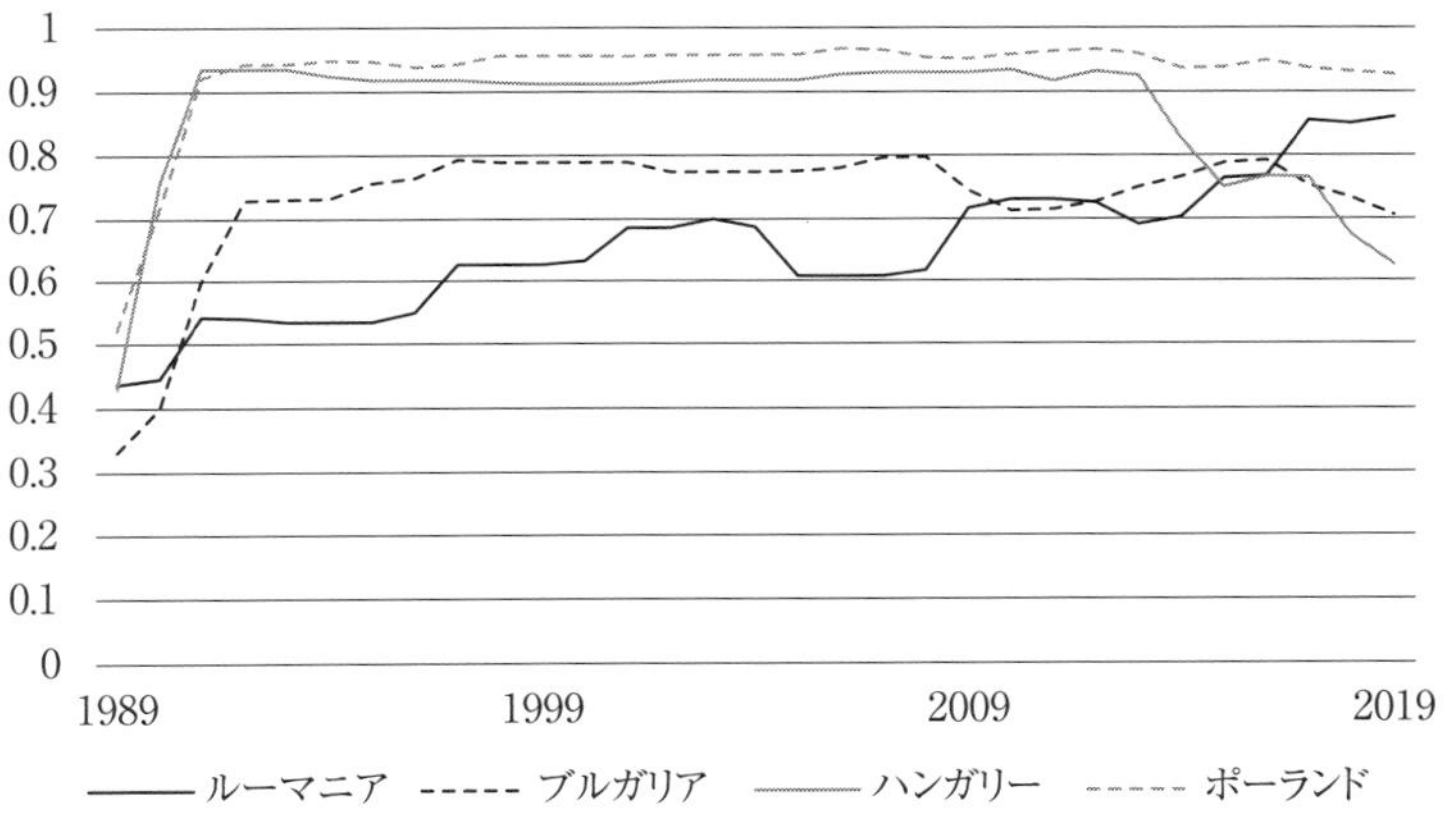

出所：V-Dem Dataset v10に基づき筆者作成。

図６－４　表現の自由指標（1989-2019）

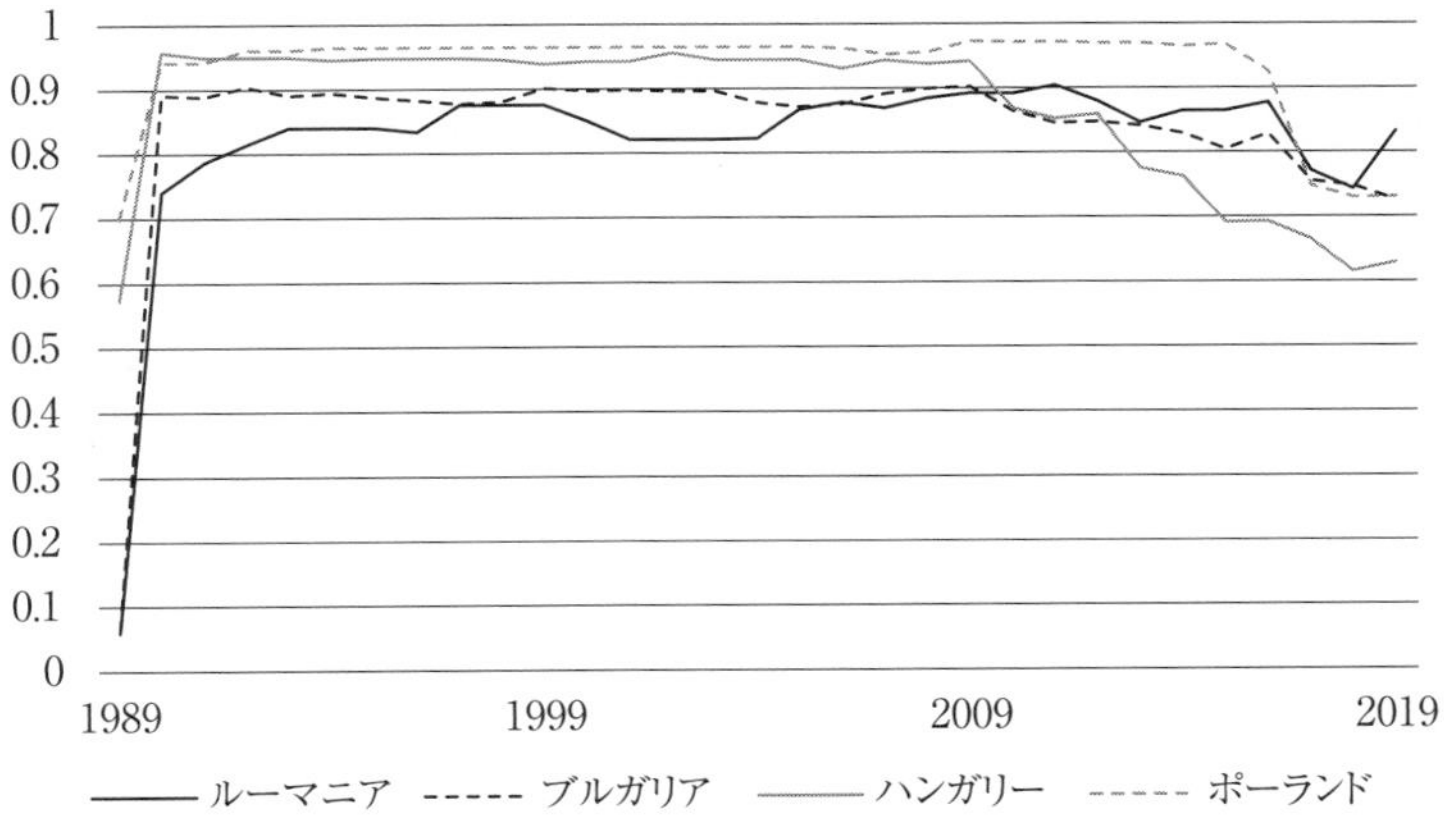

出所：V-Dem Dataset v10に基づき筆者作成。

図6-5　自由を構成する指標（1989-2019）

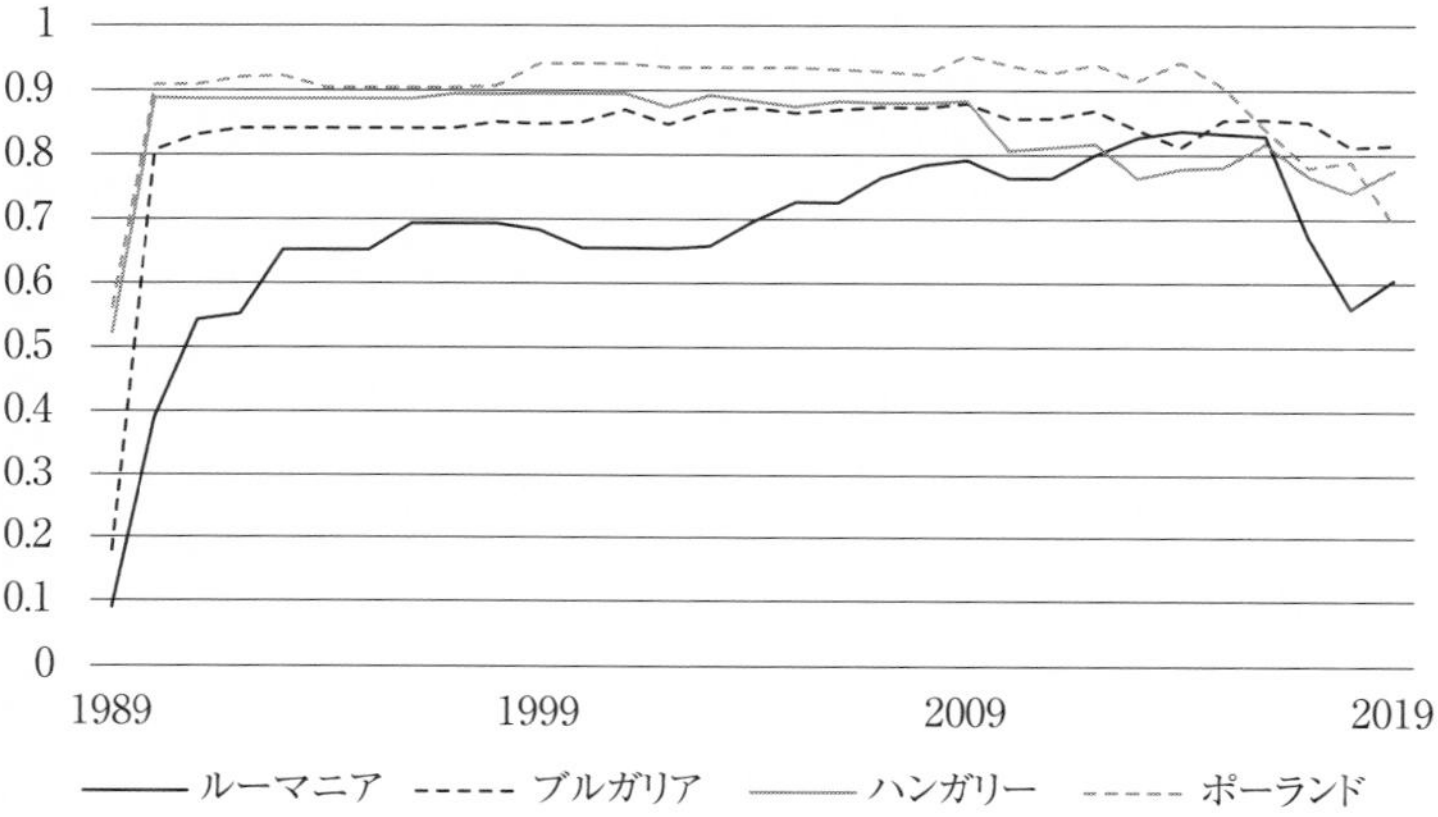

出所：V-Dem Dataset v10に基づき筆者作成。

同国を含めて四カ国いずれも高い水準を維持している。これに対し、「執行権に対する司法による抑制」指標（図6-6）については、二〇一〇年代後半にルーマニアとポーランドにおいて顕著な下降が生じている。ハンガリーにおいても下降が生じているが、他の領域ほど顕著ではなく、ブルガリアは相対的に高い水準を維持している。最後に「執行権に対する議会及び独立機関による抑制」指標（図6-7）については、ハンガリーでは二〇一〇年から持続的かつ顕著な下降が見られ、二〇一〇年代後半にポーランド、そしてとりわけルーマニアにおいて顕著な下降が生じている。これに対し、ブルガリアは相対的に高い水準を維持している。

これまでにV-Demデータから読み取れた傾向については、以下のように要約できよう。ハンガリーでは、法の下の平等を除くほぼすべての領域で、持続的かつ顕著な悪化が見られた。とりわけクリーンな選挙

図6－6　司法による執政に対する抑制（1989-2019）

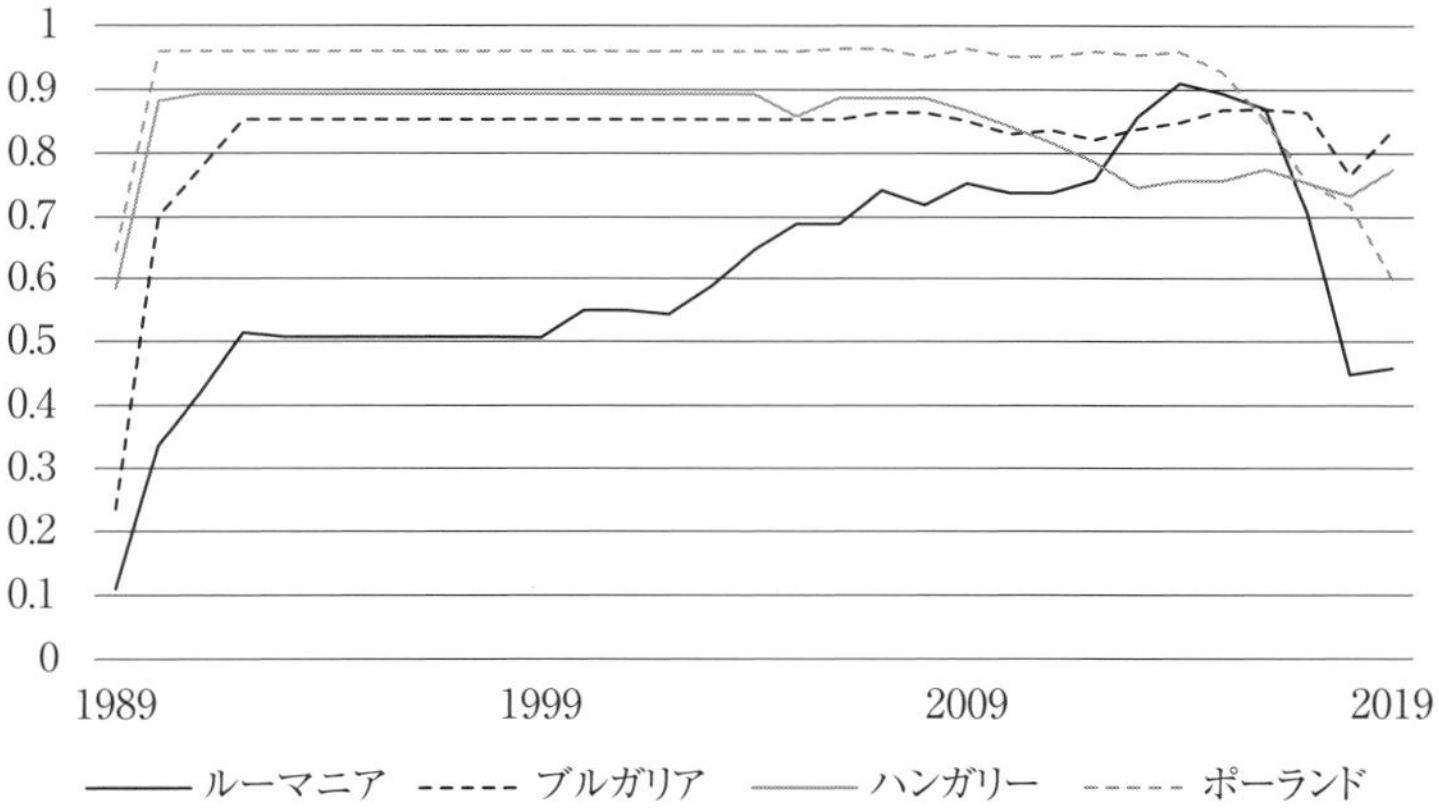

出所：V-Dem Dataset v10に基づき筆者作成。

図6－7　議会による執政に対する抑制（1989-2019）

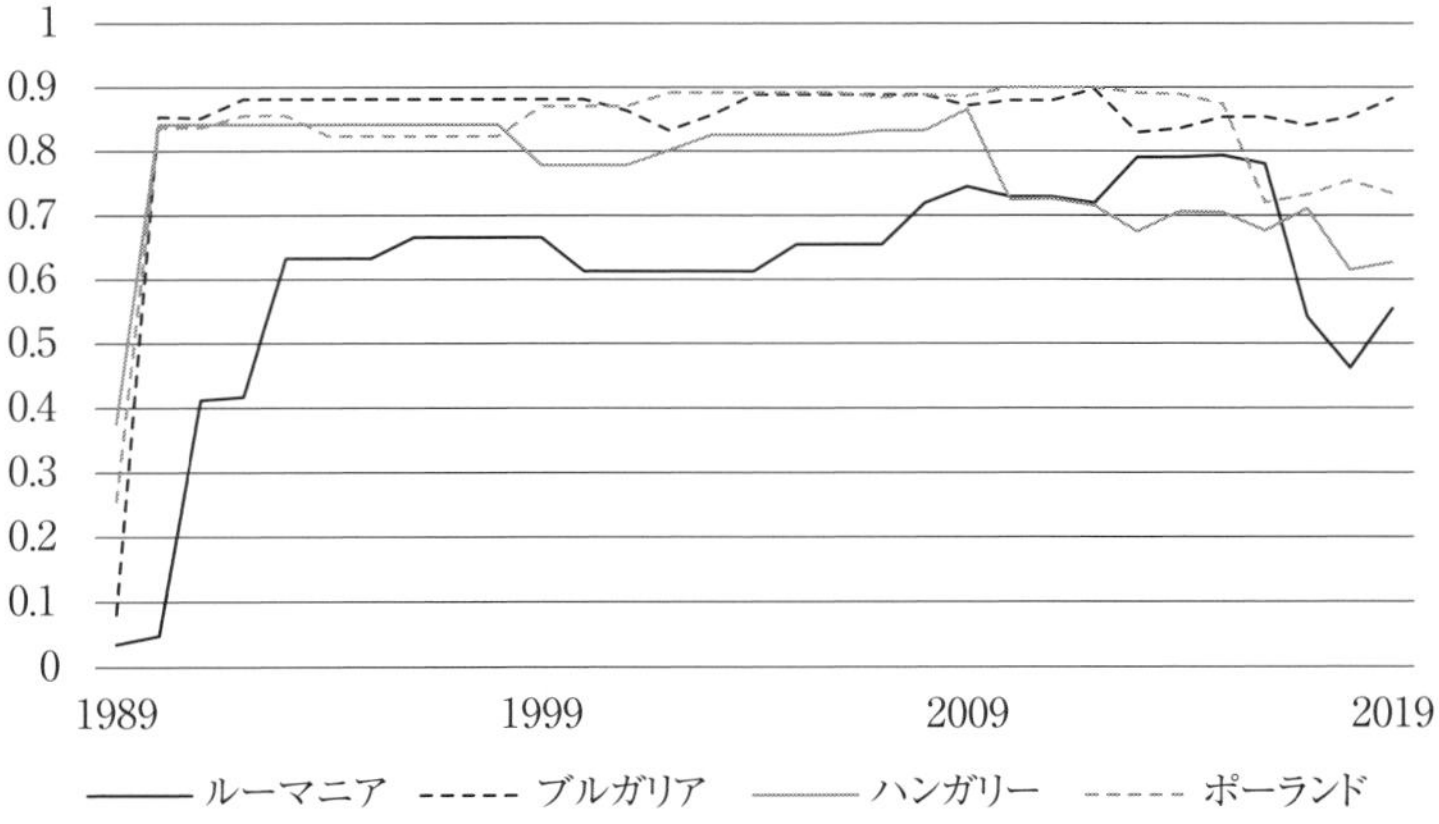

出所：V-Dem Dataset v10に基づき筆者作成。

と結社の自由の領域における顕著な悪化は、ハンガリーのみに見られる傾向である。ポーランドとルーマニアでは、二〇一〇年代後半に権力の抑制均衡に関わる領域（前者では表現の自由に関しても）で顕著な悪化が見られ、両国では主に自由主義的・立憲主義的要素の毀損が生じていると考えられる。また、ブルガリアでも、二〇一〇年代後半にクリーンな選挙や表現の自由の領域で一定の悪化が見られる。他方で、ルーマニアとブルガリアの場合、前者におけるクリーンな選挙の領域を典型として、二〇一〇年代を通じて改善が見られる、あるいは横ばいの領域も多く、全体としては「一進一退」あるいは「停滞」とでも呼べる状況にある。この結果、二〇〇〇年代までは「自由民主主義」に分類されるハンガリーとポーランド、「選挙民主主義」に分類されるブルガリアとルーマニアという形で二つのグループに分かれていたものの、現在、一見「選挙民主主義」への収斂とでも呼べる状況が生じている（ハンガリーだけは選挙民主主義指標のさらなる悪化により二〇一九年に「選挙独裁」へ）[6]。

以上を要するに、ハンガリーとポーランド（とりわけ前者）では明確な「民主主義の後退」が生じており、ルーマニアにおいても近年の「民主主義の後退」の特徴とされる自由主義的・立憲主義的要素の毀損という現象は観察できるものの、両国のような明確で直線的な「後退」傾向は見定め難く、ブルガリアについては（少なくとも指標からは）その傾向の把握がいっそう困難である。したがって、次節以降では、V-Dem指標から観察された傾向についてルーマニアとブルガリアの歴史的・政治的文脈に即して検討することを通じ、両国で生じている政治現象の「分かりにくさ」を読み解いていきたい。

三　EUという要因

(1)「コペンハーゲン・ディレンマ」

まず、ルーマニアとブルガリアにおいて、二〇〇〇年代を通じて改善あるいは安定傾向を示していた民主主義の質が、二〇〇〇年代終盤から停滞あるいは部分的後退に転じた理由としては、ハンガリーやポーランドをはじめとする他の中・東欧の欧州連合（EU）新加盟国の場合にも指摘されるように、いわゆる「コペンハーゲン・ディレンマ」の問題が挙げられよう。[7] EU加盟交渉中には実効性を有していたコペンハーゲン基準の政治的要件、すなわち「民主主義や法の支配、人権、マイノリティの尊重と保護を確保する安定した諸制度」という要件が、加盟後にはその規範を遵守させるインセンティヴとして働かず、新加盟国における民主主義の質の劣化を抑止できていないという現象である。[8]

実際にルーマニアにおいては、二〇〇七年一月のEU加盟直後から一挙に政治対立が表面化し、それは政権の不安定化や二度に及ぶ大統領弾劾の試みをもたらした。主要な争点となったのは、EU加盟交渉時に最後まで懸案であった汚職対策であり、「司法のコントロール」をめぐる熾烈な党派争いが二〇一〇年代を通じて続いていくことになる。同様にブルガリアにおいても、EU加盟を推進した社会党（BSP）を中心とする連立政権下で、EU資金の不適切な管理運用やそれと関連した汚職事件が発覚し、ＥＵからの三つの重要な補助金が無期限凍結されるという重大な帰結を招いた。[9] これが、組織犯罪対策の遅れとあわせて有権者の不満を高め、その治安分野での手腕を期待された元内務省官房長Ｂ・ボリソフ率いる新政党「ブルガリアの欧州発展のための市民（ＧＥＲＢ）」の急速な台頭へと導いた。そして、同党は二〇一〇年代を通じて汚職・組織犯罪対策を優先課題として掲げながら、第一党の地位を維持していくことになる。

（2）「後退」を抑止する梃子

同時に、ＥＵ加盟後のルーマニアとブルガリアにおける「民主主義の後退」を一定程度抑止する（前節で観察された「一進一退」の状況）上でも、ＥＵは一定の役割を果たしていると考えられる。その中心的手段が、両国のＥＵ加盟時に導入された「協力・検証メカニズム（ＣＶＭ）」である。司法制度改革と汚職対策、ブルガリアの場合はさらに組織犯罪対策における加盟後の継続的な取り組みを義務づけ、欧州委員会がその進捗状況をチェックし、定期的に勧告を実施する仕組みである。これは従来の新加盟国には課されていない「加盟後のコンディショナリティ」であり、主にＥＵ域内で相互審査なしでの出入国を認めるシェンゲン協定も未だ実施されていない。

移行的措置とされながら今日に至るまで一三年以上も継続することになったＣＶＭに対する評価は専門家の間でも分かれているが、[10] 国内における改革を促進するための国外からの圧力としては相対的に成功している部類として位置づけられよう。そもそも、司法制度や汚職対策といった領域は、当該国の文化・慣行に根差している上に、後述するように政治・経済エリートの利害や資源の配分に直接的に関わるため、その改革には強い抵抗が予想される。つまり、国外からの圧力のみで実質的かつ持続的な変化をもたらすことが甚だ困難な領域といえよう。他方で、CVMがルーマニアとブルガリアの政治エリートに対する司法制度改革と汚職対策のための持続的な圧力として作用したことは明らかであり、それはマスメディアや市民社会組織を含めた公的議論において、一貫して最優先課題として位置づけられてきた[11]。したがって、CVMをはじめとするEUの介入に呼応する国内の政治アクターや市民社会の動きが存在する場合には、改革を促進、あるいは「後退」を抑止する梃子として機能したのである。さらに、次節で見るように、そのような介入が「民主主義の後退」を制止する上で極めて重要な役割を果たした事例も存在する。

四　実際に生じていること

本節では、ルーマニアとブルガリアにおける、主として二〇一〇年代の改革の試行錯誤と、「民主主義の後退」の具体的な態様、そして「後退」に抗する動きについて検討する。

(1)「後退」の担い手

まず、ルーマニアとブルガリアにおける、主として二〇一〇年代の「民主主義の後退」の担い手について検討する。両国における政治勢力の配置について概観すると、政党システムの発展には、一九九〇年代末までは、以下のような共通点が見られた。第一は、共産党後継勢力が体制転換過程を主導し、最初の自由選挙で勝利したこと。第二は、九〇年代半ばから中道右派の野党勢力の組織化も一定程度進展し、二ブロック競合と交互の政権担当が生じたこと。第三は、「ハンガリー人民主連合（UDMR）」（ルーマニア）とトルコ人少数民族政党「権利と自由のための運動（DPS）」（ブルガリア）という、中道志向で安定した支持基盤をもつ少数民族政党が存在し、連立交渉の「要」の位置を占めていることである。

二〇〇〇年代に入ると、ブルガリアでは、二〇〇一年の「シメオン二世国民運動（NDSV）」、二〇〇九年のGERBという形で、強力な新政党が相次いで参入し、過半数近い議席を得て政権に到達するという現象が見られたが、二〇一〇年代にはGERBが安定的勢力を維持したため、中道右派のGERBと共産党後継政党の社会党による二ブロック競合が一応再生した（図6-8）。これに対し、ルーマニアでは、中道右派勢力の再編統合が度々生じているが、二ブロック競合は概ね維持されており、二〇一〇年代には旧共産党の系譜を引く社会民主党（PSD）に中道右派の国民自由党（PNL）が対峙する形となっている（図6-9）。

以上の政党競合の構図を踏まえた上で、二〇一〇年代の両国における「後退」の担い手に着目すると、ルーマニアの場合は、社会民主党がその主役であることは明白である。その意味では、共産党後継政党と対峙する勢力の側が「後退」の担い手となったハンガリー（フィデス）やポーランド（「法と

図６－８　ブルガリアにおける政党配置（2010年代）

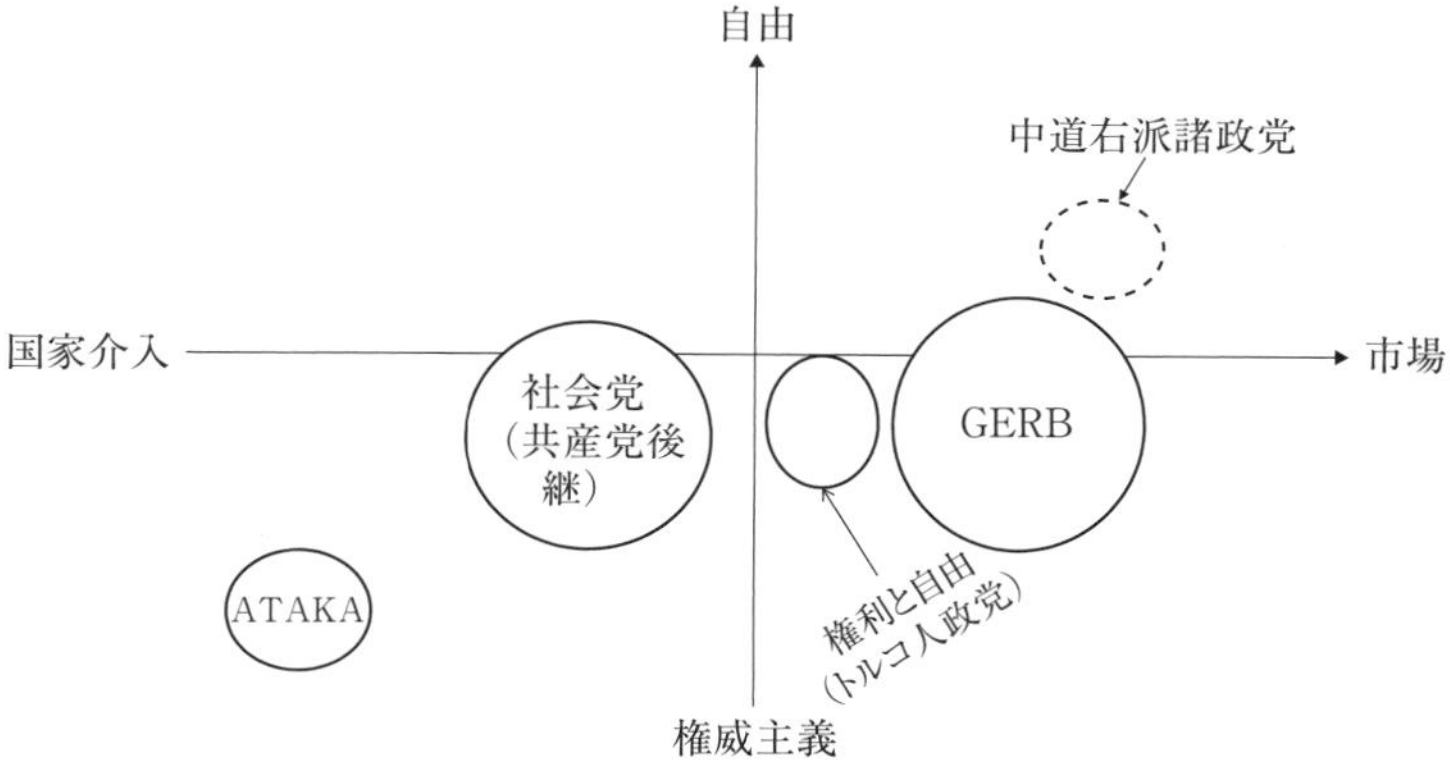

出所：筆者作成。

図６－９　ルーマニアにおける政党配置（2010年代）

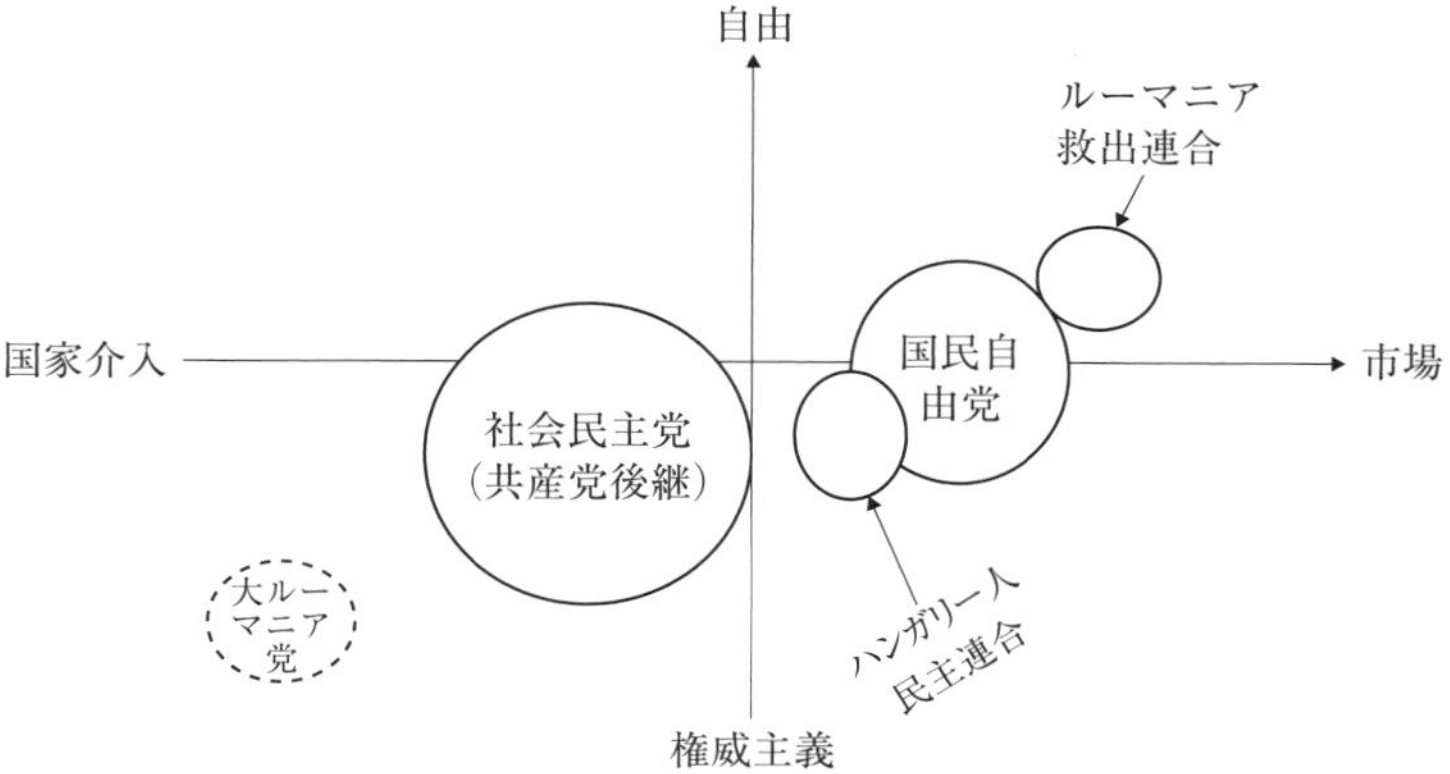

出所：筆者作成。

公正」）とは対照的である。これに対し、ブルガリアの場合は、やや見定め難い部分がある。すなわち、二〇一〇年代を通じてほぼ政権の座にあったＧＥＲＢに対しては、ＥＵと提携した改革者としての評価と、その強権的な統治手法への批判の両面が存在する。さらに、ＧＥＲＢと対峙する社会党やＤＰＳに関しても、クライエンテリズム的手法に傾斜しており、とりわけ政権期には汚職事件が頻発するなど、深刻な政治腐敗の「担い手」と見なされているからである。[12]

（2）改革への反動と「後退」に抗する動き――ルーマニア

それでは、二〇一〇年代に両国では実際にどのような事態が生じていたのであろうか。まずルーマニア、次にブルガリアについて検討する。

ルーマニアではＥＵ加盟直後から政治対立が激化し、それが度々政治危機を引き起こすことになるが、背景にあるのは、二〇〇〇年代後半以降の「国家汚職対策局（ＤＮＡ）」を中心とする汚職対策の進展である。ＤＮＡは、政治家と上級公務員の汚職捜査・摘発に特化し、強力な権限を与えられた独立の国家機関である。中道右派政権期に、社会民主党のＡ・ナスタセ元首相や多数の閣僚・議員を含む政府高官の汚職を摘発し、有罪判決を得るなど、着実な成果を上げた。さらに、二〇一三年以降は、Ｌ・キョヴェシ局長の下、ハイレベルの汚職対策に目覚ましい進展が見られ、欧州委員会からも高く評価されることになった。これが社会民主党を中心とする勢力の死活的利益を脅かすこととなり、「司法のコントロール」、特に大統領がもつ検事総長やＤＮＡ局長等の人事権をめぐる政争が激化する。[13]

その頂点が、二〇一二年の社会民主党を中心とする議会多数派による大統領弾劾である。この過程で、憲法裁判所の権限削減や国民投票の規定変更などが試みられ、「民主主義の後退」の危機が現出したが、これは時宜を得た欧州委員会やＣＶＭ、欧州議会、ドイツのメルケル首相をはじめとする各国首脳の介入もあって撤回され、弾劾も不成立に終わった[14]。

しかしその後も、二〇一二年、二〇一六年と連続して総選挙で勝利を収めた社会民主党は、司法・捜査機関の人事や活動への介入を執拗に試みる。二〇一六年に成立した社会民主党政権の下では、同党党首のＬ・ドラグニャが汚職疑惑で起訴されていたこともあり、汚職に問われる範囲を限定する刑法改正や、汚職政治家を含む恩赦を政府の緊急命令の発出によって試みるなど、改革に逆行する動きが見られた[15]。このような一連の行動が、「民主主義の後退」と危惧される事態を引き起こしたと位置づけられるが、二〇一〇年代にはそれに抗する力強い動きも見られた。とりわけ、上述したＥＵの介入と呼応しながら「後退」に抗してきた国内の政治アクターや、在外ルーマニア人も含めた市民社会の動きが重要である。

二〇一〇年代を通じて、首都ブクレシュチをはじめとする主要な広場では、政治家の汚職や改革の後退に抗議する集会が頻繁に開かれており、二〇一五年の秋には、それが社会民主党を中心とするポンタ内閣を崩壊させるインパクトを持った。契機となったのはブクレシュチのナイトクラブでの火災事故であるが（六四人の若者が命を落とした）、これが政治や行政、日常生活に蔓延する腐敗に対する大規模な抗議行動へと転化したのである。さらに、二〇一七年初頭には、汚職対策に逆行すると見なされた政府の一連の措置に対し、体制転換以来といわれる大規模な抗議行動が行われ、翌二〇一八年にも、夏季休暇中に帰国した在外ルーマニア人によって大規模な抗議デモが組織された。

このような市民社会の活性化は、政党競合のあり方にも重要な影響を及ぼした。すなわち、汚職対策という争点に特化し、全面的な親EU路線を掲げる新政党「ルーマニア救出連合（USR）」と「自由統一連帯党（PLUS）」が結成されるとともに、両党は緊密に提携し（USR-PLUS）、欧州・国政・地方と各レヴェルの選挙において地歩を固めつつある。

さらに、国内外の市民社会の活性化と政党政治の結節点となったのが、中道右派・国民自由党の候補として二〇一四年に大統領に当選し、二〇一九年に再選を果たしたクラウス・ヨハニスである。ただし、大統領の憲法上の権限は制約されており、また彼の任期の大半は、議会の多数派及び首相職を社会民主党が握るという状況（コアビタシオン）にあったため、政治運営の主導権は一貫して社会民主党政権の側にあった。したがって、大統領の取り得る手段は限られているが、政府高官任命権や、法案の差し戻し、あるいは憲法裁判所への付託権などを用いて、司法改革や汚職対策の後退を制止しようと試みたのである[16]。

ここで鍵となるのが、市民社会、とりわけ在外ルーマニア人の動向である。そもそも、在外票抜きに、ヨハニスの当選は考えられなかった。およそ二〇〇〇万人の人口のうち、労働年齢人口に限定しても、出稼ぎなどを通じて約二三九万人のルーマニア人が本国以外のEU諸国に居住しており、在外投票制度の整備が進んだ結果、特に大統領選挙においてその投票行動が大きな意味をもつようになった。在外票の圧倒的多数（二〇一四年は九〇％、二〇一九年は九四％）が決選投票で、社会民主党の候補ではなく、ヨハニスに投じられたのである。[17]

このような国内外の市民社会の活性化と、（時にEUの影響力が）相俟った場合には、大統領は一定のイニシアティヴを発揮することができた。すなわち、市民の抗議運動によって社会民主党内閣が退陣を余儀なくされた際（二〇一五年及び一九年）には、大統領自身の選好を反映した首相の任命が可能となった。さらに、二〇一九年五月には、欧州議会選挙と併せて大統領の提案による司法制度改革に関する国民投票が実施され、汚職犯罪に対する恩赦の禁止や、刑事犯罪・刑罰・司法組織に関する政府による緊急命令の発出を禁ずる等の提案内容が圧倒的多数で支持された。[18] また、同時期に社会民主党党首で政権の「キングメーカー」であったL・ドラグニャの汚職事案での有罪判決が確定したことは、汚職対策の進展の一里塚と位置づけられよう。

以上のような、社会民主党政権による「法の支配」を軽視した行動や、汚職対策に対する反動が二〇一〇年代における「後退」の内容であり、それに抗する国内外の動きが第二節で見たような民主主義指標における紆余曲折を生み出したのである。

（3）表層的な安定と間歇的な不満の噴出——ブルガリア

ルーマニアと比べた場合、二〇一〇年代におけるブルガリア政治の展開は、相対的に安定していたように見える。二〇一三年、二〇一四年、二〇一七年の三度の総選挙に加え、すべての地方選挙や欧州議会選挙において、GERBが第一党の地位を保っており[19]、二〇一三年春から一四年夏の社会党を中心とする連立政権期を除き、GERBのボリソフが政権を保持している。さらに、GERBはその党名「ブルガリアの欧州発展のための市民」に象徴されるように親EU路線を掲げており、欧州議会の最大勢力である欧州人民党（EPP）に属していることもあり、EU諸機関との関係も概ね良好である。

懸案であった司法制度改革や汚職対策、組織犯罪対策に関しては、ルーマニアと同様に紆余曲折があり、とりわけ二〇一〇年代前半には停滞が見られたが、二〇一五年の憲法改正による最高司法評議会の改組や、ハイレベルの汚職捜査に特化した機関の整備など、CVMの勧告に基づく制度改革の面では一定の進展が見られ、二〇一九年にはルーマニアに先行して、CVMの廃止が勧告されるに至った[20]。

市民社会の直接的な行動が政治の展開に大きな影響を与えた事例も、二〇一三年にほぼ限定されている。まず二〇一三年初頭に、電気料金高騰に端を発する大規模な抗議行動が全国の主要都市で展開され、GERBの第一次ボリソフ内閣は退陣を余儀なくされた[21]。これを受けて行われた総選挙の結果、GERBには及ばなかったものの、議席を大幅に伸ばし第二党となった社会党が「権利と自由のための運動（DPS）」との連立政権を発足させた。しかし、新政権が巨大メディア・グループを傘下に収めるD・ペーエフスキ（DPSの幹部）を国家保安庁長官に任命したことに反発する大規模なデモが首都ソフィアを中心に拡大した[22]。政治腐敗、とりわけ政治家と経済利権の癒着が問題視される中での任命であったため、任命撤回後も内閣退陣を求める抗議行動が断続的に続いた。結果的に、社会党・DPS連立政権は短命に終わり、GERBが政権に復帰することになる。

他方で、ボリソフ政権下での司法制度改革や汚職対策の実質的な成果や、政権の政治手法・体質自体に厳しい批判が向けられることも多い。第一は、ルーマニアと比べて、ハイレベルの汚職対策の成果、とりわけ政府高官レヴェルでの有罪判決の確定が少ないこと。第二は、GERBの「ナンバー・ツー」、T・ツヴェタノフ元副首相兼内相をはじめとするGERBの有力政治家が関与した汚職事件が相次いで発覚したこと[23]。第三は、第一次・第二次は閣外協力、第三次は連立政権という形で、ボリソフ政権が急進民族主義勢力と提携していること。第四は、ボリソフ自身の挑発的言動であり、時に世論（の少なくとも一部）の喝采を浴びながらも、政治対立のエスカレートを招いてきた。

そして、二〇一九年秋に制度改革が一段落し、欧州委員会からCVM廃止の「お墨付き」を得たブルガリアでは、二〇二〇年初頭から新検事総長I・ゲシェフの下、新たな汚職対策のメカニズムが始動した[24]。しかし皮肉なことに、これがルーマニアと同様の「司法のコントロール」をめぐる政争の激化を招くのである。

ブルガリアにおいても、二〇一六年の大統領選挙で、社会党の支持を受けたR・ラデフ元空軍司令官がGERBの候補を破って当選した結果、ボリソフ首相との間でコアビタシオン状況が生じており、両者は絶えず緊張関係にあった。そして、二〇二〇年六月に、検察による大統領府への立入り捜査と（職権濫用等の容疑による）大統領顧問の逮捕という異例の事態が生じた。これが社会党支持層を超えた広汎な市民の憤激を招き、内閣の退陣と検事総長の辞職を求める大規模な抗議行動が首都ソフィアを中心に長期間続いていくことになる。[25] 抗議行動の広がりを受けて、ボリソフは大規模な内閣改造を余儀なくされたが、反響は国内にとどまらなかった。ブルガリアにおける一連の事態は、国際的なメディアでも大々的に報じられ、欧州議会の「市民的自由・司法・内務委員会」での討議に付されることとなった。[26] これを受け、欧州議会は一〇月八日に、「ブルガリアにおける展開が、法の支配、民主主義、そして司法の独立、権力分立、汚職との闘い、報道の自由を含む基本的権利の原則に関する重大な悪化へと至ることへの深刻な憂慮を表明する」との決議を採択した。[27]

以上のように、ブルガリアの場合は、「後退」の担い手とそれに抗する勢力が対峙し、一進一退の攻防を繰り返すという明確な構図は見られない。しかし、改革の実質化という局面では、政治・行政・司法エリートの惰性や抵抗力が強く、それが民主主義の質の向上を阻み、時にその「後退」をもたらしてきたと位置づけられよう。

五　寡頭制の呪縛

(1)「ポピュリズムの席捲」?

本章を結ぶにあたり、二〇一〇年代にルーマニアとブルガリアで生起した政治現象はどのように捉えられるのかという最初の問いに立ち戻りたい。第二節で見たように、ルーマニアとブルガリアにおいても、自由主義的・立憲主義的要素の毀損という、ハンガリーとポーランドで観察される現象は生じている。しかし、右派ポピュリスト政権が、（公然と）ＥＵに反抗しながら「民主主義の後退」を進めているという構図ではない。結果は類似していても、進行している事態の性質は異なるのである。この点について以下簡単に敷衍しよう。

まず、両国における政治現象を「ポピュリズムの席捲」と捉えられるのかという問題がある。ポピュリズムという用語は極めて多種多様な現象を指して用いられるが、ここではＣ・ミュデらによる「社会が究極的に「汚れなき人民」対「腐敗したエリート」という二つの同質的な陣営に分かれると考え、政治とは人民の一般意志の表現であるべきだと論じる、中心の薄弱なイデオロギー[28]」という定義に依拠する。

ルーマニアの場合、二〇一〇年代の「後退」の担い手となった社会民主党やその指導者たちに関しては、このような性格はあまり見られない。むしろ、二〇〇四年から二〇一二年にかけて大統領を務め、親ＥＵ路線と反汚職を掲げて社会民主党と対峙したＴ・バセスクの政治スタイルや言動の方が、ポピュリスト的性格が濃厚である[29]。

さらに、これに先行する時期には、急進的な民族主義を掲げる典型的なポピュリスト政党が存在した。カリスマ的指導者Ｃ・Ｖ・トゥドルに率いられた「大ルーマニア党」である。チャウシェスクの民族共産主義の系譜を引く同党は、体制転換の犠牲者となったと感じる人々の支持を集め、二〇〇〇年の総選挙で第二党に躍進し、トゥドルも大統領選挙の決選投票に進出した。しかし、ＥＵ加盟交渉の進展を軸とする政治・経済状況の変化の中で、同党は徐々に衰退し消滅した。[30] これ以降、ルーマニアには明確な右翼ポピュリスト政党や欧州懐疑主義政党は存在しない状況が続いた。ただし、大ルーマニア党の議員が他の主要政党に移動した例も多く、その政治的潮流は一定の影響力を保っている（なお、二〇二〇年一二月に総選挙が行われ、一二年ぶりに急進民族主義を掲げる政党「ルーマニア人統一同盟（ＡＵＲ）」が議席を得た）。

これに対し、ブルガリアの場合は、ポピュリストと位置づけられる潮流は、二〇一〇年代においても政治的に重要な役割を果たしている。すなわち、「攻撃（ＡＴＡＫＡ）」をはじめとするポピュリスト急進右翼政党が地歩を築いていることに加え、選挙の度ごとに「意志（Volya）」のような右派ポピュリスト新党が参入を果たしている。[31] さらに、ボリソフの政治スタイルや言動についても、ポピュリスト的性格を指摘することができる。[32]

他方で、前節で述べたように、「後退」におけるボリソフの役割が両義的であることに加え、ボリソフ及びＧＥＲＢの政治手法や政策はプラグマティックな性格が濃厚であり、その親ＥＵ路線と行政手腕・実務能力が主として評価されている政治勢力と位置づけられる。[33] 従って、ブルガリアにおいては、ポピュリスト的潮流が重要な位置を占めるものの、二〇一〇年代の政治の動態を説明する要因としてはやはり不十分であるといえよう。

（2）腐敗と不信の悪循環

それでは、二〇一〇年代にルーマニアとブルガリアで生起した政治現象はどのように捉えられるのであろうか。そのヒントと考えられるのが、両国のメディア、政治家、抗議行動を含めた公的議論において頻繁に用いられる「マフィア」「オリガーキー」「政治階級」といった特徴的な政治用語である。これらの言葉の背景にある政治腐敗や政治（家）不信の根は深いが[34]、直接的には体制転換以来の政治的・経済的変動、それと関連した政治権力と経済利権との強固な癒着が市民のルサンチマンの対象となり、政治（家）を見る上での基本的な認識枠組みを提供していることが読み取れる。

すなわち、体制転換期において、両国では旧共産党の系譜を引く勢力による、部分的かつ緩慢な経済改革の時期が持続した。それは、移行のショックを緩和するという側面もあったが、（治安警察関係者を含む）国家官僚・国営企業管理層等の旧ノメンクラトゥーラの利益擁護・温存という性格が強かった。この間、彼らはその有利な立場を利用し、親族（名義）の企業を介するなどして国有財産の不正な取得を行い、同様の行動は反対勢力の政治家にも波及していく。こうして民営化に関連した汚職スキャンダルが頻発し、二〇〇〇年代にも、大規模なインフラプロジェクトや公共調達に関連した汚職が次々と発覚することになった[35]。この結果、市民の多くは、少なからぬ政治家が、汚職事件に関与しているのみならず、不逮捕特権を濫用し（時にそれ自体を目的として議員となり）、また、その有利な地位を利用して、司法機関に圧力をかけていると見なしている。これが政党や政治家、さらには司法への不信の大きな原因となっている。

加えて、既成政党間における政策距離の接近も顕著である。ルーマニアとブルガリアの既成政党の場合、社会文化的領域では伝統的価値観を重視する姿勢が一般的であり、二〇〇〇年代以降は経済的領域でも政策の違いが縮小している（図6-8・図6-9）。その典型が「フラット・タックス」である。ルーマニアでは中道右派政権下で所得税・法人税一六％の一律税制が導入されたが、これは累進課税を主張していた社会民主党政権の下でも変わらず維持されている。ブルガリアに至っては、所得税・法人税一〇％の一律税制を導入したのは社会党を中心とする連立政権であった。[36]

このような既成のあらゆる政治勢力への不信感や実質的な政治的選択肢の欠如が、新政党の相次ぐ参入やポピュリスト的政治家への支持、あるいは間歇的な抗議行動として噴出してきた。しかし、寡頭制的な議会政治・政党政治の刷新へとは繋がらず、二〇一〇年代には市民の政治的アパシーが深化していく。ブルガリアでは、二〇〇〇年代と比べて深刻な投票率の低下に直面し、ルーマニアに至っては、総選挙の投票率でさえ二〇〇八年が三九％、二〇一二年が四二％、二〇一六年が三九％と極めて低い水準で推移している。政治エリートの間でのシニカルな権力闘争と、有権者の側の政治的無関心・無力感との悪循環によって、静かに民主主義の腐蝕が進行したというのが、二〇一〇年代のより実態に近い捉え方であろう。

ルーマニアとブルガリアの多くの人々が、出稼ぎなどを通じて他のEU諸国での生活を経験し、本国とは異なる政治や行政、あるいは市民社会のあり方を経験しつつある。ルーマニアにおいてその萌芽が見られたように、このような人々が次なる刷新の触媒となるのであろうか。

〈附記〉本章の前半部分は二〇一九年一一月の慶應義塾大学法学研究科のセミナーでの報告及び『世界』二〇二〇年九月号（岩波書店）掲載の拙稿「民主主義と自由主義の不協和音」を大幅に加筆修正したものである。また、本章は國學院大學・国外派遣研究（二〇一七～二〇一八年）の成果の一部である。

注

1 Anna Lührmann & Staffan I. Lindberg, "A Third Wave of Autocratization is Here: What is New about It?" *Democratization*, 26: 7, 2019, pp. 1095–1113.

2 例えば以下を参照。中井遼「東欧・旧共産圏における「民主主義の後退」の検証」日本比較政治学会二〇二〇年度大会報告論文（二〇二〇年六月、オンライン開催）。

3 "V-Dem Country-Year Dataset v10," Varieties of Democracy（V-Dem）Project, March 2020；Coppedge, Michael, John Gerring, Carl Henrik Knutsen, Sta an I. Lindberg, Jan Teorell, David Altman, Michael Bernhard, M. Steven Fish, Adam Glynn, Allen Hicken, Anna Lührmann, Kyle L. Marquardt, Kelly McMann, Pamela Paxton, Daniel Pemstein, Brigitte Seim, Rachel Sigman, Svend-Erik Skaaning, Je rey Staton, Agnes Cornell, Lisa Gastaldi, Haakon Gjer-løw, Valeriya Mechkova, Johannes von Römer, Aksel Sundtröm, Eitan Tzelgov, Luca Uberti, Yi-ting Wang, Tore Wig, and Daniel Ziblatt, "V-Dem Codebook v10," Varieties of Democracy（V-Dem）Project, March 2020.

4 Anna Lührmann, Seraphine F. Maerz, Sandra Grahn, Nazifa Alizada, Lisa Gastaldi, Sebastian Hellmeier, Garry Hindle and Staffan I. Lindberg, "Autocratization Surges — Resistance Grows. Democracy Report 2020," Varieties of Democracy Institute（V-Dem）, March 2020, 16.

5 *Ibid*., 26, 30.

6 *Ibid*., 16, 26, 30.

7 庄司克宏『欧州ポピュリズム』ちくま新書、二〇一八年。

8 Martin Mendelski, "The Impact of the EU on Governance Reforms in Post-communist Europe: A Comparison

between First and Second Wave Candidates," *Romanian Journal of Political Sciences*, 9 (2), 2009, pp. 42-64 ; Alina Mungiu-Pippidi (ed.), "Contextual Choices in Fighting Corruption: Lessons Learned," Norwegian Agency for Development Cooperation, July 1, 2011; Geoffrey Pridham, "Romania and EU Membership in Comparative Perspective: A Post-accession Compliance Problem? — The Case of Political Conditionality," *Perspectives on European Politics and Society*, 8 (2), 2007, pp. 168-188.

9 V. Ganev, "Post-accession Hooliganism - Democratic Governance in Bulgaria and Romania after 2007," *East European Politics and Societies*, 27 (1), 2012, pp. 26-44.

10 Georgi Dimitrov, Kaloyan Haralampiev, Stoycho Stoychev, "The Adventures of the CVM in Bulgaria and Romania," MAXCAP, No. 29, August 2016; S. Andreev, "The Unbearable Lightness of Membership: Bulgaria and Romania after the 2007 EU Accession," *Communist and Post-Communist Studies*, 42, 2009, pp. 375-393.

11 Dimitrov, Haralampiev, Stoychev, *op.cit.*

12 Georgi Karasimeonov, "The Party System in Bulgaria 2009-2019," Friedrich-Ebert-Stiftung, October 2019; Ganev, *op. cit.*

13 二〇一七年以降、社会民主党を中心とする連立政権は捜査手法等を理由としてＤＮＡの活動に対する批判を強め、二〇一八年七月、キョヴェシ局長は解任された。その後キョヴェシは、ルーマニア政府の反対を受けながらも、欧州検察庁の初代首席検察官に選出された。

14 藤嶋亮「「プレイヤー」としての大統領」トライアン・バセスク」『ロシア・東欧研究』第四一号、一―一八頁。Ingi Iusmen, "EU Leverage and Democratic Backsliding in Central and Eastern Europe: the Case of Romania," *JCMS*, 53 (3), 2015, pp. 593-608.

15 European Commission, Report from the Commission to the European Parliament and the Council: On Progress in Romania under the Cooperation and Verification Mechanism 2017 [COM (2017) 751]; 2018 [COM (2018) 851 final]; 2019 [COM (2019) 499 final].

16 ルーマニア及びブルガリアの大統領の憲法上の権限と政治的影響力については、藤嶋亮「半大統領制と政党間競合――ルーマニアとブルガリアの比較から」『執政制度の比較政治学（日本比較政治学会年報第一八号）』ミネルヴァ書房、二〇一六年、二〇九—二三七頁。

17　中央選挙管理委員会発表のデータ（http://www.bec2014.ro/; http://prezidentiale2019.bec.ro/）に基づき筆者が計算。

18　中央選挙管理委員会発表のデータ（https://europarlamentare2019.bec.ro/）。

19　ブルガリアとルーマニアの選挙結果については、以下の北海道大学スラブ・ユーラシア研究センターの「中東欧・旧ソ連諸国の選挙データ」（http://src-h.slav.hokudai.ac.jp/election_europe/index.html）を参照。

20　European Commission, Commission reports on progress in Bulgaria under the Cooperation and Verification Mechanism, Brussels, 22 October 2019.

21　James Dawson, *Culture of Democracy in Serbia and Bulgaria, How Ideas Shape Publics*, Farnham: Ashgate, 2014, pp. 185–187; Boris Popivanov, *Changing Images of the Left in Bulgaria*, Stuttgart: ibidem-Verlag, 2015, pp. 177–179.

22　Dawson, *op.cit.*, pp. 185–189; Popivanov, *op.cit*, pp. 177–184.

23　Georgi Karasimeonov（ed.）, "Polit-Barometer, January–March 2019," 19（1）, Friedrich-Ebert-Stiftung, 2019; Idem（ed.）, "Polit-Barometer, April-June 2019," 19（2）, 2019.

24　Idem（ed.）, "Polit-Barometer, January-February 2020," 20（1）, 2020.

25　Idem（ed.）, "Polit-Barometer, July-August 2020," 20（6）, 2020.

26　*Ibid.*; Idem（ed.）, "Polit-Barometer, September 2020," 20（7）, 2020.

27　European Parliament resolution of 8 October 2020 on the rule of law and fundamental rights in Bulgaria（2020/2793（RSP））, https://www.europarl.europa.eu/doceo/document/TA-9-2020-0264_EN.pdf.

28　カス・ミュデ、クリストバル・ロビラ・カルトワッセル／永井大輔・髙山裕二訳『ポピュリズム——デモクラシーの友と敵』白水社、二〇一八年、一四頁。

29　藤嶋「「プレイヤー」としての大統領」トライアン・バセスク」参照。

30　藤嶋亮"Obsession with Conspiracy Theories: The Ideology of the Romanian Ultranationalist,"『國學院法学』五六巻四号、一〇七—一三三頁。

31 Karasimeonov, "The Party System."

32 Christiana Cristova, "Populism: the Bulgarian Case," SOC. E CULT., GOIÂNIA, 13 (2), 2010, pp. 221-232.

33 Антоний Тодоров, "Политическата хегемония на ГЕРБ," Working Paper. Научен електронен архив на НБУ, София, 2017; Maria Spirova and Radostina Sharenkova-Toshkova, "Juggling friends and foes: Prime Minister Borissov's surprise survival in Bulgaria," *East European Politics*, Published online: 29 Mar 2021, DOI: 10. 1080/21599165. 2021.1883589.

34 ルーマニアとブルガリア両国における一九世紀後半から両大戦間期に至る議会政治・政党政治は、やはりその寡頭制的性格と政治腐敗により特徴づけられる（藤嶋亮「南東欧における寡頭的議会制からの移行――ルーマニアとブルガリアの比較から」『体制転換／非転換の比較政治（日本比較政治学会年報第一六号）』、ミネルヴァ書房、二〇一四年、一二九―一五五頁）。

35 Ganev, *op.cit.*; Gergana Noutcheva and Dimitar Bechev, "The Successful Laggards: Bulgaria and Romania's Accession to the EU," *East European Politics and Societies*, 22 (1), 2008, pp. 114-144.

36 Popivanov, *op.cit.*, pp. 119-127.

第7章　グローバル化する権威主義国家
湾岸アラブ諸国

松尾昌樹

一　グローバリゼーションと民主主義

グローバリゼーションと民主化は並行して進むのだろうか。グローバリゼーションに関する多様な議論の中で、民主化は一つの重要な論点となってきた。グローバリゼーションには多様な側面があり、しばしば貿易の拡大や金融取引の緊密化に注目があつまるが、それ以外にも、国際的な規範の拡散と浸透に関する議論がある。民主主義の世界的な拡大はその一つである。例えば経済的なグローバリゼーションの進展のためには貿易量の増加が必要であり、透明性と人や物の移動をより阻害しない傾向にある民主主義が進展すれば、これは貿易活動に好条件を提供するので、グローバリゼーションが進展することになる。このため、経済的なグローバリゼーションの利益が促進されれば、その国ではより民主主義が定着しているはずである。確かに、観察単位を国にした比較分析においては、民主主義と経済的グローバリゼーションの間には優位な正の関係が見られる。[1] ただし、こうした議論は国の意思決定が単一的なアクターによって決定される場合が想定されている。しかし実際には、国内には多様なアクターが存在することが常であり、仮にグローバリゼーションによってその国が経済的に豊かになり、国民のある部分がその利益を享受できたとしても、別の部分はそうできないばかりか、むしろ前よりも貧しくなるかもしれない。この場合、国内のどのアクターの声が政策決定に最も作用するかが重要となる。近年の先進国に広く見られる反グローバリズム運動やそれと連動するポピュリズムの台頭は、グローバリゼーションが国内に均質な経済成長効果を持たず、不均質な効果を及ぼしていることをうかがわせる。

こうした問題に対し、ロドリックに代表される「政治的トリレンマ」の議論は重要である。ロドリックによれば、国際貿易を活発化するためには、その取引費用を削減するための制度強化が必要である。これは国際的に共通の制度を強化することを意味するが、そのような制度が各国の産業・生産活動の規制を働きかけるのであれば、国民の合意を形成する必要がある。民主主義は政策決定に際して国民の合意を必要とするが、上記の通り、国内には多様なアクターが存在するので、民主主義的な合意形成が常にグローバリゼーションが要求する標準化を受け入れるとは限らない。このため、グローバリゼーションを推進するためには、民主主義を放棄するか、国単位での合意形成を放棄してグローバルな合意形成を優先する（国家主権の放棄）かのどちらかしかない。すなわち、グローバリゼーションを推進しながら国家主権も同時に維持するために民主主義を放棄するか、あるいはグローバリゼーションと民主主義を共に選んで国家主権を放棄するか、それとも民主主義と国家主権をとってグローバリゼーションを放棄するか、この三つの選択のどれか一つしか選ぶことはできない[2]。

このようなロドリックの議論に従えば、本章の冒頭に挙げた問い——「グローバリゼーションと民主化は同時に進むか」への答えは、国家主権を放棄する限りにおいて妥当する。ただし、国民国家体制を基盤とする今日の国際政治システムが、グローバリゼーションの利を取るために国家主権を放棄することで根本からその姿を変えるとは思われない。むしろ、グローバリゼーションを抑えながら民主主義を維持するか——ロドリックはこの選択が妥当であるとしているが——、あるいは民主主義を放棄してグローバリゼーションの利を追求するか、どちらかが、現実的な選択肢であろう。近年の国際政治における「民主主義の後退」[3]とも呼べる新しい現象は、政治的トリレンマを考える上で、重要な示唆を与える。第三の波と呼ばれた民主化の動きが一段落した後で、我々が目にしたのは中国やロシアの台頭であり、あるいは世界各地で発生したポピュリズムの活性化であった。仮に、ある程度のグローバリゼーションを達成している民主主義国が、民主主義を維持するためにグローバリゼーションの速度を緩めようとするならば（あるいは緩めざるを得ないのだとしたら）、権威主義体制諸国の方がより大きなグローバリゼーションの利益を得ることになるかもしれない。

本章が注目する中東の湾岸アラブ諸国（アラブ首長国連邦、オマーン、カタル、クウェート、サウジアラビア、バハレーン）は、この点で「好条件」を得ているかもしれない。これらの国は権威主義的な君主国として知られており、同時に経済的にも繁栄しているため、グローバリゼーションを推進してゆく上で都合が良い。本章はこのような問題関心に基づき、湾岸アラブ諸国のグローバリゼーションを権威主義体制の存続という観点から読み解いてゆく。その上で、グローバリゼーションと民主化あるいは権威主義体制の強化の問題を考察し、グローバリゼーションが一段落した後のポスト・グローバリゼーションにおける権威主義体制の行方を、湾岸アラブ諸国との関連において考察する。

二　グローバリゼーションと中東、湾岸アラブ諸国

中東地域研究に目を向けると、湾岸アラブ諸国の経済成長をグローバリゼーションとの関連で捉えたものは多く、また経済成長と権威主義体制の関係を論じるものは多いが、湾岸アラブ諸国の権威主義体制とグローバリゼーションを関連づけた議論は、ほとんど見られない。この理由はおそらく、中東および湾岸アラブ諸国においてはグローバリゼーションは国外・域外からもたらされてこの地域に変化をもたらすもの、あるいはその変化のプロセスとして捉えられ、同時に湾岸アラブ諸国の権威主義体制、特にその堅牢性がその歴史的伝統や財政政策によって説明されるためであろう。

例えばドッジとヒゴットによる『グローバリゼーションと中東――イスラム、経済、社会、政治』では、アメリカを中心とするグローバリゼーションを押し進めようとする国際秩序に対して各国の主権を維持しようとする試みとしてエジプト、シリア、イラクの政治動向が解釈され、また外圧に対抗

する新たな動きとして政治的イスラームの台頭が論じられる。これと対照的に、湾岸アラブ諸国については、グローバリゼーションに対応した政治的変化については議論されず、経済的側面に特化した議論やアルジャズィーラに代表される衛星放送局がもたらした多声性を持つ情報発信の効果など、首尾良くグローバリゼーションに対応した状況が強調される。経済に対するグローバリゼーションの影響は湾岸アラブ諸国以外についても議論されているが、そこで発生した変化は成功とは程遠いと見られている。例えばベニンやヒンネブッシュは、八〇年代に始まるアラブ諸国に対する国際通貨基金による構造調整プログラムは、国営部門の売却を通じた民間経済の活性化とそれに伴う国家から自立した社会の形成を通じて民主主義的な社会の実現に貢献すると見られていたが、実際には権威主義的為政者が国営企業の売却を一種の資源配分策と利用したため、新たな支持組織を作り上げたクローニー・キャピタリズムに終わったと論じている。[4]

湾岸アラブ諸国を対象にグローバリゼーションの文脈でその政治変動を考察する論考も存在するが、[5]その数は決して多くない。そもそも湾岸アラブ諸国の現代政治・経済を対象とする研究には、一九九〇年の湾岸戦争を背景に政治改革や体制転換の可能性が論じられたが、[6]その後も維持された権威主義体制と経済成長によってこの議論は力を失い、かろうじて見出された漸進的な制度変更を政治改革の文脈で分析するにとどまった。この方向性はイラク戦争後も維持され、さらには湾岸アラブ諸国の全てがアラブ動乱の波を乗り切ることで、湾岸アラブ諸国の盤石な経済成長とそれに支えられた堅牢な権威主義体制は誰の目にも明らかなものとなった。

グローバリゼーションが経済成長をもたらし、また経済成長によって権威主義体制が維持されると論じられてきたのであれば、グローバリゼーションが権威主義体制を維持してきたという論点が提示されても良さそうなものである。では、なぜそうならなかったのだろうか。おそらくは、グローバリゼーションが「民主主義的な世界」を世界規模で現出する方向性を予感させる概念として広く受容されていたため、権威主義体制の延命はそうした予感と一致せず、グローバリゼーションとの折り合いが悪いと考えられていたのではないだろうか。九〇年代初頭に発表されたフクヤマの『歴史の終わり』が影響力を持ったことは、冷戦終結とグローバリゼーションの進展が世界規模での民主主義の拡大をもたらすという当時の世界認識を反映している。[7]

しかしながら、権威主義体制の堅牢性への理解が深まり、また世界規模での民主主義の後退に注目が集まる中で、グローバリゼーションと権威主義体制の関係への関心もまた新しい段階に入っている。ポスト・グローバリゼーションが権威主義の拡大を意味することはないが、それでもグローバリゼーションの波を乗り越えて権威主義体制を維持し続けてきた湾岸アラブ諸国には、この問題を考察する際の重要な示唆を与えると思われる。

三　湾岸アラブ諸国はどの程度グローバル化したのか

では、湾岸アラブ諸国はいつ頃から、どの程度グローバル化してきたのであろうか。湾岸アラブ諸国がグローバリゼーションを前提として国家建設を行い、グローバリゼーションに寄り添って統治体制と経済基盤を整えてきたという議論は[8]、その過程を他国との比較において確認することによって初めて確認できる。この作業のために、ここではグローバリゼーションに関する国際指標を参照する。

グローバリゼーションに関する主要な国際指標には、以下のようなものがある。比較的新しいヒョンとシンによるインデックスは、アフリカ、アジア・太平洋、欧州連合（EU）、ラテンアメリカ、北米の五地域を対象に、貿易や資本移動、人口移動などの六項目（小項目は全二五項目）について地域内と地域外のつながりを数値化し、二〇〇六年と二〇一四年の二時点を比較する[9]。二〇〇六年については一〇三カ国、二〇一四年については一一〇カ国のインデックスを含んでおり、比較的多くの国を対象に指標を作成しているが、湾岸アラブ諸国を含む中東諸国は対象とされていない。カーニーと『フォーリン・ポリシー』誌によるインデックスは、経済、人的交流、技術、政治の四項目、計一四の小項目で計測され、六二カ国を対象に二〇〇三年と二〇〇四年の二時点で作成された[10]。中東諸国ではイスラエル、チュニジア、サウジアラビア、トルコ、エジプト、イランの六カ国が対象とされている。二〇〇三年のデータでは中東地域の中でイスラエルが最も高く二二位で、チュニジアが三五位、サウジアラビアが四一と続いている。分析対象国数が少なく、また観測も二時点にとどまるので、本章では使用しない。CSGR Globalization Index は一九八二年から二〇〇四年までを扱い、経済、社会、政治の三項目からインデックスを作成し、二〇〇四年のデータでは二〇〇八カ国を網羅している[11]。ただし、三項目が揃わないと総合のインデックスが作成されないため、総合的な評価を毎年行うには適切ではない。例えば、このインデックスには全ての湾岸アラブ諸国が含まれているが、サウジアラビアやアラブ首長国連邦の総合インデックスは存在せず、他の湾岸アラブ諸国にも欠損値が多い。また二〇〇四年以降データが更新されておらず、最近一五年のデータが存在しないため、本章では使用しない。

KOF Globalization Index は一九七〇年から二〇一九年までを扱っており、現在も更新中である。[12] 一九五カ国を扱い、貿易、金融、人的交流、情報、文化、政治の六項目を実体と制度の両面について、四二の変数を用いて一から一〇〇の間で数値化し、各項目の値と総合インデックス（ＫＯＦＧＩ）を公表している。対象期間が長く、また対象国も多いため、長期にわたる多国間比較に有効である。こうした特徴を踏まえ、本章ではＫＯＦＧＩを採用する。

図7-1は、一九七一年から二〇一八年までのＫＯＦＧＩの変化を、湾岸アラブ諸国と世界平均で示したものである。実線で示されている世界平均の推移を参照すると、一九九〇年を境に急激な上昇が始まり、二〇〇八年からグローバル化は緩やかになっていることが確認される。グローバル化がいつの時点で「完成」し、いつから「ポスト・グローバル」が始まるのか、この転換点を設定することは難しいが、本章では上記の変化を元に、二〇〇八年を一つの目安としよう。すなわち、グローバル化は一九九〇年代に加速し、二〇〇八年から緩やかとなった。二〇〇八年に発生した金融恐慌はしばしば加熱していたグローバリゼーションが失速する象徴に位置付けられること、これ以降にグローバル化を管理するための様々な諸制度が生み出され、また反グローバリズム運動が世界各地で発生した

図７－１　KOFGI 平均（世界と湾岸アラブ諸国、1971-2017年）

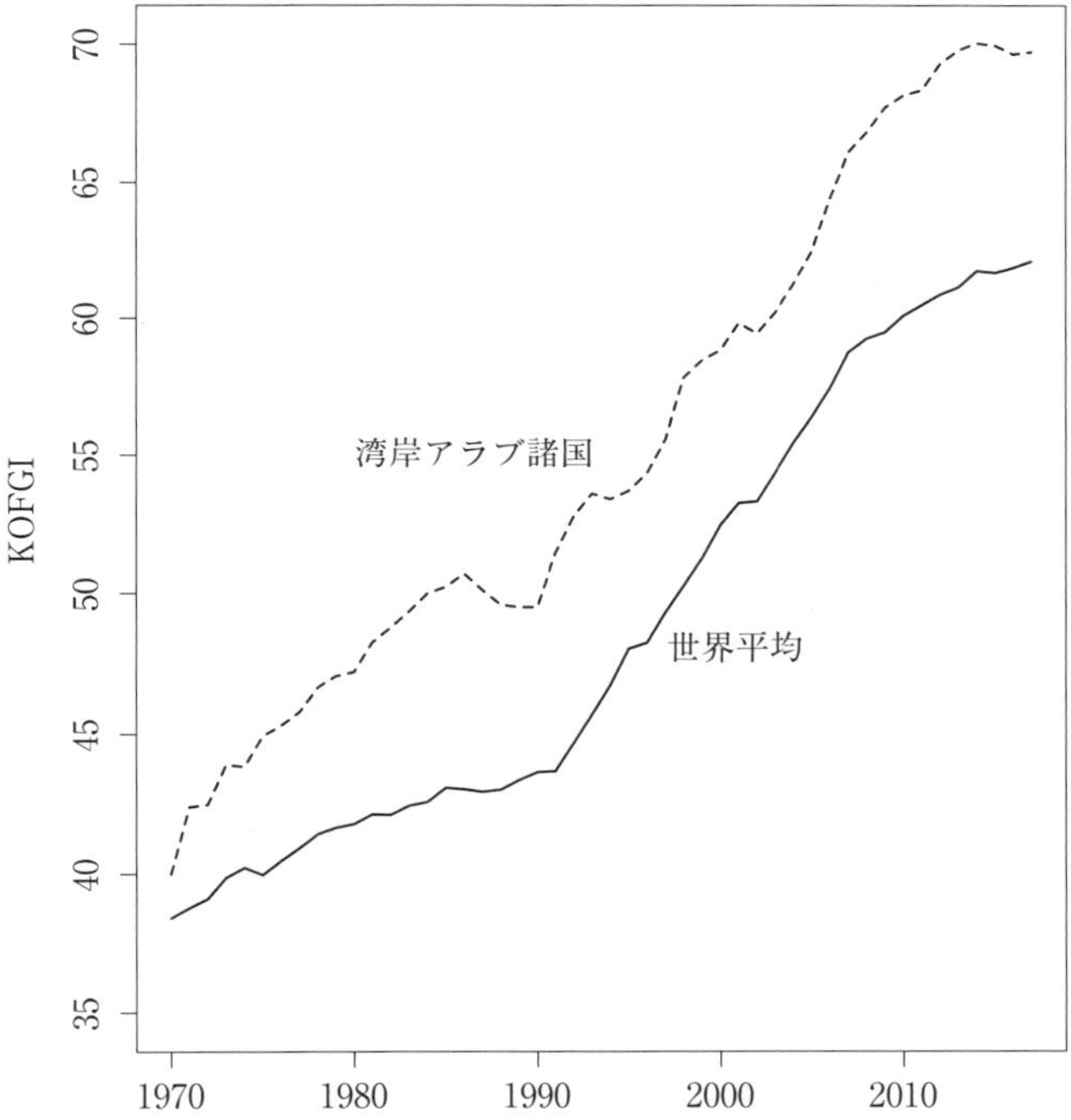

出所：Savina Gygli, Florian Haelg, Niklas Potrafke and Jan-Egbert Sturm, "The KOF Globalisation Index－Revisited", *Review of International Organizations*, 14(3), 2019, pp. 543-574をもとに筆者作成。

ことを考えると、二〇〇八年をグローバリゼーションとポスト・グローバリゼーションの区切りとすることに一定の妥当性を見出せるだろう。

破線で示されている湾岸アラブ諸国の平均値は、世界平均を常に上回っている。これは別の表現をすれば、湾岸アラブ諸国はそれ以外と比べてすばやくグローバリゼーションを達成してきたということになるだろう。例えば、一九八〇年の湾岸アラブ諸国のＫＯＦＧＩ値

図7－2　Polity 2 スコアの世界平均と湾岸アラブ諸国平均（1970-2017年）

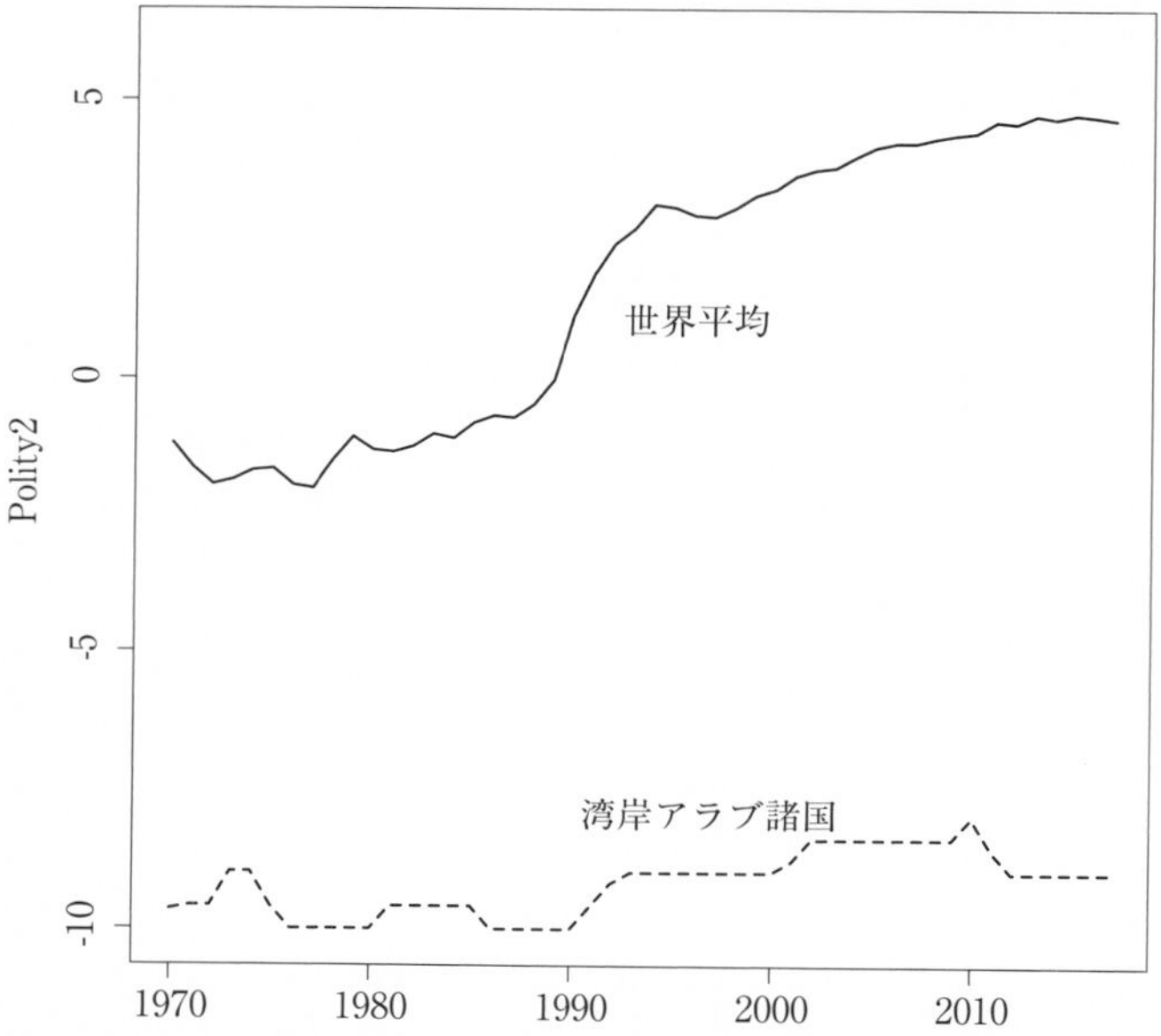

出所：Monty G. Marshall, Ted Robert Gurr, Keith Jaggers, "Polity IV: Regime Authority Characteristics and Transitions, 1800-2018", 2018（http://www.systemic-peace.org/inscrdata.html）をもとに筆者作成。

は四七・二だったが、世界平均がこの水準に追いつくのは一九九四年のことであった。同様に、二〇一七年の世界平均は六四・〇だが、湾岸アラブ諸国は二〇〇六年にこの水準に達していた。二〇〇〇年代の前半を通じて湾岸アラブ諸国と世界平均の差はやや縮小する（つまり湾岸アラブ諸国のグローバリゼーションの速度は低下する）ものの、その後その差は再度拡大して二〇一七年に至っている。グローバル化において、湾岸アラブ諸国は世界平均よりも一〇年から一五年先を進んできたのである。

では、湾岸アラブ諸国がグローバリゼーションからポスト・グローバリゼーションの転換点である二〇〇八年の世界平均水準に到達したのはいつだろうか。二〇〇八年KOFGI世界平均は六一・一であり、湾岸アラブ諸国はすでに二〇〇四年の時点でこの数値に達していた。

このように、湾岸アラブ諸国は他国に先んじてグローバリゼーションに適応してきた。では、民主主義に関しては、湾岸アラブ諸国は他国と比較してどのような位置を占めてきたのだろうか。本章では、広く用いられているPolity 2スコアを参照しよう。[13] それによると、湾岸アラブ諸国のPolity 2スコアはグローバリゼーションと対象的で、時代を通じて低水準にとどまっている（図7-2）。アラブ首長国連邦やバハレーン、カタルが独立した一九七一年の時点で、湾岸アラブ諸国のPolity 2は平均マイナス九・三であったが、世界平均はマイナス二・〇であった。その後世界平均は九〇年代に入って急激に上昇し、一九九四年に一つのピーク（二・四）を迎え、やや下降した後に再度緩やかに上昇し、二〇一〇年以降はほぼ横ばいとなっている。一方の湾岸アラブ諸国は、九〇年代に入っても大きな変化はなく、世界平均がピークを迎えた一九九四年の値はマイナス八・八と大きく水をあけられていた。その後もわずかに値は上昇するものの、二〇一〇年に迎えた最高ポイントはマイナス八・〇であった。

このように、湾岸アラブ諸国はほとんど民主化しないままにグローバル化を達成している点に特徴がある。それはまさに「グローバル化する権威主義国家」の代表例に位置付けられる。

四　グローバル化する権威主義国家としての湾岸アラブ諸国

では、「グローバル化する権威主義国家」は、湾岸アラブ諸国以外に存在したのだろうか。図7-3aからfは、一九七一年から二〇一七年までのデータを用いて、縦軸にKOFGI、横軸にPolity2を配した散布図である。アラブ首長国連邦、カタル、バハレーンがインデックスに含まれるのは一九七一年の独立以降なので、ここでは一九七一年を最も古い時代に設定した。各時代の散布図はKOFGIとPolity 2の平均値を用いて四象限に分割してある。また、湾岸アラブ諸国は黒丸、それ以外の国は白抜きで示してある。グローバリゼーションが平均以上の状態にあり、なおかつ民主主義スコアが平均以下の国を「グローバル化する権威主義国家」と想定すると、その国は平均値で分割された散布図の第二象限に位置することになる。

この図から、おおよそ以下の二つの特徴を読み解くことができる。第一に、世界的に多くの国が散布図上を右から左、下から上に移動し、右上に収斂しつつある様子が窺える。このことは、時代を通じて民主化とグローバリゼーションを同時に進展させた国が多く存在していることを示している。第二に、こうした世界的な動きと対照的に、黒丸で示された湾岸アラブ諸国は、常に第二象限にとどまっている。

第二象限の国は一九七一年から八〇年にかけて最も多く、九〇年から二〇〇〇年にかけて減少し、

図７－３　グローバリゼーションと民主化

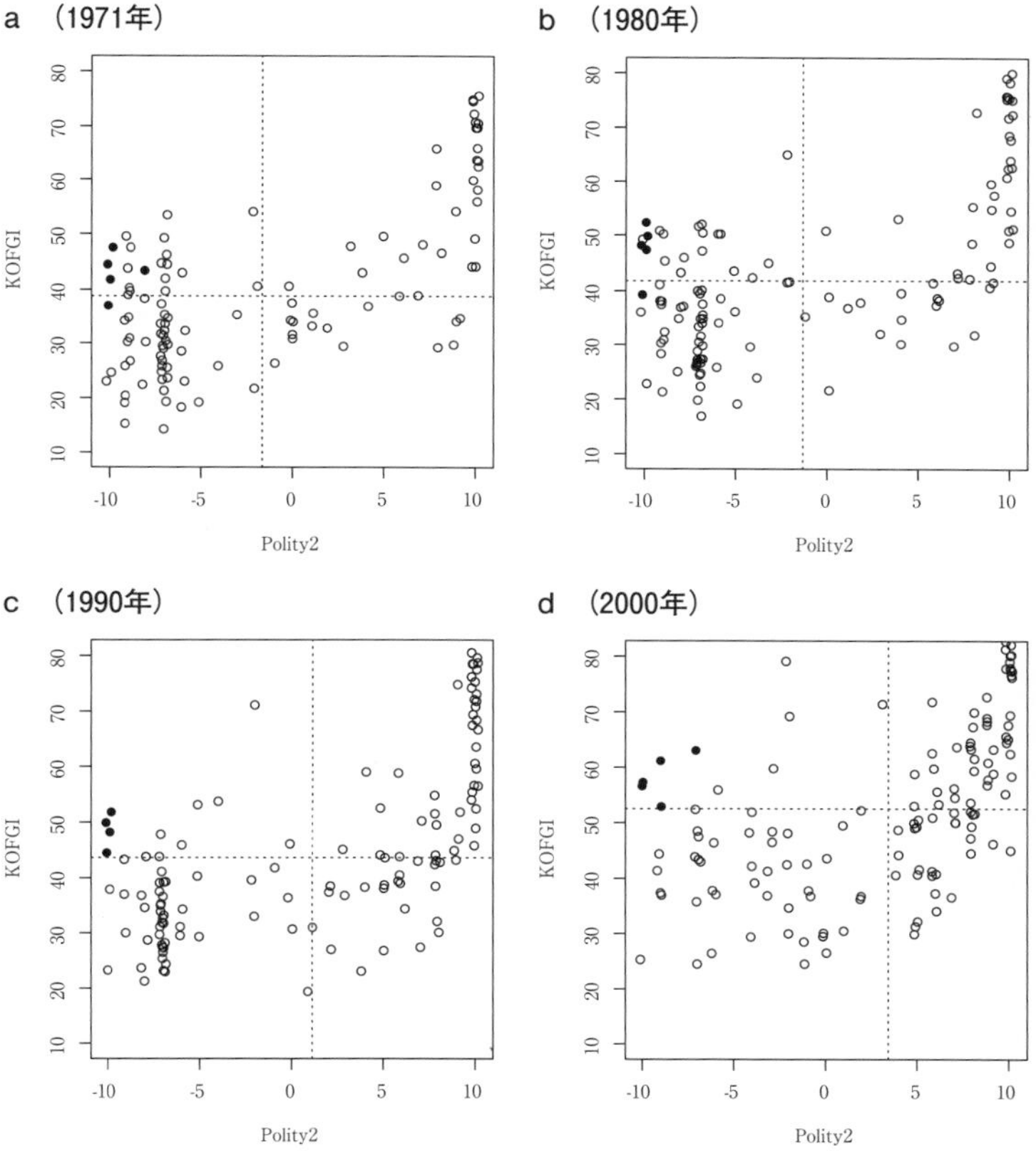

e （2010年）　　f （2017年）

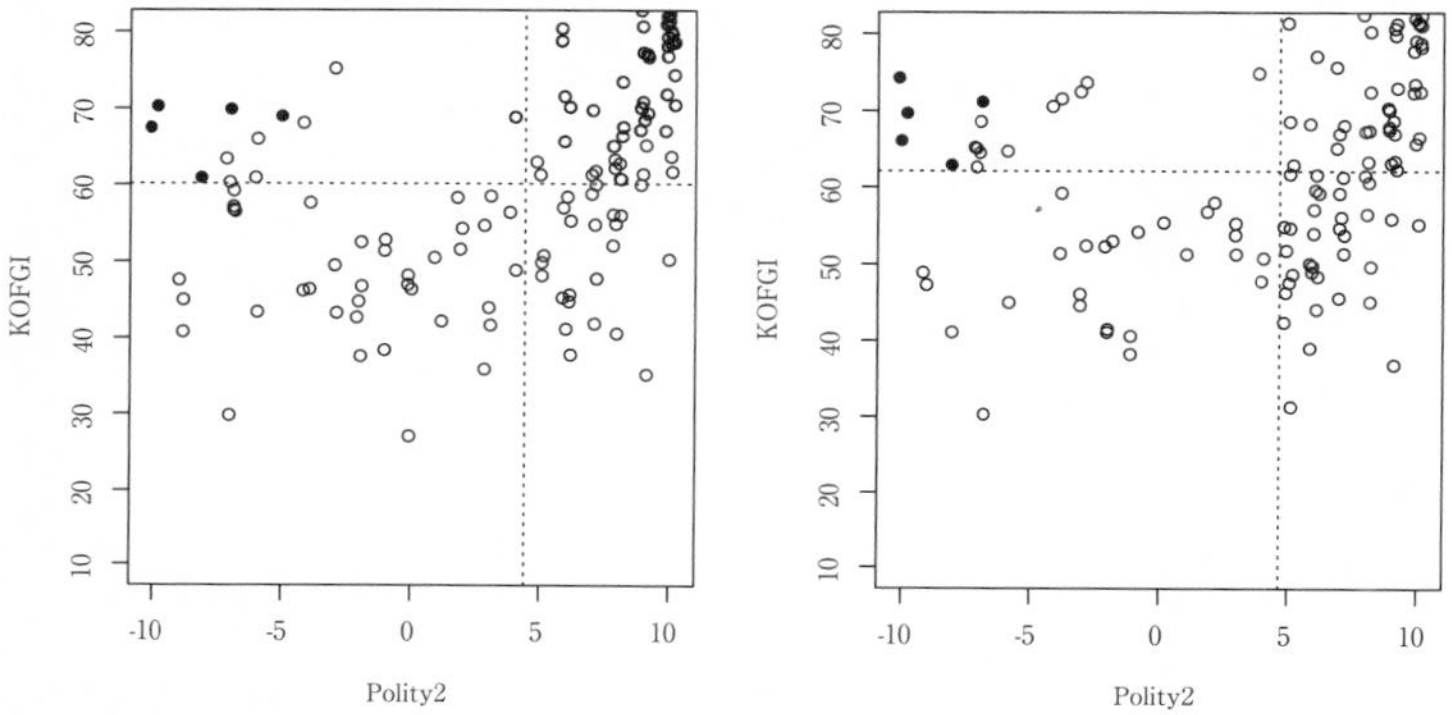

注：湾岸アラブ諸国は黒丸、それ以外は白丸で示している。
出所：KOFGI は Savina Gygli, Florian Haelg, Niklas Potrafke and Jan-Egbert Sturm, “The KOF Globalisation Index – Revisited”, *Review of International Organizations*, 14(3), 2019, pp. 543–574、Polity 2は Monty G. Marshall, Ted Robert Gurr, Keith Jaggers, “Polity IV: Regime Authority Characteristics and Transitions, 1800–2018”, 2018（http://www.systemicpeace.org/inscrdata.html）をもとに、筆者作成。

それ以降再び増加している。第二に、湾岸アラブ諸国は一九七一年から一貫して第二象限に存在し続けている。この二つの特徴から、一九七一年から二〇〇〇年にかけて、湾岸アラブ諸国以外の国々は第二象限から移動したが、そのような効果が湾岸アラブ諸国には見られなかったと理解できる。湾岸アラブ諸国以外の国が第二象限から移動したことが、仮にグローバリゼーションの効果であったなら、湾岸アラブ諸国にはグローバリゼーションが作用しなかった、あるいは湾岸アラブ諸国にのみ、グローバリゼーションは第二象限にとどまる効果を与えたのだと考えらえる。これを考察する前に、第二象限に含まれた国を確認しておこう。

一九七一年には第二象限に一二一カ国中一九カ国（約一五・七％）が位置していた（図7-3a）。その中で湾岸アラブ諸国はクウェート、サウジアラビア、バハレーン、カタル、アラブ首長国連邦の五カ国である。これ以外に第二象限を占めていたのはラテンアメリカ五カ国、ヨーロッパ七カ国、アフリカ一カ国、湾岸アラブ諸国以外の中東（チュニジア）一カ国であり、湾岸アラブ諸国は第二象限グループの三分の一を下回っていた。一九七一年の時点では、「グローバル化する権威主義体制」は湾岸アラブ諸国に固有の特徴ではなかったのである。ただし、独立間もないバハレーンやカタル、アラブ首長国連邦が第二象限にあることは、これらの国が元々「グローバル化する権威主義体制」の特徴を備えていたことを示している。一九八〇年になると、第二象限には一三一カ国中二二カ国がひしめき、その割合は二〇一七年までの期間を通じて最高の約一六・八％であった（図7-3b）。民主化を進展させないままグローバル化したモロッコ、エジプト、ヨルダンと、軍事クータによってPolity 2スコアが後退したトルコが第二象限に入ったことで、一九七一年の時点でこの象限に位置していたチュニジアと湾岸アラブ諸国五カ国に加えて中東諸国は一〇カ国となった。これ以外にはラテンアメリカが五カ国、ヨーロッパが四カ国、アフリカが一カ国、アジアが二カ国である。「グローバル化する権威主義諸国」の数が増加したため、このグループに占める湾岸アラブ諸国の割合は四分の一を下回った。

一九九〇年には、湾岸戦争の影響でPolity 2スコアが欠損値となったクウェートが散布図上から姿を消したため、湾岸アラブ諸国が四カ国となった（図7-3c）。同時に第二象限に含まれる国家の数が一三五か国中一二カ国（約八・九％）となったため（ラテンアメリカが二カ国、ヨーロッパが一カ国、アフリカが一カ国、アジアが一カ国、湾岸アラブ諸国以外の中東諸国が三カ国）、相対的に湾岸アラブ諸国および中東諸国の色彩が強くなった。

二〇〇〇年にはこの傾向が一層強くなり、第二象限に含まれる国は一五五か国中一〇か国（七・一%）に減少し、その大半は中東諸国となった（図7-3d）。この一〇カ国は、再びデータ集計対象となったクウェートを加えた湾岸アラブ諸国五カ国とそれ以外の中東諸国四カ国、八〇年代からこのグループに継続的に含まれるようになったシンガポールで構成されていた。続く二〇一〇年には第二象限の国は一一カ国と一カ国増加したが、対象国も一五八ヵ国に増加したため、割合としてはほとんど変化がない（七・〇%）（図7-3e）。二〇一〇年になって「グローバル化する権威主義」グループに加わったのは、中国である。分析対象期間の中で最新の二〇一七年には、第二象限に入る国は全一五九カ国中約一七カ国（一〇・七%）とさらに増加した（図7-3f）。その半数以上の五カ国を湾岸アラブ諸国が占め、残りの八カ国は湾岸アラブ諸国以外の中東諸国が四カ国（モロッコ、トルコ、エジプト、ヨルダン）、ロシア、ウクライナ、ベラルーシ、アゼルバイジャン、カザフスタン、中国、タイ、シンガポールとなっている。

五　石油とグローバリゼーションの二つの効果

これまでの観察から、およそ八〇年代から二〇〇〇年代まで、すなわちグローバリゼーションの時代において、権威主義体制を維持しながらグローバル化を達成した国は、おおむね湾岸アラブ諸国を中心とする中東諸国であることがわかる。これは、なぜだろうか。経験的事実に基づいて政治的・経済的なグローバル化の両方に影響を与える要因を推測すると、第一に挙げられるのは石油輸出であろう。石油は二〇世紀を代表する国際貿易商品の一つであり、湾岸アラブ諸国は、世界的に石油を輸出し続けることでグローバル化を達成した。石油は今日の経済活動に欠かすことのできないエネルギー資源であるが、それと同程度の価格で代替できるものが他になく、生産地域も限られている。このため、世界に散らばる石油輸入国にとって、湾岸アラブ諸国は必ず経済関係を取り結ばなければならない相手であった。湾岸アラブ諸国は、生まれながらにしてグローバル化の好条件を有していたのである。

ただし、石油貿易がグローバリゼーションを促進したとしても、権威主義体制の維持にはどのような効果を持つのだろうか。古典的な社会科学においては、経済的な豊かさは民主主義を促進させる条件の一つとみなされてきた。この古典的な命題に基づけば、経済活動の拡大（すなわち経済的に豊かになること）が貿易の拡大を生み、グローバル化を促進するのであれば、経済的な豊かさは同時に民主化を促進するので、グローバル化した国家は民主化していなければならない。すなわち、高い程度でグローバル化を達成している湾岸アラブ諸国が権威主義体制を維持していることは謎である。しかし、プシェヴォスキらのよく知られた研究では、民主化と経済的豊かさの間には関係がないことが明らかにされた[14]。仮にプシェヴォスキらの分析結果が正しいとしても、それは湾岸アラブ諸国が民主化せずにグローバル化した理由を明らかにしない。プシェヴォスキらの議論は、経済的な豊かさが民主化を促進しないと論じるが、権威主義を維持するとは論じていないためである。ここで、我々が検討すべきは、グローバル化を通じて経済的に豊かになった湾岸アラブ諸国は、グローバル化の過程において民主化する可能性もあったはずだが、なぜそれが行われなかったのか、という問いである。

この問いに答えるのが、ロスによる「石油の呪い」研究である。[15] 石油収入を得る国家は、それを得ていない国に比べて、政治的・経済的・社会的に問題を抱える傾向が強いことが知られている。産油国で民主化が進展しない傾向はその一つであり、これは「政治的な石油の呪い（Political Oil Curse）」として知られている。ロスは「政治的な石油の呪い」研究の知見を用いてプシェヴォスキらの研究の欠損を補った。プシェヴォスキらの分析は、観察対象国が産油国であるかどうかを考慮していなかったが、仮に産油国では経済的な豊かさが権威主義を強化する効果があり、非産油国では民主化を促進する効果があるとすれば、経済的豊かさが民主化を促進しないというプシェヴォスキらの分析結果は、この二つの効果が相殺されたものだと考えられる。ロスは「民主主義への移行」を従属変数、「一人当たりの国民所得」と「体制維持」（権威主義体制が存続した期間）を統制変数とするモデルに「一人当たりの石油収入」を投入し、これを投入しない場合では「国民所得」（つまり経済的豊かさ）が統計的に有意ではないが、投入後には「一人当たりの石油収入」が「民主主義への移行」を低下させ、逆に「国民所得」はそれを上昇させる効果が表れることを見出した。[16] 石油輸出によって貿易を拡大させた湾岸アラブ諸国にとっては、貿易の拡大はグローバル化を達成する手段であり、同時に権威主義体制を維持する手段であった。

権威主義を強化する石油の効果が発現するプロセスはまだはっきりと解明されていない。ロスは石油収入という規模が大きく、また隠匿性の非税収入を得た為政者が、それを国民に配分することで支持を調達するという財政上の効果を指摘している。また、石油の富と中東地域の権威主義体制の頑健性を論じたベブラーウィーは、権威主義を強化する効果を持つ石油の富が財政支援として産油国からその周辺諸国に流出することで、中東地域全体が石油の富を得ることになり、地域全体で権威主義が強化されると論じた。[17] これらの議論に検証が必要な部分が多くあるものの、図7-3で確認した湾岸アラブ諸国と中東諸国が第二象限の大半を占めてきた歴史的経緯とよく一致する。

石油に民主化阻害要因があるというロスの発見をグローバル化の観点から考えてみると、我々はそこに重要な含意を見いだすことができる。ロスが指摘するように、「石油の呪い」は産油国で発生するのではない。石油を輸入し、その代金が石油消費国から産油国に流入することで初めて発生する。[18] このことは、一方には石油を輸入することで経済活動を維持し、それによって経済的な豊かさを手に入れて民主化を促進した「グローバル化する民主主義国家」と、他方には石油を輸出することで権威主義を強化した「グローバル化する権威主義国家」が存在することを示している。民主主義国家は自身が経済的に豊かになるために産油国の民主化をますます困難なものとし、産油国は石油輸入国の経済的豊かさを支援することで民主化を後押しした。石油は、グローバル化を通じて全く逆の方向に向かう二つの集団を結びつけ、この逆行する動きを加速させる効果を持ったのである。

六　湾岸アラブ諸国のポスト・グローバリゼーション

　こうした傾向は、ポスト・グローバリゼーションにおいても維持されるだろうか。この問題を考える際には、石油経済と、権威主義と民主主義の相互関係の二つの点に関する将来的展望が必要である。グローバリゼーションを通じた権威主義体制の強化は、石油を主たる貿易商品とする湾岸アラブ諸国に特徴的な現象である。このため、「グローバル化する権威主義体制」の維持には、石油経済の維持が欠かせない。石油が枯渇性資源である以上、石油の時代は必ず終了する。問題は、それが到来する時期である。石油代替エネルギー資源への移行時期は、代替エネルギーの価格と、グローバルな石油供給能力の関数で決定される。

　石油代替エネルギーの価格は現状では石油に比べて高い。これを積極的に導入しているEU諸国や日本においても、政府の補助金によって価格競争力を得ている状況である。しかし、確認石油埋蔵量が減少し、グローバルな石油供給量が縮小すれば石油価格が上昇するので、代替エネルギーは政府の補助金がなくとも普及してゆくと予想される。ただし、石油価格の上昇は石油代替エネルギー産業への投資インセンティブだけでなく、石油開発へのインセンティブも上昇させるので、シェール・オイルに代表される新規油田の開発や、老朽化油田の再利用技術の開発を促進する。これによって石油供給量が増えれば価格が減少し、代替エネルギーへの投資インセンティブは減少し、補助金をさらに継続的に投入する必要が発生する。

グローバルな石油需要についても複数の方向性がある。地球温暖化への取り組みに力を入れているEU諸国や日本では、化石燃料消費量の削減に取り組んでいる。しかし、こうした動きが加速してグローバルな石油需要の低下につながれば、石油価格が低下し、高価な再生可能エネルギーを利用することが困難な途上国に対して、石油消費のインセンティブを上げるきっかけを与える。これとは対象的に、先進国の石油需要が漸減しても、途上国の石油需要の拡大がそれを上回れば石油需要は増大し、これが石油価格の上昇につながれば、途上国でも再生可能エネルギー導入のインセンティブが高まるだろう。それでも、産油国が生産量を増加させて価格を一定以下、つまり再生可能エネルギーよりも安価な水準に維持する方針を採用すれば、グローバルな脱石油時代の到来には長い時間がかかるだろう[19]。

このような石油の需給に加え、ポスト・グローバリゼーションにおける国際的な経済活動への関心の変化が、「グローバル化する権威主義国家」の将来に影響を与えるかもしれない。

近年、特に先進国において反グローバリゼーションの潮流が広範に見られる。その中には、グローバル化がもたらした格差や貧困に対する持たざる者の反応という日常生活に根差した要請と、地球温暖化や民主主義の危機といった、日常生活で確認できる損失には基づかない、換言すれば倫理や価値観に基づく行動が含まれている。

倫理に基づいて湾岸アラブ諸国との石油取引に批判的な分析を加えるものに、哲学者のウェナーの論考がある。ウェナーは、湾岸アラブ諸国のような権威主義体制国の為政者が石油輸出収入から得ている利益は、本来は国民が得られる利益であり、石油輸入国は盗品を購入しているのと同じだと主張する。その上で、石油輸入国は、石油生産国の政治体制を考慮して輸入元を選択する「石油貿易国選択制度」を導入すべきだと論じる。[20]

これはキンバリー・プロセスを想定すれば、それほど奇抜なものとも言えない。ダイヤモンドの採掘・取引から得られる利益が紛争に投入されたことで紛争が長期化し、その被害が拡大したいわゆる「紛争ダイヤモンド」は、紛争と関連のないダイヤモンドのみを取り扱うという「キンバリー・プロセス」の設立・維持によって市場から駆逐され、これは紛争の減少に一定の効果を持ったと考えられている。

しかし、権威主義的な産油国の統治者が石油の富を横領しているという根拠はない。権威主義研究が明らかにしてきたことの一つは、権威主義的な産油国ほど国民に対する政府の支出が大きいという事実であり、このことは権威主義的な為政者が政治的延命のために恣意的に石油収入を配分している可能性を指摘するものではあるが、「盗品」として石油の富を蓄財にあてることを証明するものではない。それでもなお、石油を輸入することで産油国の権威主義体制を維持することに協力しているということを批判する立場に立てば、この問題を解決するために「石油貿易国選択制度」を導入するという根拠は依然として存在する。ただし、仮に一部の国がこの制度を導入したとしても、別の国が賛同せずに湾岸アラブ諸国から石油を購入し続けることはありうる。これに対してウェナーは、湾岸アラブ諸国から石油を輸入する国からの商品の輸入を規制する、という二段構えの方法も主張する。このように、権威主義的産油国から石油を調達している国との貿易関係を解消するという制度が確立すれば、確かにグローバル化する権威主義国としての湾岸アラブ諸国は崩壊するだろう。

こうした議論は、絵空事として片付けるべきではない。近年の先進国で見られるようになった一連の反グローバリゼーション運動には倫理や価値観に基づく側面があり、こうした運動が高まってゆけば、石油貿易相手選択制度も現実味を帯びてくるだろう。では、ウェナーの主張するような制度が導入され、湾岸アラブ諸国の権威主義が弱体化する事態は訪れるだろうか。

七　民主主義国と権威主義国の相互依存体制

ウェナーの主張が実現するためには、世界中の国々が権威主義体制を是認（あるいは少なくとも黙認）する国家からの商品購入を控える必要がある。このためには、世界中のすべての国が、権威主義体制を否定する価値観に基づいて貿易相手を選別することが必要になる。なぜなら、たとえ一部の民主主義国家が「貿易相手選択国」になったとしても、別の国が依然として湾岸アラブ諸国から石油を購入し続けたり、あるいは湾岸アラブ諸国の石油を輸入する国と貿易関係を維持し続けていれば、「貿易相手選択政策」の効果は縮小する。そればかりか、この政策は湾岸アラブ諸国産原油への需要を減少させる効果を持つので、その価格下落を招くことになり、これは上記の脱石油社会の到来にブレーキをかけることになる。すなわちこの政策は、石油消費を削減して地球環境保護を進めるのか、権威主義的産油国との取引を抑制するのかというトレードオフを発生させる。

また、ウェナーの議論は民主主義諸国の経済発展に見られた権威主義諸国との関係を適切に踏まえたものではない。前節で確認したロスの研究から導き出される含意は、民主主義諸国と権威主義的産油国は、石油を通じて対照的な発展経路を辿ってきたという点である。民主主義諸国は権威主義国家である湾岸アラブ諸国の石油に依存して経済成長を達成し、民主主義を維持してきたのであり、湾岸アラブ諸国は石油を輸出することで権威主義を維持してきた。選択的貿易制度はこのつながりを根本から否定するものである。

このことを確認するために、世界の貿易関係を民主主義国と権威主義国、およびそれ以外の国家間でやりとりされたものに分類し、その推移を確認しよう。図7-4は、Polity 2スコアを元に、各国を権威主義国（Autocracy, マイナス一〇からマイナス六）と民主主義国（Democracy, 六から一〇）とそれ以外に分け[21]、それぞれの集団間で行われた貿易をUN comtradeにおける世界的な貿易額に占める割合で示したものである。[22]これを見ると、民主主義諸国間の貿易と権威主義諸国－民主主義諸国間の貿易には、いくつかの山と谷が存在してきたことがわかる。民主主義諸国間の貿易は七〇年代後半から八〇年代前半に減少し、その後九〇年代まで上昇して踊り場を迎え、二〇〇〇年以降は減少傾向にある。このような動きと対照的に、権威主義諸国と民主主義諸国の貿易は七〇年代後半に一つの山を迎える。この山の形成に大きな役割を果たしたのは明らかに湾岸アラブ諸国であり、これは石油ブー

図７－４　政治体制別の貿易額（1962-2018年）

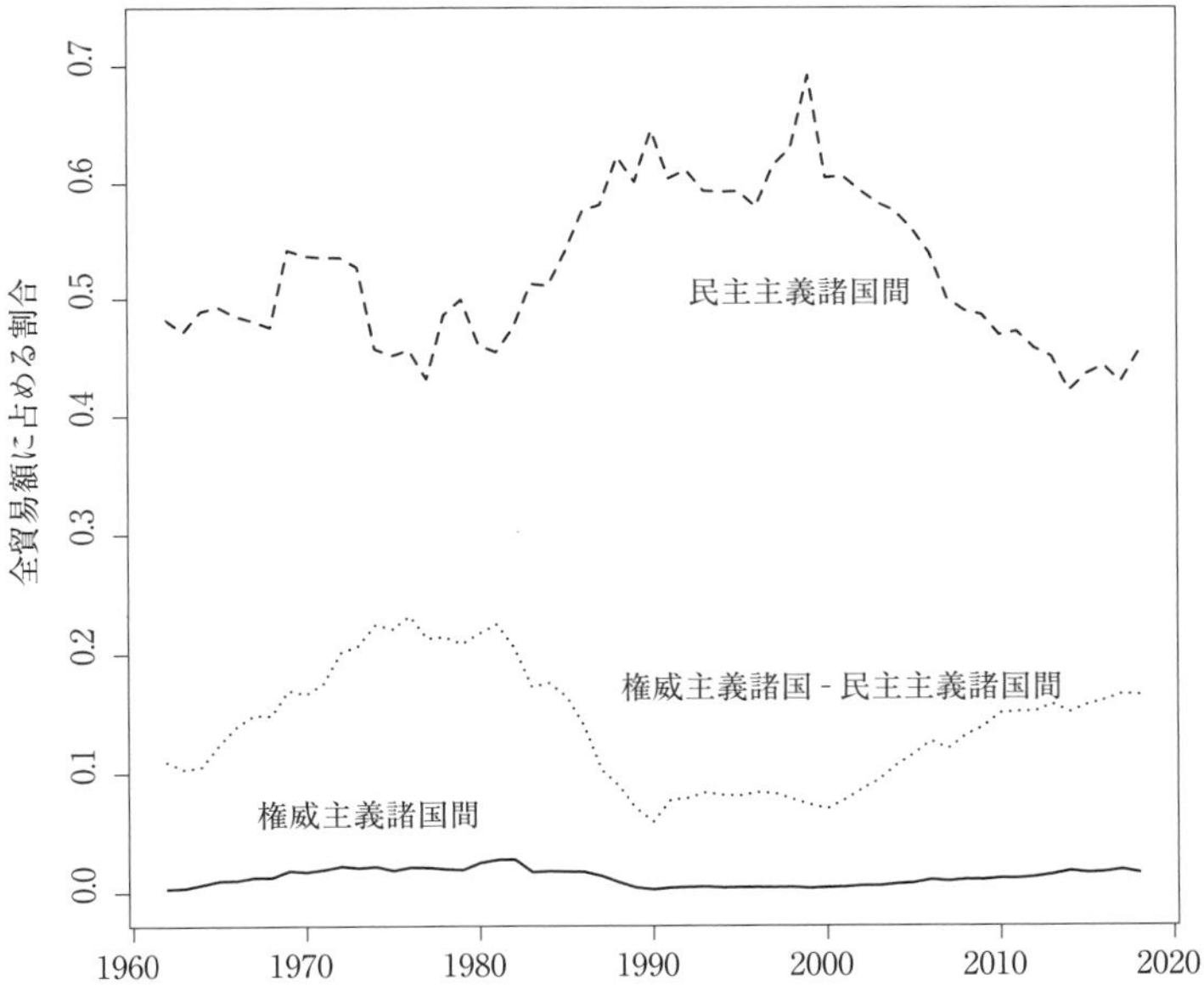

出所：United Nations. UN comtrade（2020）（http://comtrade.un.org/）（2020年２月７日閲覧）および Monty G. Marshall, Ted Robert Gurr, Keith Jaggers, "Polity IV: Regime Authority Characteristics and Transitions, 1800-2018", 2018（http://www.systemicpeace.org/inscrdata.html）をもとに、筆者作成。

ムの影響であると考えられる。

七〇年代以前には、中東地域の石油産業は国際石油メジャーに支配されており、石油価格はおおむねメジャーのカルテルによって管理されていた。しかし六〇年代後半から行われた石油産業の国有化が七〇年代初頭に完成し、また一九七四年の第四次中東戦争において湾岸アラブ諸国が「石油戦略」を実施したことで、この地域の石油に依存する民主主義諸国は権威主義的な湾岸アラブ諸国との貿易額を急激に増加させた。七〇年代以降の民主主義諸国は、権威主義体制国からの石油によって経済活動を成り立たせていたことは明らかである。

これに対して、一九八〇年から二〇〇〇年には「民主主義諸国の山」が形成される。これは一九八〇—九〇年代に石油価格が低下したことに加え、図7-2で確認したように、九〇年代に入って民主主義諸国の数が増加したことが影響していると考えられる。この「民主主義諸国の山」は、ウェナーの主張を再考する際に重要である。というのも、この山は、貿易関係を民主主義諸国に限定することが可能であると錯覚させるからだ。しかし現実には、この山は二〇〇〇年代後半に急激に縮小して二〇一〇年以降は五〇％程度にまで減少する。これは、一九六二年以来過去最低の水準である。これに対して、権威主義国と民主主義国の間の貿易は二〇〇〇年頃から急激に拡大し、二〇二〇年になると二〇％に迫る勢いを見せている。この傾向を、民主主義国の数が一九九〇年以降減少していないという事実（図7-2参照）にそって考えると、そこには重要な含意が存在することがわかる。前出の「民主主義諸国の山」の形成には民主主義諸国の増加が重要な役割を果たしてきたが、二〇〇〇年以降には数の効果は縮小した。むしろ、多数の民主主義諸国が少数の権威主義諸国との貿易関係を拡大させる時代に入ったことが窺える。もはや、民主主義諸国は権威主義国との貿易関係なくして、経済成長を維持できない時代にある。

このように考えると、民主主義諸国内の閉じた貿易関係を前提とした議論は、グローバル化が進展した八〇年代から二〇〇〇年代前半に築かれた「民主主義の山」を前提とした議論であり、ポスト・グローバリゼーションの時代には成立しがたい。我々は、政治体制を超えて形成される経済関係を前提とした国際社会に生活しているのであり、望まない隣人との切れない関係のなかで、将来を構想する以外にない。このようなグローバルな経済関係の中で、「グローバル化する権威主義諸国」は民主主義諸国に支えられながらその地位を維持し続けるのであり、湾岸アラブ諸国はその中心に位置され続けるだろう。

注

1　B. Eichengreen and D. Leblang, "Democracy and Globalization," *Economics & Politics* 20 (3), November 2008, pp. 289-334.

2　D. Rodrik, *The Globalization Paradox: Why Global Markets, States, and Democracy Can't Coexist*, Oxford University Press, 2011. ダニ・ロドリック／柴山桂太・大川良文訳『グローバリゼーション・パラドクス――世界経済の未来を決める三つの道』白水社、二〇一四年。

3　Steven Levitsky and Daniel Ziblatt, *How Democracies Die: What History Reveals about Our Future*, Viking, 2018.

4　R. Hinnebusch, "Globalization, the Highest Stage of Imperialism: Core-Periphery Dynamics in the Middle East," in S. Stetter (ed.), *The Middle East and Globalization: Encounters and Horizons*, Palgrave Macmillan, 2012; J. Beinin, "Neo-liberal Structural Adjustment, Political Demobilization, and Neo-authoritarianism in Egypt," in L. Guazzone and Daniela Pioppi (eds.), *The Arab State and Neo-Liberal Globalization: the Restructuring of State Power in the Middle East*, Ithaca, 2012. これらと類似の視点を持つものとして、Clement Moore Henry and Robert Springborg (eds.), *Globalization and the Politics of Development in the Middle East*, Cambridge University Press, 2010がある。

5　例えば、Paul Dresch and James Piscatori, *Monarchies and Nations: Globalisation and Identity in the Arab*

States of the Gulf, I. B. Tauris, 2005.

6 F. Gregory Gause III, *Oil Monarchies: Domestic and Security Challenges in Arab Gulf States*, Council on Foreign Relations, 1994.

7 加藤朗「民主主義の脆弱性と権威主義の強靭性——領域統治の観点から」『日本比較政治学会年報』第一二号、二〇一〇年、三一—六二頁。

8 John W. Fox, Nada M-Mourtada-Sabbah, Mohammed al-Mutawa, “Traditionalism globalized or globalization traditionalized?,” in John W. Fox and Nada-Mourtada-Sabbah, Mohammed al-Mutawa (eds.), 2010.

9 Hyeon and Cyn “A New Index of Globalization: Measuring Impacts of Integration on Economic Growth and Income Inequality,” *ADB Economics Working Paper Series*, no.587, July 2019.

10 A.T. Kearney / Foreign Policy Globalization Index, Foreign Policy, October 29, 2009 (https://foreignpolicy.com/2009/10/29/measuring-globalization-rankings/)（二〇二〇年二月七日閲覧）

11 Ben Lockwood and Michela Redoano, “The CSGR Globalisation Index: an Introductory Guide,” *Centre for the Study of Globalisation and Regionalisation Working Paper*, 155/04, 2005.

12 Savina Gygli, Florian Haelg, Niklas Potrafke and Jan-Egbert Sturm, “The KOF Globalisation Index - Revisited,” *Review of International Organizations*, 14 (3), 2019, pp. 543-574.

13 Monty G. Marshall , Ted Robert Gurr, Keith Jaggers, “Polity IV: Regime Authority Characteristics and Transitions, 1800-2018”, 2018 (http://www.systemicpeace.org/inscrdata.html).

14 A. Przeworski, Michael Alvarez, Jos. Antonio Cheibub, Fernando Limongi, *Democracy and Development: Political Insittutions and Well-being in the World, 1950-1990*. New York: Cambridge University Press, 2000.

15 M. Ross, *The Oil Curse: How Petroleum Wealth Shapes the Development of Nations*, Princeton University Press, 2012. マイケル・L・ロス／松尾昌樹・浜中新吾訳『石油の呪い——国家の発展経路はいかに決定されるか』吉田書店、二〇一七年。

16 *Ibid*. ch. 3 Appendix（第三章補遺）

17 Hazem Beblawi, “The Rentier State in the Arab World,” in H. Beblawi and G. Luciani, *The Rentier State in the*

Arab World, vol. 2, Nation, State and Institution in the Arab World, Croom Helm, 1987.

18 Ross *op.cit.*, p. 301.

19 ジャコモ・ルキアーニ「新たな政治経済エネルギー移行における炭素資源の役割」『政治経済的地域統合（グローバル関係学第六巻）』岩波書店、二〇二一年。

20 L. Wenar "Property Rights and the Resource Curse," *Philosophy and Public Affairs*, 36 (1), 2008, pp. 2-32.

21 この区分は、ポリティプロジェクトのサイトにある説明に依拠している（About Polity, The Polity Project, Center for Systematic Peace）（https://www.systemicpeace.org/polityproject.html）（閲覧日：二〇二〇年一一月一四日）。

22 United Nations. UN comtrade（2020）（http://comtrade.un.org/）（二〇二〇年二月七日閲覧）

第8章　規制国家化する国家

日本型市場経済の自由主義的再編と国家の規制能力

西岡　晋

一　市場経済の自由主義化と国家の機能

新型コロナウイルスのパンデミックによって、その潮流は一時的に停滞状態にあるが、この四半世紀余り、日本を含む世界各国は経済のグローバル化の波にかつてないほどにさらされてきた。経済的グローバル化には多様な側面があるが、市場経済の原理原則の徹底化とその社会的浸透を企図した新自由主義の波及、それに新自由主義のアイディアに裏付けられた市場経済の自由主義化が何にも増して重要な要素である。[1]

新自由主義は単に、自由な経営体同士による競争に裏付けられた市場経済を正当化するための経済的な哲学の座にとどまるだけでなく、国家の役割や民主主義のあり方をも理論的に根拠付ける政治的な哲学としての側面をもつ。[2] 新自由主義思想の下では、政府は市場経済の成長可能性を阻害する、非効率的な存在として扱われる。したがって、新自由主義に依拠するならば、一九世紀以降、積極国家化や福祉国家化に伴って拡大してきた国家の役割を大幅に見直し、むしろそれを縮小させることが第一に優先される。事実、一九八〇年代以降、グローバル化の進展とともに新自由主義言説が各国に波及・浸透した結果、「大きな政府」から「小さな政府」へと転換させて市場メカニズムを十全に機能させることを企図した、自由主義的改革が実行に移された。日本でも、国鉄・電電公社・専売公社の民営化、道路公団や郵政事業の民営化を始めとする自由主義的改革が行われた。[3]

このように、一般的にいえば、グローバル化の進展とそれに伴う自由主義的転回は国家の機能の縮減や能力の低下に直結することが想定される。しかし、それは果たして国家機能の全面的縮減を意味するのだろうか。本章は、一般的な想定とは異なり、実際には自由主義化は国家の縮小に帰結するのではなく、むしろ国家による規制の強化をもたらすというパラドクスを明らかにする。[4]

分析の対象とするのは、一九九〇年代以降の日本の競争政策である。日本の場合、新自由主義の受容や自由主義的改革の実行は単に政府の縮減だけでなく、市場経済システム自体の変化をも企図している。「資本主義の多様性論（Varieties of Capitalism）」によれば、日本の市場経済は、アメリカをはじめとする自由主義型市場経済とは異なる、「調整型市場経済」としての特徴をもつ。[5] ところが、一九九〇年代以降、日本の調整型市場経済の構成要素である下請け・系列関係を通じた強固な企業間ネットワークや護送船団方式にみられる政府・産業間の鉄の同盟の存在が、国際的に閉ざされた市場、あるいは消費者利益を軽視した生産者利益中心の政策を生み出す要因とみなされ、それらの調整型市場経済の仕組み自体が批判や改革の対象となった。その結果、市場経済の自由主義化が進められていく。

調整型市場経済から自由主義型市場経済への転換に際して、その重要性が認識されるようになった政策分野が競争政策（独占禁止政策）[6]である。それまで、日本の独占禁止政策の運用実態は国際的に見て低調であったが、市場メカニズムを十全に作動させるには競争政策を通じて政府が競争環境を整備することの必要性が改めて認識されたからである。そのため、同政策を所管する公正取引委員会（公取委）の機能強化が図られていく。

二　分析の視角

（1）積極国家から規制国家への転換

一九九〇年代以降のグローバル化の進展は国家をめぐる議論を活発化させ、国家の構造や機能の衰退あるいは変容がさまざまな角度から論じられてきた。数多くの議論の蓄積があるなかで、本章が着目するのが、マヨーネらが提唱する「規制国家論（regulatory state）」である。[7]

マヨーネによれば、政府には大きく分けて三つの主要な機能がある。第一に教育や公的医療なども含む「所得再分配」、第二に経済成長の維持や雇用保障などの「経済的安定化」、そして第三に企業独占や負の外部経済といった市場の失敗に対処するための「規制」である。これまでのヨーロッパ諸国の多くはこれら三つの機能のうち所得再分配を重視する「福祉国家」と、経済安定化を優先する「ケインズ主義型国家」という二つの側面を兼ね備えた「ケインズ主義型福祉国家（Keynsian welfare state）」という性質を色濃くもっていた。規制の機能は優先順位が低かったのである。これに対して、アメリカは三つ目の規制機能を連邦政府の主要な任務としており、ケインズ主義型福祉国家というよりは「規制国家」としての特徴を強くもつ。同じ先進国家であってもアメリカとヨーロッパとでは大きな違いがあった。[8]

しかしながら、高度経済成長が前提であった完全雇用や所得再分配の目標は、一九七〇年代以降のスタグフレーションの進行、高度経済成長の終焉によって達成が困難となり、ケインズ主義型福祉国家は行き詰まりを見せる。経済政策が拠って立つアイディアはケインズ主義からマネタリズムやサプライサイド経済学へと移り変わり、小さな政府が志向されるようになった結果、直接サービスを提供して社会に介入するのではなく、規制を通じて市場や社会環境を整備することが政府の新たな役割として認識されるようになった。そのため、今日ではアメリカだけでなく、ヨーロッパ各国あるいは欧州連合（EU）もケインズ主義型福祉国家から規制国家へと変化してきた。マヨーネはこのように主張する。[9]

別の論者は積極国家から規制国家への変化として、この間の国家の変質を特徴付けている。一九世紀以降、政府は夜警国家から積極国家あるいは福祉国家へと機能の拡大を進めてきたが、一九七〇年

表８－１　ガバナンスの変化と規制資本主義の特性

	夜警資本主義（19世紀）	福祉資本主義（1930〜70年代）	規制資本主義（1980年代〜）
舵手	市場	国家	国家
漕手	市場	国家	市場

出所：David Levi-Faur, "Regulatory Capitalism: The Dynamics of Change beyond Telecoms and Electricity," *Governance: An International Journal of Policy, Administration, and Institutions*, Vol. 19, No. 3, 2006, p. 505, table 2.

代以降の高度経済成長時代の終焉と自由主義化の波は夜警国家への後退というよりは規制国家の誕生へと結びついた。[10] 政府は民営化や規制緩和を進め直接的なサービス供給の担い手からは撤退する一方、民営化されたサービスの適正な供給を維持するには法的権限を通じた規制が必要になるため、政府の任務は規制行政が中心となる。[11]

規制国家化とは、ガバナンス論の文脈で頻繁に用いられる標語に引きつければ、「漕手（rowing）」から「舵手（sterring）」へと、国家の主要な役割が変質してきたことを意味する。[12] レヴィ‐フォールは国家と市場との関係性に焦点を定め、経済的グローバル化の進行及びそれに伴う新自由主義の浸透と、それらの理念とは裏腹の国家による規制強化が同時に進行する事態を「規制資本主義（regulartory capitalism）」の台頭として特徴付け、「規制のグローバル化」が生じていると述べる。[13] 漕手と舵手のそれぞれの主たる担い手は、一九世紀の夜警資本主義の時代にはともに市場（business）であったのが、二〇世紀以降の福祉資本主義の勃興とともに国家へと移行した。それが、現代の規制資本主義の下ではレッセフェールの時代と同様に漕手は市場へと取って代わられる一方、舵手の役割は、かつての世界に逆戻りするのではなく、引き続き国家が担っている（表８‐１参照[14]）。

新自由主義をアイディア上の源泉とする一連の自由主義的改革は民営化や規制緩和を旗印として、国家の役割の縮小を企図しているが、実のところ、それらの改革は単純に規制の全廃や国家の能力低下をもたらすわけではない。それどころか、規制緩和は再規制を生み出し、国家の規制能力をむしろ高めるという、パラドキシカルな帰結に至っているのである。[15]

(2) 独立規制機関の発展

ケインズ主義型福祉国家あるいは積極国家から規制国家への変質は社会や市場に対する政府の関与の形態や方法の変化を意味するが、それだけでなく社会や市場へ規制を通じて介入を行う行政機関の組織自体の刷新をもたらした。規制政策を企画立案し実際にそれを執行するためには、当該業務を担当する公的組織が必要となる。従来はいずれかの官庁に任務配分され、各規制政策を所管するのが通例であった。これに対して、一九九〇年代以降規制国家化の進展とともに、実際に規制を設定し執行するための組織として、伝統的な官僚組織に代わり「独立規制機関 (independent regulatory agencies)」と呼ばれる新たな機構が、ヨーロッパやOECD諸国のみならずラテンアメリカ諸国なども含めて各国で数多く誕生し、国境を越えて広く普及してきた。[16] 独立規制機関とは「規制権限を有する公的組織であって、かつ国民が直接選出するわけでも、民選機関が直接運営するわけでもない組織」のことである。[17] 規制政策を通して生産者の利益ではなく消費者の利益を最大化することを組織目的としつつ、他の政府機関から機構上隔絶し、選挙で選出された政治家による統制からも距離を置くことで、専門的知見をもつエキスパートによる職務遂行の独立性を保つ点を最大の特徴とする。[18] ヨーロッパ系の行政学は、狭義の独立規制機関だけでなく中央銀行や裁判所など、多数決主義を原則とする民主的枠組みによる統制から一定程度の独立性を保つ「非多数決機関（nonmajoritarian institutions）」の役割が重要化してきたことを論じている。[19]

独立規制機関は今日、競争政策、通信・放送、エネルギーなど多くの分野に設置されているが、本章では競争政策分野に焦点を当てる。日本で競争政策を主管する機関が公正取引委員会（公取委）である。公取委は委員長及び四名の委員から構成される合議制機関であり、その職権上の独立性が保障された「行政委員会」である。[20] 公取委は組織上、内閣府の外局として位置付けられるが、具体的な職務に関しては、内閣府の主任の大臣であるところの内閣総理大臣の指揮命令は受けない。[21] 国会との関係については、議会に対する一定の説明責任を負っているものの、職務執行そのものの独立性は保たれている。このような特質から公取委は独立規制機関として捉えることができる。[22]

三　公正取引委員会の武器

(1) エンフォースメントの強化

グローバル化が進み国家の能力が侵食されてきたと指摘されるが、実際には規制国家化が進み、規制行政の面ではむしろ国家の能力は強化されてきた。以下では、規制行政を中心的に担う独立規制機関の一つである公正取引委員会に焦点を当て、その政策実施能力が向上してきたことを、複数のデータを用いて明らかにしていく。

政策は実施されて初めて意味をもつが、そのためには、まずもって個々の施策の実効性を確保する必要がある。実効性を確保するための措置として、法令違反を犯した者へ制裁を科すことなどの対抗措置を講ずることが考えられる。その対抗措置のことを法律学では「エンフォースメント」と呼ぶことがある。[23]「エンフォースメント」とは、端的には法の執行や実現のことを指す言葉であるが、独占禁止法（独禁法）分野に当てはめた場合、独禁法違反行為を排除し、一定の制裁を科すことなどを通じて、独禁法の本来の目的である競争状態の維持・確保を実現させることを意味する。[24]独禁法は不当な取引制限、私的独占、不公正な取引方法、事業者団体規制、企業結合規制等に関するさまざまな規制事項を定めているが、実際に執行されなければ、法に定めた規定は実質的な意味をもたない。[25]しかし、日本の競争当局は諸外国、とくにアメリカのそれと比較して、競争政策の執行力やその体制が十分整備されておらず、エンフォースメントの面で見劣りすることが指摘されてきた。[26]日本の独禁法は、一九四七年、当時のGHQによる強い働きかけの下、競争法としてはアメリカとカナダについで世界で三番目というきわめて早い段階で制定され、規制機関である公取委も同時に創設されたにもかかわらず、その後の独禁法の運用は押しなべて低調であった。しかしながら、九〇年代以降、エンフォースメントの強化が図られていく。それは、なぜだろうか。

第一の重要な転機は、一九八九年から開始された日米構造協議（Structural Impediments Initiative）

である。日米構造協議では日本の独禁政策の機能強化、同政策を所管する公取委の体制拡充がアメリカ側からの強い要望によって重要な検討課題として挙げられた。日本が閉鎖的な市場を維持してきた一つの要因が独禁政策の脆弱性にあるとみなしたアメリカ政府は、日本市場の開放化には独禁法と公取委の強化が何としても必要であることを力説したのである[27]。日本政府はアメリカ側からの要請を受け、実際に独禁法の改正を行って規制強化に乗り出すとともに、公取委の権限やエンフォースメントの強化を進めていった。

第二の転機は、二〇〇一年の小泉政権の発足である。バブル経済崩壊後、旧来の日本型市場レジームが「失われた時代」をもたらした元凶であり、経済的グローバル化に適応するためにも「構造改革」が必要であることが謳われるようになる。小泉政権の発足はそうした国民の声を受けてのものだった。

二〇〇一年五月七日に首相就任後初めて行われた所信表明演説で、小泉首相は構造改革の断行が内閣の最重要課題であると位置付け、構造改革の一つとして「二十一世紀の環境にふさわしい競争的な経済システムをつくること」を掲げた。そのために規制改革を推進するとともに、「市場の番人たる公正取引委員会の体制を強化し、二十一世紀にふさわしい競争政策を確立します」と述べた（二〇〇一年五月七日第一五一回国会衆議院本会議[28]）。首相の所信表明演説で競争政策について言及がなされることと自体が「画期的なこと」であり[29]、この演説を契機として、その後、公取委の体制強化が図られ、小泉政権期の二〇〇五年の独禁法大改革につながっていく[30]。

二〇〇五年改正は、課徴金制度を導入した一九七七年改正以来の大規模改正として知られている。不当な取引制限に対する課徴金算定率の大幅引き上げ、課徴金対象違反類型の拡大、繰り返し違反行為に対する加重算定率の導入といった課徴金制度の強化・拡充、課徴金減免制度の導入、刑事告発の積極的適用を狙いとした犯則調査権限の導入、事件処理の効率化を目的とした行政処分手続及び審判制度の見直しなど、独禁政策のエンフォースメントの強化や公取委の権限拡充を一段と進める内容のものであった。[31] 加えて、公取委の予算や定員も増え執行体制の拡充も図られた。この時期、公取委は独禁法違反事件の摘発・処理に積極的に取り組み、「吠えない番犬」が「吠える番犬」に変貌したと恐れられるほどだった。[32]

(2) 排除措置命令の増加

独禁法が定めているエンフォースメントの手段は、大別すると、行政処分、刑事罰、民事救済の三つである。[33] 本章では公取委が措置主体である行政処分と刑事罰について言及する。

独禁政策上最も枢要な手段が行政処分である。具体的には排除措置命令や課徴金納付命令などが含まれる。とくに前者は公取委が行使する法的措置のなかで中核的なものとして位置付けられてきた。排除措置命令は独禁法に違反する競争制限的・阻害的な行為があると認められた場合に、それらの行為を排除することを命じる行政処分である。違反行為の排除により、競争秩序を回復することが排除措置命令を発する目的である。[34] 排除措置命令の内容は違反行為の態様によっても異なるが、違反行為

図８－１　排除措置命令件数の推移

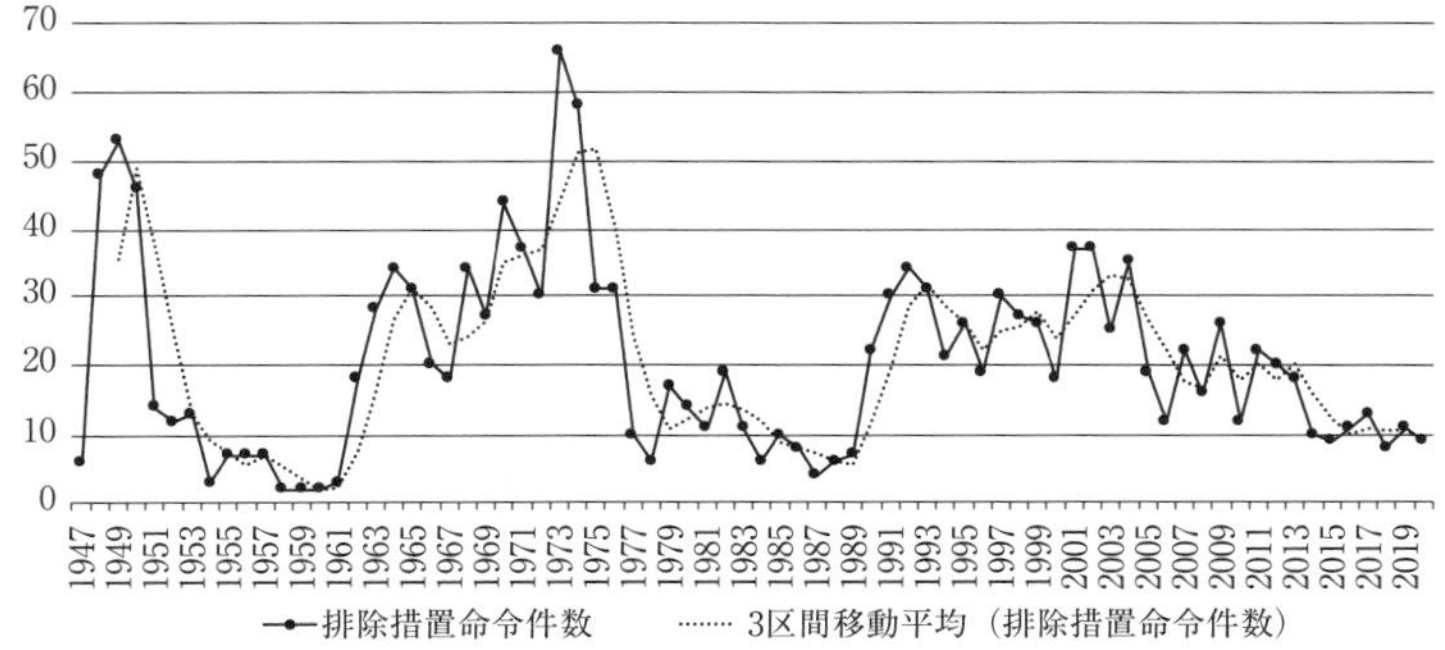

注：件数に含まれるのは現行独禁法下の「排除措置命令」、旧法（2005年改正以前）下の「勧告」「審判開始決定」である。

出所：1947〜1996年度は公正取引委員会委員会事務総局編『独占禁止政策五十年史（下巻）』公正取引委員会委員会事務総局、1997年、252-253頁、1997〜2019年度は公正取引委員会『(各年度）年次報告』各年、〈https://www.jftc.go.jp/soshiki/nenpou/〉2021年６月15日閲覧、2020年度は公正取引委員会「令和２年度における独占禁止法違反事件の処理状況について」2021年、３頁図２〈https://www.jftc.go.jp/houdou/pressrelease/2021/may/210526_kanki_shorijokyo_pdf_img/210526honbun.pdf〉2021年６月14日閲覧、より筆者作成。

の取りやめ、違反行為を取りやめた旨の取引先や従業員などへの周知、将来における同種・類似の行為の禁止、行動指針の作成や研修などの再発防止策の実施、公取委への報告などが、その代表的なものである[35]。

図８-１はこれまでに公取委が行った、排除措置命令の件数の推移を示したものである（実線）。年度ごとの増減幅が大きく中長期的傾向が捉えにくいため、三区間移動平均を算出しグラフ化したものを重ねている（点線）。占領統治期には年間五〇件を超えることもあったが、その後の「冬の時代」には一桁台にまで落ち込む[36]。一九六〇年代に入ると公取委の活動が再び活性化し始め、とくに第一次オイルショックの時期にはカルテル事件の摘発が相次ぎ、七三年度には六六件に達した。最盛期を過ぎると再度停滞し八七年度には四

件にまで低下した。ところが、日米構造協議で独禁法や公取委の執行活動の強化が重要な議題になると、その後実際に排除措置命令の件数が増加へと転じる。二〇〇〇年代前半の小泉政権の下でも件数が増加していることがわかる。最近は件数が減少傾向にあるが、一九九〇年度から二〇二〇年度までの三〇年間の平均値は二二・二件である。

移動平均を見てみると、大きな山が三つある。第一に戦後直後の占領統治下の時期、第二に一九六〇年代後半から七〇年代半ばにかけての時期、そして第三に九〇年代から二〇〇〇年代までの時期である。前の二つの時期は山が急峻で、増加と減少の程度が急速に変化している。これに対して第三の時期は、山型というよりは台地の形状を成し、上りと下りの坂は緩やかである。このことは、九〇年代以降、少なくともそれ以前と比べれば、公取委の活動が安定的であることを示している。

四　金銭的制裁手段の拡充

(1) 課徴金制度の導入と発展

排除措置命令と並ぶ公取委の重要な武器は、金銭的制裁手段である課徴金制度である。公取委は、独禁法違反事業者に対して行政処分の一環として課徴金納付命令を発し、金銭上の制裁を加えることができる権限をもつ。課徴金納付命令の対象となる行為は、①カルテルや談合などの不当な取引制限、②私的独占、③一部の不公正な取引方法である。

課徴金制度は一九七七年の独禁法改正で初めて導入された。従前においてカルテルに対して公取委が課す法的措置は排除措置命令にとどまっていた。独禁法上の制裁措置としては刑事罰や損害賠償請求の仕組みが規定されていたものの、前者は実際にはほとんど発動されておらず、後者も実効性に乏しかったことから、実質上の意味において制裁的効果を発揮する執行手段は無きに等しい状況にあった。排除措置命令のみであれば、カルテルによって得られた不当利得は当該違反企業から剥奪されることもなく、企業にとってカルテルはいわば「やり得」であったといえる。課徴金制度の導入は違反企業から課徴金を納付させ不当利得を徴収することで、「やり得」を防ぐことを企図したものだった[37]。導入当初の段階では、価格引き上げ効果を伴うカルテルに関して、カルテル実行期間中の対象商品売上額の三％（製造業は四％、小売業は二％、卸売業は一％）の二分の一を課徴金として納付させるという制度であった[38]。

その後、日米構造協議の場で日本側が取るべき措置として独禁法の運用強化が挙げられた。一九九〇年六月にまとめられた最終報告書では、課徴金引き上げを盛り込んだ独禁法改正案の国会提出などが謳われた[39]。最終報告書の内容を受け、課徴金制度の強化に向けた政府部内での検討が早々に開始され、九〇年七月に内閣官房長官の下に「課徴金に関する独占禁止法改正問題懇談会」が設置された。一二月に公表された同懇談会の最終報告書では課徴金制度の水準を抜本的に見直すことなどが提言され、公取委は同報告書に基づいて独禁法改正案を取りまとめ、九一年三月に国会に提出した。四月に独禁法改正案が可決・成立し、不当な取引制限に対する課徴金算定率が原則一・五％から六％に引き

図8－2　課徴金制度の運用状況の推移

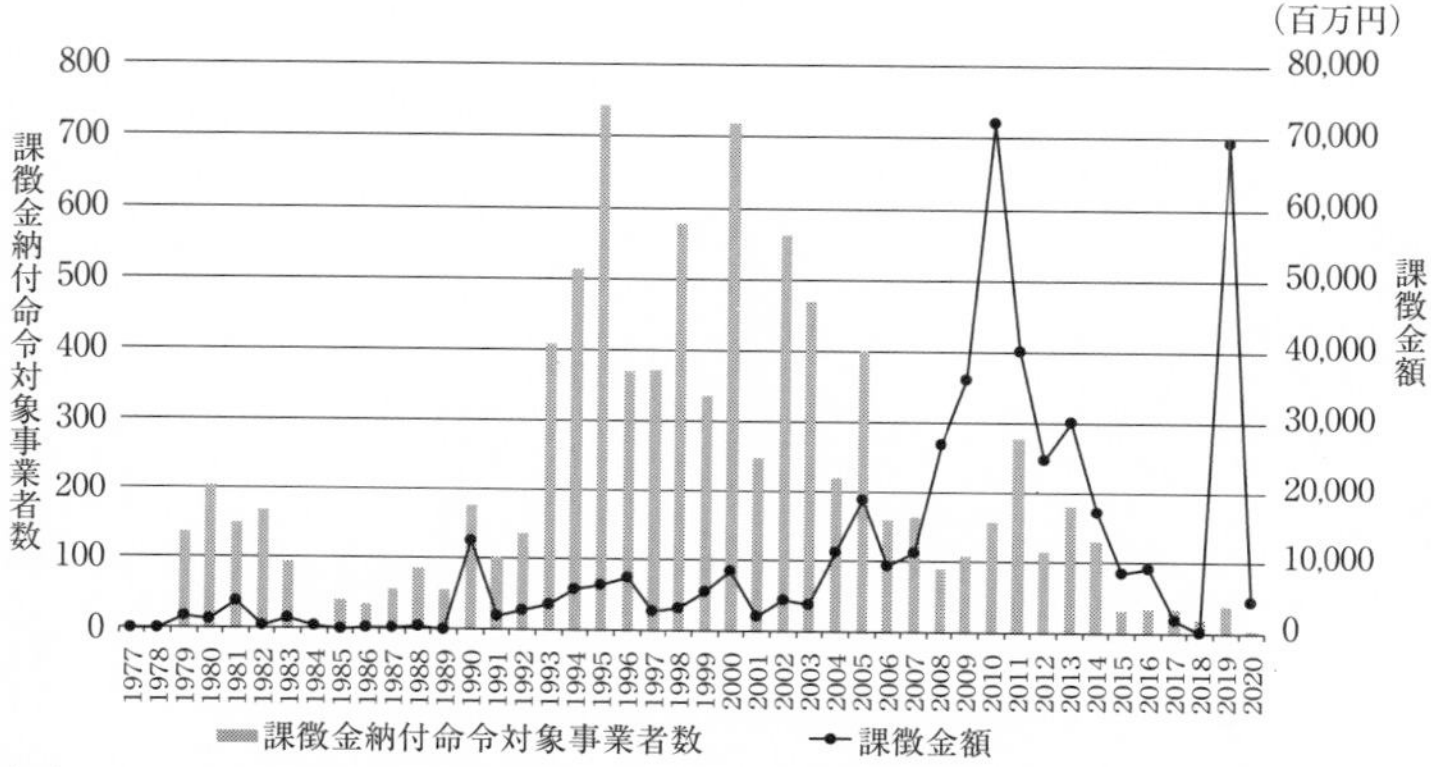

出所：1977～2019年度は公正取引委員会『令和元年度公正取引委員会年次報告』2020年、40頁第５表〈https://www.jftc.go.jp/soshiki/nenpou/index_files/r1nenpou.pdf〉2021年６月14日閲覧、2020年度は公正取引委員会、前掲資料（2021年）、３頁、より筆者作成。

上げられた。[40]

二〇〇〇年代に入ってからも課徴金制度の強化を内容とする法改正が複数回行われている。〇五年改正では、不当な取引制限に対する課徴金算定率の原則一〇％への引き上げ、繰り返し違反行為に対する加重算定率の導入、課徴金納付命令の対象の拡大（購入カルテルや支配型私的独占の対象化）などが実現した。〇九年改正では、課徴金納付命令の対象違反類型の拡大（法定五類型の不公正な取引方法や排除型私的独占の対象化）、不当な取引制限の主導的事業者に対する加算算定率の導入が行われた。[41] 一九年六月に成立した改正独禁法においても、課徴金算定基礎の追加、課徴金算定期間上限の三年から一〇年への延長、中小企業要件の厳格化、業種別算定率の廃止などが決まった。九〇年代以降法改正が繰り返され、課徴金制度の強化・拡充が図られてきたのである。

図8-2は課徴金制度が導入された一九七七年度

以降、現在に至るまでの、課徴金納付命令の対象となった事業者数と課徴金額の推移を示したものである。全体的な基調としては、七〇年代から九〇年代初頭に至るまでの時期は課徴金納付命令対象事業者数・課徴金額ともに低調であったところ、それ以降は課徴金制度を用いた法執行が盛んとなってきたことがわかる。九〇年代は対象事業者数が増加したのに対して、二〇〇〇年代に入ると対象事業者数は減少するものの課徴金額が桁違いに増え、大型事件が摘発されるようになった。竹島委員長時代の〇二〜一二年までの一〇年間は公取委の法執行力がとくに強化された時期に当たり、そのなかでも〇八〜一一年度のあいだは課徴金額が急増している。[42] その後は一転して低調であるが、[43] 日米構造協議以降、課徴金制度の拡充が進み、実際の執行も概ね強化されてきたといえる。

（2）課徴金減免制度の導入と発展

課徴金減免制度（リニエンシー）とは、独禁法に違反するカルテルや入札談合を行っていた事業者が公取委に対して自主的に違反事実を申告すれば、本来課せられるはずの課徴金を減免するというものである。カルテルは秘密裏に行われることから競争当局による摘発が非常に難しい。事業者に法令遵守の経済的インセンティブを与え、カルテル参加者の裏切り行為を誘発することを通じて、カルテルの発見・摘発を容易にすることが制度の主旨である。すでに制度が導入されていた諸外国でカルテルの摘発に対する有効性が認められ、日本でも制度化が進められることになった。[44]

課徴金減免制度が独禁法改正によって実現したのは二〇〇五年である。既述のように、〇一年の小泉首相の所信表明演説で競争政策や公取委の体制強化が宣言され、独禁法の規制強化に向けた動きが加速していくことになった。[45] 〇二年三月二九日に閣議決定された「規制改革推進三カ年計画（改定）」に、「厳正な独占禁止法の執行を図る観点から、現在の独占禁止法の措置体系及び公正取引委員会に付与されるべき権限の在り方についての一体的な検討を開始する」ことが盛り込まれた。[46] また、〇二年の独禁法改正時の国会審議の過程では、公取委の体制強化などとともに、「独占禁止法違反行為に対する抑止力の強化の観点から、課徴金、刑事罰や公正取引委員会の調査権限の在り方を含めた違反行為に対する措置体系全体について早急に見直すこと」を求めた附帯決議が採択された（二〇〇二年四月一七日第一五四回国会衆議院経済産業委員会）。加えて、小泉政権発足後初となる〇三年一一月の衆議院総選挙では、自民党が公取委の権限強化などを含む独禁法改正を公約の一つとして掲げた。

このような政府の基本方針や国会での決議、政権与党の決意表明などを受け、公取委は二〇〇二年一〇月に独占禁止法研究会を発足させ、措置体系の見直しを含む独禁法改正に向けた本格的な検討を開始した。研究会では約一年間に及ぶ議論を経て、課徴金制度の強化や犯則調査制度の導入、審判制度の見直しなどを提言内容とする最終報告書を、〇三年一〇月に提出した。最終報告書では、カルテルに対する規制の実効性を高めることを狙いとして、すでに欧米諸国で実績が認められている課徴金減免制度の導入も謳われた。[47] 研究会での検討結果や各界から寄せられた意見などを踏まえつつ、公取委は〇四年四月一日に課徴金の引き上げや課徴金減免制度の導入などを盛り込んだ「独占禁止法（案）の概要」をまとめた。当初、公取委は通常国会での法案提出を予定していたが、経団連が課徴

図８－３　課徴金減免申請件数の推移

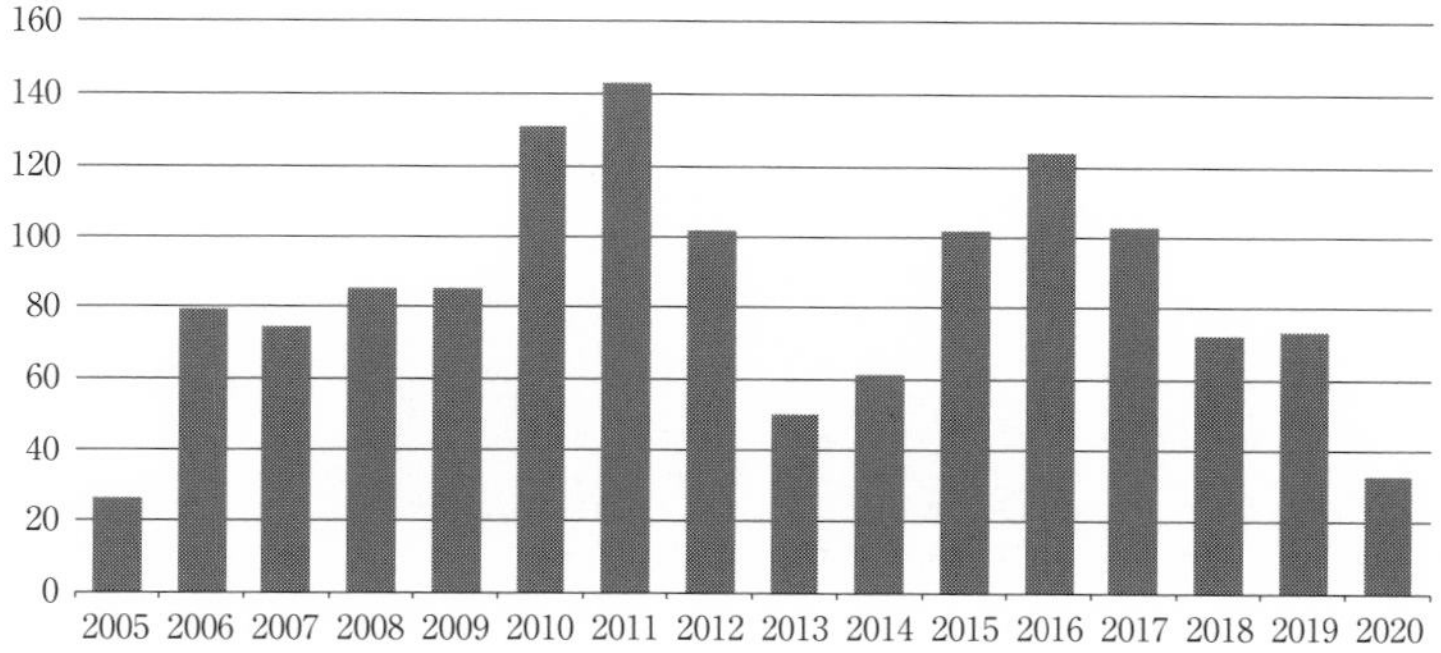

注：2005年度は課徴金減免制度が導入された2006年１月４日から３月末日までの件数である。
出所：2005～11年度は公正取引委員会「平成23年度における独占禁止法違反事件の処理状況について」2012年、４頁表１〈https://www.jftc.go.jp/houdou/teirei/h24/04_06/kaikenkiroku120606_files/120606.pdf〉2021年６月14日閲覧、2012～18年度は公正取引委員会「平成30年度における独占禁止法違反事件の処理状況について」2019年、５頁表１〈https://www.jftc.go.jp/houdou/pressrelease/2019/jun/kanki/190605honbun.pdf〉2021年６月14日閲覧、2019～20年度は公正取引委員会、前掲資料（2021年）、６頁表１、より筆者作成。

金の引き上げなどに強硬に反対したこともあって、提出を断念せざるを得なかった。経団連は課徴金減免制度についても、改正案で示された仕組みでは「有効に機能するとは考えられない」と批判を加えている。[48]秋の臨時国会に提出された後、継続審議となり、最終的には翌〇五年四月に可決・成立した。

課徴金減免制度は二〇〇六年の施行後、大きな成果を挙げてきた。図８-３は、課徴金減免制度の申請者がどのくらいあったのか、その推移を表したものである。制度の導入時には、協調性を重んじ密告や裏切りを嫌う日本の社会や企業の文化には馴染まず、実効性もないといった批判や疑問も寄せられていた。[49]ところが、予想に反して、制度が導入された当初から減免申請をする事業者が相次いだ。[50]制度施行日は二〇〇六年一月四日であったが、この日から同年三

図８－４　課徴金減免制度適用件数の推移

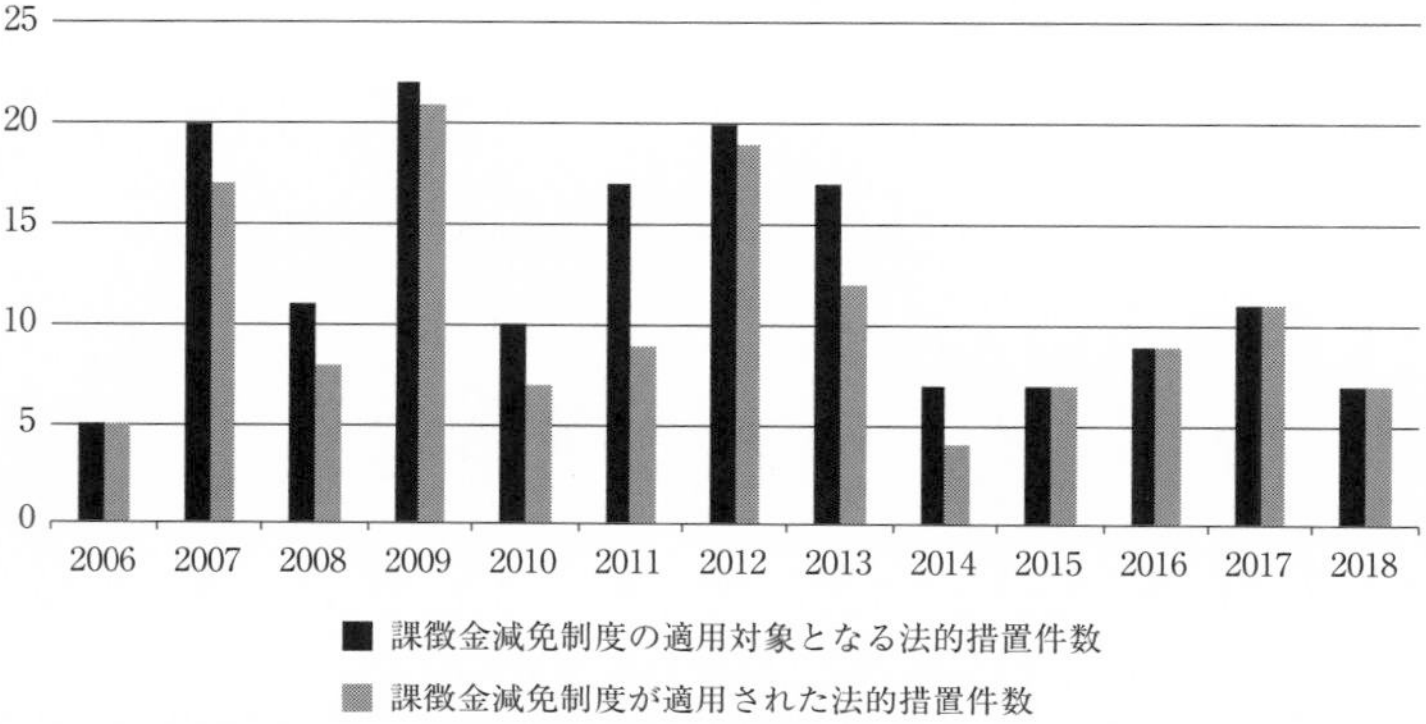

注１：法的措置件数とは、排除措置命令または課徴金納付命令が行われた事件の件数である。１つの事件について排除措置命令と課徴金納付命令がともに行われた場合は１件としている。
注２：課徴金減免制度が適用された法的措置件数は、公表されている情報に基づいている。
出所：2006～16年度は公正取引委員会「課徴金減免制度導入後の運用状況」2017年、１頁表２〈https://www.jftc.go.jp/houdou/pressrelease/h29/jun/170607_1_files/betten1.pdf〉2021年６月14日閲覧、2017～18年度は公正取引委員会「令和元年度公正取引委員会実績評価書（実績評価書資料別添２－２）」（政策評価書）2019年、６頁表７〈https://www.jftc.go.jp/houdou/pressrelease/2019/aug/190830seisaku_files/betten2.pdf〉2021年６月14日閲覧、より筆者作成。

月三一日までの三カ月間で申請件数は二六件に及んだ。その後は、〇九年の独禁法改正によって制度の対象となる行為類型や減免申請者数が拡大されたこともあり、一〇～一一年度はとくに数が増えている。（〇五年度は除き）〇六～二〇年度全体を通じて見るならば、平均値は約八七・八件であり、年度によって多少の増減はあるものの、申請件数は比較的堅調に推移している。制度導入時に公取委員長であった竹島一彦も、申請件数の多さは想定外の「うれしい誤算」であったと率直に語っている。[51]

とはいえ、申請件数の多寡に対する解釈には慎重さが求められる。申請件数は事件数（一つの独禁法違反行為）そのものを表す数字ではない。一つの事件で複数の申請が出されることや、一事業者が多数の申請を行うこともあるためである。[52]

そこで、経済法学者の泉水文雄の分析に倣い、つぎに課徴金減免制度の利用率をみることで、その重要性を確認する。[53] 図8-4は課徴金減免制度の対象となりうる法的措置のうちで同制度が適用された件数の推移を示している。この図からは、課徴金減免制度が導入された直後から積極的に利用され、大多数の場合において同制度が適用されていることがわかる。二〇〇六～一八年度の累計で法的措置件数が全体で一六三件であったのに対して、同制度が適用された件数は一三六件であり、全体に占める割合は八割以上にも及ぶ。

制度導入後、課徴金総額が増加傾向にあることからも、事業者からの情報提供が大型事件の発見・摘発につながっているものとみられ、一定の効果を発揮してきたとの見解が専門家のあいだでも有力である。[54] なかには、「誰もが想定しなかったほどのすさまじい威力を発揮した」との絶賛すら聞こえる。[55] 公取委は強力な武器を新たに手に入れることに成功したのである。[56]

五　刑事罰の積極的活用

独禁法は不当な取引制限、私的独占などの違反行為に対する刑事罰を定め、実行行為者に刑事罰を科すことが可能である。重大な独禁法違反に関しては実行行為者だけでなく、当該法人や法人代表者にも刑事罰が科されうる。しかし従来、公取委は刑事罰の適用にはきわめて慎重な態度をとり、公取

図８－５　刑事告発件数の推移

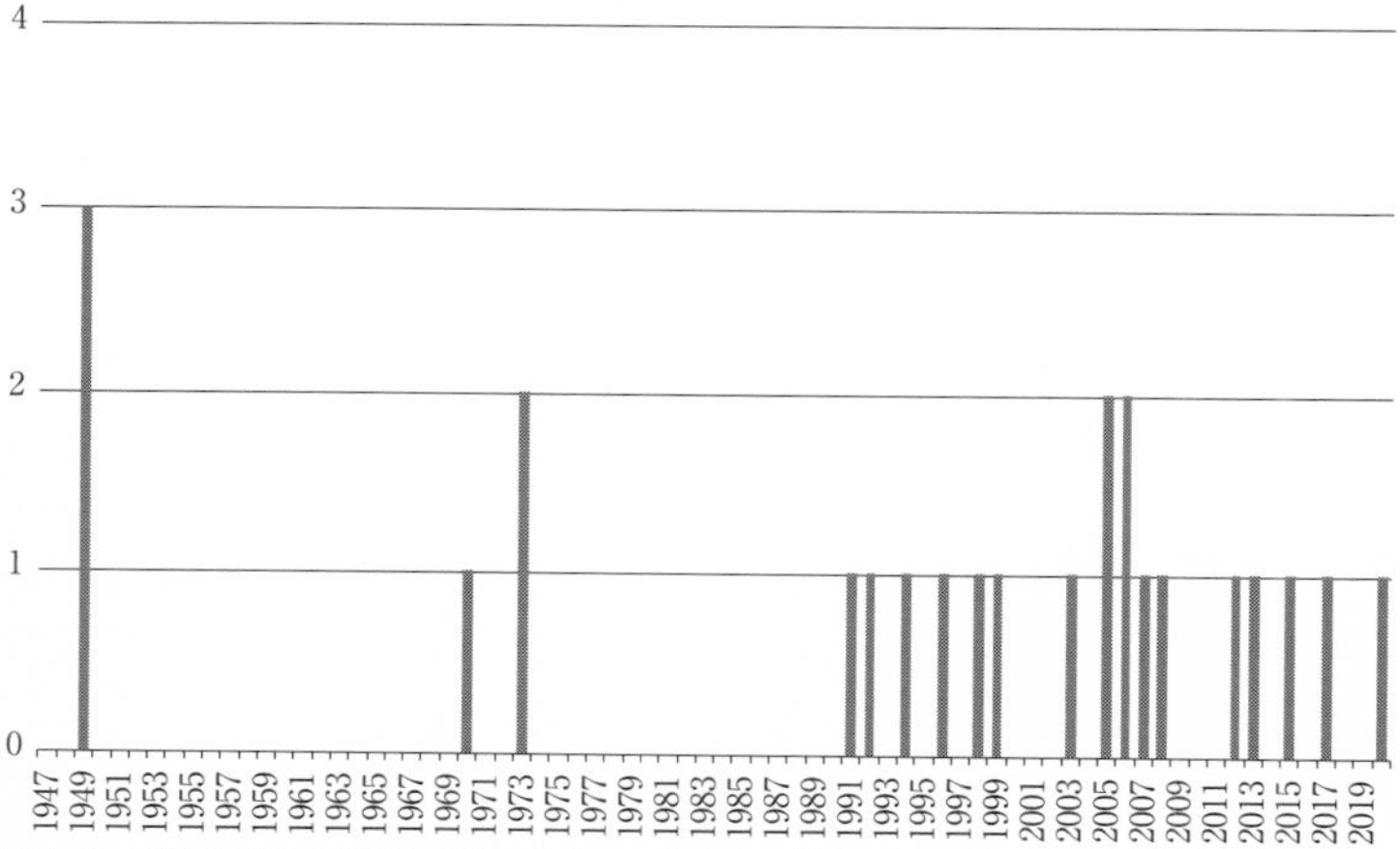

注：同一事件の場合は追加告発分も含めて１件として算出している。
出所：1974〜2019年度は公正取引委員会、前掲年次報告（2020年）、318-326頁、２－４表、2020年度は公正取引委員会、前掲資料（2021年）、４頁、より筆者作成。

委から検察当局への刑事告発はほとんど行われてこなかった。刑事告発は、独禁法が制定された一九四七年から八〇年代末までの四〇年間ではわずか六件に過ぎなかった。そのうちの三件は占領期のものであり、二件が七三年度の石油カルテル事件である。刑事告発はまったくといってよいほどに行われてこなかった。[57]

ところが、図８－５に示されているように、一九九〇年代以降刑事告発の件数は、実数自体は依然として多くないとはいえ、増加傾向にある。全二四件のうち一八件が九〇年代以降に集中している。なぜ、近年に至って刑事告発が増加したのだろうか。

刑事罰強化の基調は日米構造協議を契機として生み出されたものである。日米構造協議では独禁法上の刑事罰の強化も日本側の課題とされ、これを受け、公取委は刑事罰の積極的な運用に向けて制度の整備・拡充を図っていく。一九九〇年四月には公取委と法務省刑事局とのあいだで「連絡協議会」が設置され告発手続きに関する検討が進められた。協議会で検討が終了した後、九一年一月に告発事案についてその都度協議を行うための「告発問題協議会」が設置されるなど、刑事当局との意思疎通の改善が図られた。九〇年六月には価格カルテル、供給制限カルテル、入札談合などにおいて国民生活に広範な影響を及ぼすと考えられる悪質かつ重大な事案、違反を反復して行っている事業者・業界などに関して、行政処分にとどまらず、刑事処罰を求めて積極的に告発を行うことを記した「告発方針（独占禁止法違反に対する刑事告発に関する公正取引委員会の方針）」を明らかにした[58]。刑事告発が増え始めたのは、告発方針が公表されて以降のことである[59]。

これに加えて、先にも触れた「課徴金に関する独占禁止法改正問題懇談会」で独禁法違反行為に対する抑止力強化の一環として刑事罰の強化に向けた検討を行う必要性のあることが指摘され、また一九九一年の改正独禁法成立の過程において、衆議院商工委員会で刑事罰の強化について検討すべき旨の附帯決議が付された。同年一月には公取委に「独占禁止法に関する刑事罰研究会」が設置され、一二月に取りまとめられた最終報告書で、両罰規定における事業者等に対する罰金刑を従業者等の行為者に対するそれと切り離した上で、前者の上限額を数億円程度に引き上げることなどが謳われた。最終報告書の内容を踏まえつつ、公取委は不当な取引制限等に関する法人企業の罰金額の最高限度額を五〇〇万円から一億円へと引き上げることを盛り込んだ独禁法改正案を取りまとめ、九二年三月に国会に提出した。同国会では継続審議となったが、同年一二月の臨時国会で可決・成立した[60]。

制度改革を経てもなお、刑事罰の適用事件数はそれほど増えてはこなかった。そのため、公取委の調査権限の強化などを狙いとして、[61]二〇〇五年の独禁法改正により、犯則調査権限が新たに導入された。[62]犯則調査とは「法令がその違反に対して刑事罰をもって臨んでいる行為について、通常の刑事訴訟法に基づく捜査によることとなく、行政機関が告発を終局の目標として、犯則者および証拠を発見・収集するための手続」のことを指す。[63]これにより、公取委は独禁法八九条から九一条までの罪に係る事件（犯則事件）を対象に犯則調査をする権限が与えられた。犯則嫌疑者や参考人に出頭を求め、質問をしたり、物件を検査するなどの任意調査に加えて、裁判官から許可状を得た上で臨検、捜索、差押えといった強制調査をも行えるようになった。[64]

このように、アメリカからの圧力を契機とした公取委の方針変更や制度改革の積み重ねによって、日本でも徐々に刑事告発が行われるようになったのである。

六　グローバル化時代の国家規制

グローバル化の進展は国境の実質的な機能を無効化させ、国民国家の範域と正統性を侵食する作用をもつ。とりわけ、新自由主義言説に基礎付けられた自由主義化のグローバルな潮流は政府の構造と機能とを縮小させる方向に働いてきた。しかし、それは果たして国家の全面的衰退を意味するのだろうか。

本章は、一般的な通念や想定とは異なり、実際には自由主義化は国家機能の縮減に直結するのではなく、国家の中核的な機能、すなわち規制行政の面ではむしろその機能や能力の強化につながり「規制国家化」が進んできたことを、日本の競争政策と公取委を事例にして明らかにしてきた。一九九〇年代以降、新自由主義の浸透とともに、日本型市場システムの特徴であった調整型市場経済の改革が政治的にも重要な課題として認識されるようになった。日米構造協議や小泉政権による構造改革は日本の調整型市場経済にメスを入れ、自由主義型市場経済へと転換させる意図をもっていた。これらの自由主義的改革は基本的には国家の役割の縮小をも含意するものだったが、現実には、それと並行して国家の規制能力はむしろ強化されてきた。独禁法は規制を厳格化する方向で改正され、公取委のエンフォースメントの拡充も行われてきた。その過程では純粋持株会社の解禁や審判制度の廃止など、経済界が要望してきた改革案も実現した。したがって、独禁政策の規制強化、公取委の権限拡充が経済界の意向を無視する形で一方的に進められてきたわけでない。しかし、全体としてみれば、九〇年代以降明らかに公取委の力は強まってきたといえる。公取委は企業活動を規制するために必要な新たな武器を手に入れ、それらの武器を実際に使ってきたからである。

競争政策以外でも企業統治改革など、近年、企業の国際的競争力の向上を狙いとして、市場経済の自由主義化を促進する政策がむしろ政府主導の下で行われている。[65] さらに最近では、いわゆる「ＧＡＦＡ（Google, Amazon, Facebook, Apple）」に代表されるデジタルプラットフォーム企業の経済的・社会的な影響力が強まり、市場において支配的な地位を築き上げるなか、日本を含めて各国が競争政策や個人情報保護などの観点からそれら巨大ＩＴ企業に対する規制を強めつつある。グローバル化や自由主義化の圧力の下、国家は空洞化すると考えられてきたが、実際には必ずしも国家機能の全面的な縮小に至っているわけではない。

　新型コロナウイルスのパンデミックは経済活動を完全に麻痺させ、倒産や廃業に追い込まれた事業者や政府や金融機関などからの援助なしには事業を継続することが危うくなった企業が続出した一方で、一部の企業はむしろ業績を伸ばし最高益を記録するところさえあった。公平な競争環境が損なわれ、企業間の格差が拡大する懸念もある。ポストコロナの時代にあっても、競争政策の重要性は変わらないどころか、ますます高まっていくだろう。国家は簡単には衰退しないのである。[66]

＊本章の執筆に際して、同僚の滝澤紗矢子先生（経済法専攻）に草稿をお読みいただき貴重なご助言を頂戴した。また公正取引委員会の職員の方にも問い合わせに応じていただいた。この場を借りて深謝申し上げる。当然ながら、ありうる誤りに対する責任はすべて筆者に帰せられる。なお、本章は日本学術振興会科学研究費補助金（17K03524・18KK0358）の交付を受けた研究成果の一部である。

注

1　デヴィッド・ハーヴェイ／渡辺治監訳『新自由主義――その歴史的展開と現在』作品社、二〇〇七年。Vivien A. Schmidt and Mark Thatcher (eds.), *Resilient Liberalism in Europe's Political Economy*, Cambridge: Cambridge University Press, 2013; Beth A. Simmons, Frank Dobbin, and Geoffrey Garrett, *The Global Diffusion of Markets and Democracy*, Cambridge: Cambridge University Press, 2007; Kathleen Thelen, *Varieties of*

Liberalization and the New Politics of Social Solidarity, New York: Cambridge University Press, 2014.

2　Vivien A. Schmidt and Mark Thatcher, "Theorizing Ideational Continuity: The Resilience of Neo-Liberal Ideas in Europe," in Schmidt and Thatcher (eds.), *op. cit.*, p. 7.

3　大嶽秀夫『自由主義的改革の時代――一九八〇年代前期の日本政治』中央公論社、一九九四年。

4　Giandomenico Majone, "The Rise of the Regulatory State in Europe," *West European Politics*, Vol. 17, No. 3, 1994, pp. 77–101; Steven K. Vogel, *Freer Markets, More Rules: Regulatory Reform in Advanced Industrial Countries*, Ithaca: Cornell University Press, 1996; Linda Weiss, "The State in the Economy: Neoliberal or Neoactivist?," in Glenn Morgan, John L. Campbell, Colin Crouch, Ove Kaj Pedersen, and Richard Whitley (eds.), *The Oxford Handbook of Comparative Institutional Analysis*, Oxford: Oxford University Press, 2010, pp. 183–209.

5　Peter A. Hall and David Soskice (eds.), *Varieties of Capitalism: The Institutional Foundations of Comparative Advantage*, Oxford: Oxford University Press, 2001. ホール&ソスキス編／遠山弘徳・安孫子誠男・山田鋭夫・宇仁宏幸・藤田奈々子訳『資本主義の多様性――比較優位の制度的基礎』ナカニシヤ出版、二〇〇七年。西岡晋「「多様な資本主義」と政治・福祉・労働」宮本太郎編『政治の発見　第二巻　働く――雇用と社会保障の政治学』風行社、二〇一一年、一四九―一七九頁。

6　競争政策とは「自由な競争と開かれた市場を促進し、維持することを主たる目的として行われる法令の運用や、その他の様々な施策のこと」を指す。競争政策のうち、独占禁止法に関わる政策をとくに「独占禁止政策（独禁政策）」と呼ぶ（菅久修一「独占禁止法の目的と仕組み」菅久修一編『独占禁止法〔第四版〕』商事法務、二〇二〇年、一―二頁）。後者は日本で用いられる用語だが、本章では、両者を厳密には区別せず文脈に応じて互換的に用いる。

7　Majone, *op. cit.*; Giandomenico Majone, *et al.*, *Regulating Europe*, London: Routledge, 1996; Giandomenico Majone, "From the Positive to the Regulatory State: Causes and Consequences of Changes in the Mode of Governance," *Journal of Public Policy*, Vol. 17, No. 2, 1997, pp. 139–167; Lutz Leisering, *The New Regulatory State: Regulating Pensions in Germany and the UK*, Basingstoke: Palgrave Mcmillan, 2011; cf. Michael Moran, "Review Article: Understanding the Regulatory State," *British Journal of Political Science*, Vol. 32, No. 2, 2002, pp. 391–413;

Karen Yeung, "The Regulatory State," in Robert Baldwin, Martin Cave, and Martin Lodge (eds.), *The Oxford Handbook of Regulation*, Oxford: Oxford University Press, 2010, pp. 64–83.

8 Giandomenico Majone, "The Rise of Statutory Regulation in Europe," in Majone, *et al., op. cit.*, pp. 54–55.

9 *Ibid.*, pp. 55–56.

10 Katharina Holzinger and Susanne K. Schmidt, "From the Positive to the Regulatory State: A Transformation in the Machinery of Governance?," in Stephan Leibfried, Evelyne Huber, Matthew Lange, Jonah D. Levy, Frank Nullmeier, and John D. Stephens (eds.), *The Oxford Handbook of Transformations of the State*, Oxford: Oxford University Press, 2015, pp. 499–515.

11 Martin Lodge and Kai Wegrich, *Managing Regulation: Regulatory Analysis, Politics and Policy*, Basingstoke: Palgrave Macmillan, 2012, pp. 2–3.

12 西岡晋「パブリック・ガバナンス論の系譜」岩崎正洋・田中信弘編『公私領域のガバナンス』東海大学出版会、二〇〇六年、一―三一頁。

13 David Levi-Faur, "The Global Diffusion of Regulatory Capitalism," *The ANNALS of the American Academy of Political and Social Science*, 598, 2005, pp. 12–32; David Levi-Faur, "Regulatory Capitalism: The Dynamics of Change beyond Telecoms and Electricity," *Governance: An International Journal of Policy, Administration, and Institutions*, Vol. 19, No. 3, 2006, pp. 497–525.

14 Levi-Faur, *Ibid.* (2005), p. 15; *Ibid.* (2006), p. 505.

15 Majone, *op. cit.* (1994); Vogel, *op. cit.*; Weiss, *op. cit.*

16 Fabrizio Gilardi, "The Institutional Foundations of Regulatory Capitalism: The Diffusion of Independent Regulatory Agencies in Western Europe," *The ANNALS of the American Academy of Political and Social Science*, 598, 2005, pp. 84–101; Mark Thatcher, "Regulation after Delegation: Independent Regulatory Agencies in Europe, " *Journal of European Public Policy*, Vol. 9, No. 6, 2002, pp. 954–972; Jacint Jordana, David Levi-Faur, and Xavier Fernández i Marín, "The Global Diffusion of Regulatory Agencies: Channels of Transfer and Stages of Diffusion," *Comparative Political Studeis*, Vol. 44, No. 10, 2011, pp. 1343–1369.

17　Fabrizio Gilardi, "Institutional Change in Regulatory Policies: Regulation through Independent Agencies and the Three New Institutionalisms," in Jacint Jordana and David Levi-Faur (eds.), *The Politics of Regulation: Institutions and Regulatory Reforms for the Age of Governance*, Cheltenham: Edward Elgar, 2004, p. 67. 村上裕一「行政の組織や活動の『独立性』について」『社会技術研究論文集』Vol.10、二〇一三年、一一七－一二七頁も参照。

18　Mark Thatcher, "Delegation to Independent Regulatory Agencies: Pressures, Functions and Contextual Mediation," *West European Politics*, Vol. 25, No. 1, 2002, pp. 125-147.

19　Giandomenico Majone, "Nonmajoritarian Institutions and the Limits of Democratic Governance: A Political Transaction-Cost Approach," *Journal of Institutional and Theoretical Economics*, Vol. 157, No. 1, 2001, pp. 57-78; Mark Thatcher and Alec Stone Sweet, "Theory and Practice of Delegation to Non-Majoritarian Institutions," *West European Politics*, Vol. 25, No. 1, 2002, pp. 1-22. 岡部恭宜「新興民主主義国における執政府の抑制――司法府と独立国家機関」日本比較政治学会編『日本比較政治学会年報第一八号――執政制度の比較政治学』ミネルヴァ書房、二〇一六年、一五七－一七九頁。なお、独立機関が存在する理由については、これまで主に合理的選択制度論の理論に依拠して説明がなされてきた。第一に、長期的な視点から政策を立案・決定することで当該政策が安定性をもち、そのことで、とくに投資家などからの信頼性を獲得することが可能になるとする「信頼性のあるコミットメント（credible commitment）」という理由である。第二に、第一の点とも関連するが、将来において政権交代などで政策決定権を握る政治権力が変わった際に、当該政策が覆される恐れがあることから、それを事前に阻止することを狙いとした「政治的不確実性（political uncertinaty）」という理由である（Gilardi, *op. cit.*; Fabrizio Gilardi, "The Same, but Different: Central Banks, Regulatory Agencies, and the Politics of Delegation to Independent Authorities," *Comparative European Politics*, Vol. 5, No. 3, 2007, pp. 303-327; cf. Giandomenico Majone, "The Regulatory State and its Legitimacy Problems," *West European Politics*, Vol. 22, No. 1, 1999, pp. 1-24; Majone, *op. cit.* (2001)）。

20　公取委も含めた行政委員会制度の導入は占領期に行われ、当時のＧＨＱの影響が大きかった。導入過程の詳細な分析は、伊藤正次『日本型行政委員会制度の形成――組織と制度の行政史』東京大学出版会、二〇〇三年、を参照されたい。
21　菅久修一「公正取引委員会の組織と独占禁止法の歴史」菅久編、前掲書、三九六頁。
22　もっとも法案や予算案、委員長・委員の任命には国会の議決・承認を必要とし、組織編成や定員管理も内閣人事局など他の政府機関による統制下に置かれている。これらの点では公取委の独立性は総じて低い。
23　中川丈久「行政法における法の実現」佐伯仁志他『岩波講座　現代法の動態2　法の実現手法』岩波書店、二〇一四年、一三三頁。
24　泉水文雄・土佐和生・宮井雅明・林秀弥『経済法　第二版』有斐閣、二〇一五年、二八〇頁。
25　栗田誠「行政手続」村上政博・栗田誠・矢吹公敏・向宣明編『独占禁止法の手続と実務』中央経済社、二〇一五年、五四頁。
26　栗田誠「競争法執行の実効性と透明性――日本の独占禁止法執行に関する内外の認識差の原因と結果」『法学新報』第一〇九巻第一一・一二号、二〇〇三年、一―二四頁。村上政博「執行力の日米比較」経済法学会編『経済法学会年報第一三号　独占禁止法の執行力の強化』有斐閣、一九九二年、四九―七〇頁。従来、公取委は法的措置よりも、ガイドラインの制定とそれに基づく事前相談制度などの非公式な執行方法を重視してきた（松下満雄「独占禁止法の執行――総論」経済法学会編『経済法学会年報第一三号　独占禁止法の執行力の強化』有斐閣、一九九二年、一七―一八頁）。こうした行政指導に依拠した規制方法は、日本行政の特徴である最大動員システムの一形態とみなすことができるだろう（村松岐夫『日本の行政――活動型官僚制の変貌』中公新書、一九九四年）。
27　NHK取材班『NHKスペシャル　日米の衝突――ドキュメント構造協議』日本放送出版協会、一九九〇年。
28　引用文は「国会会議録検索システム」による。
29　首相が公取委の体制強化や競争政策の整備について触れたのは、公取委による働きかけの結果ではなく、公取委の職員自身も「率直にいってびっくりした」という（吉田茂『政権変革期の独禁法政策』三重大学出版会、二〇一二年、一五四頁）。当の公取委自身がこの所信表明演説の中身を知らず、いわば「追い風が突然吹いた」のである（『日本経済新聞』二〇〇一年五月一一日付、五面。平林英勝『独占禁止法の歴史（下）』信山社、二〇一六年、三五五頁）。演説文の策定には、小泉の経済政策ブレインであり経済財政政策担当大臣として入閣を果した竹中平蔵が何らかの関与をしたとの見解が有力である（吉田、前掲書、一五四頁、一五五頁注記四、一五八―一五九頁。『日本経済新聞』二〇〇一年五月一一日付、五面）。

30　公正取引委員会『独占禁止政策の歩み（平成九年～一九年）――経済社会の変化への対応と抑止力の強化の一〇年』二〇〇七年、一頁。

31　根岸哲・舟田正之『独占禁止法概説〔第五版〕』有斐閣、二〇一五年、一六―一七頁。法改正の政策過程は吉田、前掲書、に詳しい。

32　「第2特集　公正取引委員会　日本経済の番犬吠える」『日経ビジネス』二〇〇五年一一月二八日号、五〇―五七頁。

33　根岸・舟田、前掲書、三三―三四頁。

34　藤田稔「排除措置」丹宗暁信・岸井大太郎編『独占禁止手続法』有斐閣、二〇〇二年、九三頁。

35　白石忠志『独占禁止法〔第三版〕』有斐閣、二〇一六年、六三七―六三八頁。

36　一九四七年に占領統治下で制定された独禁法は、経済の民主化を徹底させるというGHQの意向を受け、企業の独占的行為を厳しく規制した。これに対して経済界は強く反発し、早くも四九年と五三年には規制を緩和する方向での法改正が実施された。これ以降、独禁法は骨抜き状態となり、公取委の事務局体制も縮小され執行活動が停滞し、「冬の時代」を迎えることになる（NHK取材班、前掲書、一九五―一九六頁）。

37　古城誠「日本の競争政策の歴史的概観（二）――一九七七年改正とそれ以後の独禁法強化」後藤晃・鈴村興太郎編『日本の競争政策』東京大学出版会、一九九九年、四九頁。泉水ほか、前掲書、二九八頁。髙品盛也「独占禁止法に係る課徴金制度の見直し」『レファレンス』第八〇一号、二〇一七年、六二頁。

38　古城、前掲論文、四八頁注記二。

39　日米構造問題研究会編『日米構造問題協議最終報告』財経詳報社、一九九〇年、三二―三五頁。

40　公正取引委員会事務総局編『独占禁止政策五十年史　上巻』公正取引協会、一九九七年、四八八頁。根岸・舟田、前掲書、一五頁。

41　根岸・舟田、前掲書、一六―一七頁。伊永大輔「課徴金制度の来し方行く末――その法的性格が導くものは何か」日本経済法学会編『日本経済法学会年報第三八号　独占禁止法70年』有斐閣、二〇一七年、九〇―一一〇頁も参照。

42 高品、前掲論文、六五頁。これまでの年度ごとの課徴金額のピークは二〇一〇年度の約七二〇億円である。これは三菱重工業など大手プラントメーカーによるごみ焼却炉の自治体入札談合に対する課徴金額が約二七〇億円という、その時点での過去最高額になったことが大きい。ただし、当該入札談合に対する排除措置命令が下されたのは一九九九年、また当初の課徴金納付命令が下されたのは二〇〇七年のことである。当該企業はいずれの命令についても不服として審判や裁判で争っていたため、一〇年に改めて審決が出されたという経緯がある（『日本経済新聞』二〇一〇年一一月一三日付、三四面）。

43 二〇一九年度は課徴金の総額が約六九二億円となり、一〇年度に次いで過去二番目に大きな額となった。これは、道路舗装用材のカルテルに関連して単独事件としては過去最高の計約三九九億円の課徴金の納付が命じられるなど、大型事件が相次いだためである（『日本経済新聞』二〇二〇年六月一八日付、三四面）。

44 根岸・舟田、前掲書、三三四頁。

45 以下の事実経過に関する記述は高品、前掲論文、六四―六五頁。松原由美子「独占禁止法改正案――その概要と各方面の意見・評価」『調査と情報』第四五八号、二〇〇四年、一頁による。

46 URL〈https://www8.cao.go.jp/kisei/siryo/020329/2-07.pdf〉二〇一九年七月二九日閲覧。

47 独占禁止法研究会『独占禁止法研究会報告書』二〇〇三年。

48 日本経済団体連合会経済法規委員会競争法部会「『独占禁止法改正（案）の概要』に対するコメント」（二〇〇四年六月二五日）〈http://www.keidanren.or.jp/japanese/policy/2004/056.html〉二〇一九年七月二九日閲覧。

49 高品、前掲論文、六六頁。村上政博『独占禁止法（新版）――国際標準の競争法へ』岩波新書、二〇一七年、一〇六頁。

50 上杉秋則「日本のリニエンシー制度」上杉秋則・山田香織『リニエンシー時代の独禁法実務――グローバル経済下におけるコンプライアンス対応』レクシスネクシス・ジャパン、二〇〇七年、一九六頁。

51 竹島一彦・村上政博「独禁法改正の立法経緯――前公正取引委員会委員長・竹島一彦氏に聞く」竹島一彦・上杉秋則・松山隆英・村上政博『回想独占禁止法改正――平成一七年・二一年・二五年改正をたどる』商事法務、二〇一六年、二〇八頁。

52　高居良平「課徴金減免制度の現状と課題」『公正取引』第七八七号、二〇一六年、四、五頁注記一一。泉水文雄「課徴金減免制度一〇年の評価と課題」『公正取引』第七八七号、二〇一六年、一一頁。二―九頁。
53　泉水、前掲論文、一二頁表２。
54　鈴木満「摘発相次ぐ大型談合・カルテル事件――課徴金減免制度の効果と課題」『ノモス』（関西大学法学研究所）第三二号、二〇一三年、一―一一頁。高品、前掲論文、六七頁。山島達夫「実務家からみた課徴金減免制度の一〇年」『公正取引』第七八七号、二〇一六年、二二―三一頁。
55　村上、前掲書、一〇六頁。
56　二〇一九年の独禁法改正によって、課徴金減免制度の実効性をさらに高める方向での見直しが行われた。公取委が同制度を強力な武器の一つとみなしている証左といえよう。
57　丹宗暁信「独占禁止法の実効性の確保と執行手続の多面性」丹宗暁信・岸井大太郎編『独占禁止手続法』有斐閣、二〇〇二年、一四頁。
58　根岸・舟田、前掲書、三四二―三四三頁。
59　公正取引委員会事務総局編、前掲書、五一三―五一四頁。
60　同、五一八―五二〇頁。根岸・舟田、前掲書、一五頁。
61　より正確には公取委の証拠収集能力の強化や、行政調査から刑事告発へと至る従来の仕組みに対する憲法上の疑義の払拭といった目的がある（白石、前掲書、五九一頁）。
62　既述のように、二〇〇五年改正では課徴金の大幅な引き上げなどが盛り込まれていたため、経済界からの反発も強く、大きな政治的争点となったが、犯則調査権限に関してはそれほど大きな議論もなく導入が決まったという（上杉秋則「平成一七年改正の回顧」竹島他編、前掲書、九一頁）。
63　栗田誠「刑事手続」村上政博・栗田誠編『独占禁止法の手続――平成一八年施行の改正法をふまえて』中央経済社、二〇〇六年、二八八―二八九頁。
64　同、二九〇頁。根岸・舟田、前掲書、三三九頁。
65　西岡晋「政治の大統領制化と政策過程の変容」岩崎正洋編『大統領制化の比較政治学』ミネルヴァ書房、二〇一九年、一三〇―一五二頁。

66　ダニ・ロドリック／岩本正明訳『貿易戦争の政治経済学――資本主義を再構築する』白水社、二〇一九年。

あとがき

本書について、最初に構想を抱いたのは五年以上前になる。もしかしたら、六年以上かもしれない。いずれにしても、構想から刊行に至るまで随分と時間がかかっている。刊行の遅れというよりも、予想以上に、刊行までに時間を要したというのが実際のところである。なぜなら、本書が取り扱っているテーマは、世界中で今も進行中のものばかりであり、未だに「これだ」と確定できないがゆえに、なかなか着地点がみえなかったからである。それにもかかわらず、刊行に踏み切ったのは、先行きがみえないまま時間を費やすのではなく、一つの区切りをつけるために、現時点までの議論をまとめるとともに、ここでの議論をたたき台として、次の段階へと議論を進めていこうと考えたからである。

本書は、九名の執筆者からなる著作であるが、後に刊行される他の書物とも関連性を有している。当初は、これらが一冊の書物としてまとめられる予定であった。最初の構想は、第一部を理論的な検討を行ったパートとし、第二部を各国の事例を取り扱ったパートとして位置づけることを考えていた。

数度にわたる本書の編集会議において、「ポスト・グローバル化」について考えるために必要な論点には、どのようなものがあるかという点を議論するにつれ、予想以上の数の論点が上がり、同時に、取り扱うべき事例も増え続けた。そうはいっても、書物としてまとめるためには、実現可能な落としどころを模索しなければならない。その時点での結論としては、一三ないし一四の章を設けることを考えていた。

具体的な内容については、各章にゆずるとして、「ポスト・グローバル化」という現象を考えるには、実にさまざまな論点があり、それぞれの論点を具体的に説明するために各国の事例に注目することは、かなり多くの参加者の協力を得ながら、刻一刻と変化する世界の政治に注目し続けなければならなかった。本書にかかわる論点として、欠くことができないと考えていたとしても、諸般の都合で原稿というかたちに至らなかったり、スケジュールなどとの兼ね合いで、適当な担当者がみつからなかったりもした。また、現実の変化に注目しているうちに、新たに追加すべき論点も発生し、本書のもととなったプロジェクトは、なかなか着地点がみつけにくかった。

本書の最終的な原稿の提出時期は、二〇二〇年の春であった。世界の現実は、COVID-19によるパンデミックの真っただ中であった。その時点において、本書の最終原稿に世界の現実を反映させるには、あまりにも時間がなかったし、時期尚早であった。そのため、原稿締め切りをさらに延長し、COVID-19の状況も視野に入れて、果たしてそれが本書の各章の内容と直接間接にかかわりあうのか否か、かかわりあうとすれば、どのような点なのかについても言及して最終原稿をまとめてもらうこととなった。

二〇二〇年秋から暮れにかけて、本書の大半の原稿が集まり、いよいよ刊行へ向けた最終的な調整の段階に入ったが、その時点で、原稿の分量が四〇〇文字詰め原稿用紙に換算すると、一〇〇〇枚以上になる可能性があった。最初は、一冊の書物として刊行することを企図して発足したプロジェクトであったが、果たしてそれが適切か否かという問題も生じた。時間の経過とともに、現実は変化し、現実をみつめた各章の論考は厚みを増していった。必然といえば必然であるが、あまりに大部の書物になれば、盛沢山の内容になるとはいえ、冗長さも生じてくる。

ナカニシヤ出版の酒井敏行氏とZoomの画面越しに電卓を操作しながら原稿の文字数を計算し、本書の内容をより鮮明に浮き上がらせるには、ポスト・グローバル化による国家のリバイバルを取り扱うパートと、グローバル化からポスト・グローバル化への移り変わりを説明するパートとに分けることで対応可能ではないか、そのためには、上下二巻本ではなく、それぞれ独立した書物として刊行するとしても、二冊を併せて読むことにより両者が姉妹関係にあることがわかるような書物とするという方針が導き出された。酒井氏との意見交換は、本書の着地点を一気に照らし出すことになった。

本書を構想するきっかけになったのは、ＣＯＶＩＤ-19によるパンデミックではなく、二〇〇九年の新型インフルエンザの感染拡大に際して、各国政府や国際機関が示した対応であった。二〇二一年になり、我々の目の前にある現実を思うと、ポスト・グローバル化と国家の変容は、現在進行中のことであり、この先もしばらくは注目し続ける必要があるであろうし、早急に結論づけようとするのではなく、さらに視野を広げ、議論を広げていく価値があるように思われる。

本書に続く巻は、現在編集中である。本書と、後続の一冊が現実の世界をみたり、考えたり、議論する際に、何らかの手掛かりを提供できればと思う。本書の刊行にあたり、プロジェクトにかかわったすべての方々に心より謝意を表したい。最後に、本書の共編者とでもいうべき、酒井敏行氏には、ともすれば漂流し、どこにたどり着くか先行きが読めなかったプロジェクトの舵取りをしていただいた。衷心より感謝している。

二〇二一年六月二九日

岩崎　正洋

執筆者紹介（執筆順、＊は編者）

＊岩崎正洋（いわさき　まさひろ）
一九六五年生まれ。東海大学大学院政治学研究科博士課程後期修了。博士（政治学）。日本大学法学部教授。比較政治学。『比較政治学入門』（勁草書房、二〇一五年）、『政党システム』（日本経済評論社、二〇二〇年）、ほか。

杉浦功一（すぎうら　こういち）
一九七三年生まれ。神戸大学大学院国際協力研究科博士課程修了。博士（政治学）。和洋女子大学国際学部教授。国際関係論、政治学。『国際連合と民主化』（法律文化社、二〇〇四年）、『民主化支援』（法律文化社、二〇一〇年）、『変化する世界をどうとらえるか―国際関係論で読み解く』（日本経済評論社、二〇二一年）ほか。

柄谷利恵子（からたに　りえこ）
オックスフォード大学社会科学研究科国際関係論専攻博士課程修了（D. Phil）。関西大学政策創造学部教授。国際関係論。*Defining British Citizenship: Empire, Commonwealth and Modern Britain*, (Routledge, 2003)、『移動と生存――国境を越える人々の政治学』（岩波書店、二〇一六年）、ほか。

武藤　祥（むとう　しょう）

一九七八年生まれ。東京大学大学院法学政治学研究科博士課程単位取得退学。博士（法学）。関西学院大学法学部教授。ヨーロッパ政治史。『「戦時」から「成長」へ――1950年代におけるフランコ体制の政治的変容』（立教大学出版会、二〇一四年）、『議会制民主主義の揺らぎ』（分担執筆、勁草書房、二〇二〇年）、『スペインの歴史を知るための50章』（分担執筆、明石書店、二〇一六年）、ほか。

成廣　孝（なりひろ　たかし）

一九七一年生まれ。東京大学大学院法学政治学研究科博士課程単位取得退学。岡山大学社会文化科学学域教授。比較政治。伊藤武・網谷龍介編『ヨーロッパ・デモクラシーの論点』（分担執筆、ナカニシヤ出版、二〇二一年）、ウィル・キムリッカ、スー・ドナルドソン『人と動物の政治共同体』（青木人志との共監訳、二〇一六年）ほか。

吉田　徹（よしだ　とおる）

一九七五年生まれ。東京大学総合文化研究科博士課程修了。博士（学術）。同志社大学政策学部教授。比較政治／欧州政治。『ミッテラン社会党の転換』（法政大学出版局、二〇〇八年）、『ヨーロッパ統合とフランス』（編著、法律文化社、二〇一二年）、『現代政治のリーダーシップ』（共編著、岩波書店、二〇一九年）、ほか。

藤嶋　亮（ふじしま　りょう）

一九七四年生まれ。東京大学大学院法学政治学研究科博士課程単位取得退学。博士（法学、東京大学）。國學院大學法学部教授。比較政治。『国王カロル対大天使ミカエル軍団――ルーマニアの政治宗教と政治暴力』(彩流社、二〇一二年)、『ヨーロッパのデモクラシー［改訂第2版］』(分担執筆、ナカニシヤ出版、二〇一四年)、「半大統領制と政党間競合」(日本比較政治学会編『執政制度の比較政治学』、ミネルヴァ書房、二〇一六年)、ほか。

松尾昌樹(まつお　まさき)

一九七一年生まれ。東北大学大学院国際文化研究科博士後期課程修了。宇都宮大学国際学部准教授。中東地域研究。『レンティア国家のゆくえ』(講談社メチエ、二〇一〇年)、『中東の新たな秩序』(共編著、ミネルヴァ書房、二〇一六年)、『移民現象の新展開』(共編著、岩波書店、二〇二〇年)、ほか。

西岡　晋(にしおか　すすむ)

一九七二年生まれ。早稲田大学大学院政治学研究科博士後期課程単位取得退学。東北大学大学院法学研究科教授。行政学。『日本型福祉国家再編の言説政治と官僚制——家族政策の「少子化対策」化』(ナカニシヤ出版、二〇二一年)、『行政学』(共編著、文眞堂、二〇二一年)、ほか。

人名索引

事項索引

ポスト・グローバル化と国家の変容

2021年11月30日　初版第１刷発行

編　者　岩崎正洋
発行者　中西　良
発行所　株式会社ナカニシヤ出版
〒606-8161　京都市左京区一乗寺木ノ本町15番地
TEL 075-723-0111　FAX 075-723-0095
http://www.nakanishiya.co.jp/

装幀＝宗利淳一デザイン
印刷・製本＝亜細亜印刷

＊落丁・乱丁本はお取替え致します。
Printed in Japan.　ISBN978-4-7795-1600-9　C3031

日本政治研究事始め
大嶽秀夫オーラル・ヒストリー

大嶽秀夫 著／酒井大輔・宗前清貞 編

日本政治の実証分析、レヴァイアサン、再軍備、日独・日仏比較、自由主義的改革、政界再編、ジェンダー、ポピュリズム、新左翼――日本政治研究をリードした「大嶽政治学」の全貌を明らかにする貴重な証言。

三六〇〇円＋税

日本型福祉国家再編の言説政治と官僚制
家族政策の「少子化対策」化

西岡　晋

家族主義と高齢者偏重型の政策体系を特徴とした日本型福祉国家は、一九九〇年代以後、家族政策を拡充してきた。この政策変容はどのようにもたらされたのか。言説政治論の枠組みを用いて明らかにする労作。

四〇〇〇円＋税

ヨーロッパ・デモクラシーの論点

伊藤武・網谷龍介 編

左右のポピュリズム政党の台頭、ユーロ危機、イギリスのEU脱退、難民危機――。危機と刷新の中のヨーロッパ・デモクラシーが直面する諸問題を、アクターと政策課題に注目しながら、テーマ別に解説。

二八〇〇円＋税

ハーバーマスを読む

田村哲樹・加藤哲理 編

公共圏、コミュニケーション的行為、システムと生活世界、討議倫理、熟議――。現代の政治哲学・社会哲学に多大なる影響を与え続けるハーバーマス。その多様かつ壮大な理論体系の全貌を明らかにする。

三六〇〇円＋税